首都师范大学学术文库

学校品牌经营原理与策略

田汉族 著

首都师范大学出版社

CAPITAL NORMAL UNIVERSITY PRESS

图书在版编目（CIP）数据

学校品牌经营原理与策略/田汉族著.—北京：首都师范大学出版社，2009.5

ISBN 978-7-81119-653-5

Ⅰ.学… Ⅱ.田… Ⅲ.学校管理—研究 Ⅳ.G47

中国版本图书馆 CIP 数据核字（2009）第 062571 号

XUEXIAO PINPAI JINGYING YUANLI YU CELÜE

学校品牌经营原理与策略

田汉族 著

责任编辑 喜崇爽

首都师范大学出版社出版发行

地　　址　北京西三环北路105号

邮　　编　100048

电　　话　68418523（总编室）　68982468（发行部）

网　　址　cnupn.com.cn

E-mail　master@cnupn.com.cn

北京嘉实印刷有限公司印刷

全国新华书店发行

版　　次　2009 年 5 月第 1 版

印　　次　2013 年 4 月第 2 次印刷

开　　本　890mm×1240mm　1/32

印　　张　12.5

字　　数　310千

定　　价　30.00元

内容提要

伴随着中国市场经济体制日趋成熟，教育市场自发形成，品牌营销手段和策略开始融入教育服务领域，品牌经营成为中小学发展转型和整体质量提升的迫切需要，品牌战略成为政府扩大优质教育资源、促进基础教育均衡发展重要举措，学校品牌化已经成为基础教育发展的必然趋势，但学校品牌的经营意识刚刚觉醒，学校品牌研究匮乏。论文在现有研究和调查的基础上，借鉴教育服务理论、品牌学、服务营销学等研究成果，共分八章从本体论、价值论、实践论三个层面对中小学品牌的经营进行了研究。

学校品牌是一种以课程服务为基础的优质教育服务组织品牌，它是指经过精心培育和市场选择形成的，为教育消费者所偏好、给办学组织带来较大的经济和社会效益并引导教育消费的，优质的教育服务产品及其属性、学校整体形象、与消费者的一致性承诺关系等的总称，具有多样化、优质性、独特性、高层次性、增值性等特点，并通过市场认同性、地位排他性、时间的长效性和效应的扩散性来体现。学校品牌具有多方面的价值和效应。

学校品牌发展不同于"重点学校"、"示范学校"的建设，反映出市场和受众选择的结果，反映出市场经济条件下优质学校的本质特征。其发展经历了建立期、成长期、成熟期，且每个阶段的价值理念、战略重点、组织关系和经营策略是不一样的。学校品牌经营是以教育消费者价值为导向、以校内外资源整合为基础、以自主创新为动力的学校整体发展的生态模式。这是由学校品牌经营目的的非营利性、学校品牌产品的整体性、学校品牌经营环境的复杂性、学校品牌建立的长期性决定的。学校品牌经营的基本流程是定位、形象设计、制度安排、形象传播、品牌管理、品牌扩张六个阶段。

从实践角度看，学校品牌经营是在教育市场化、教育服务生产和提供适当分离、学校增值理念及其经营实践的背景下发生的，具有自身发展的逻辑。国外优质学校就是学校品牌经营的典型。目前，我国学校品牌建设已开始在四川、广东、江苏等地出现，但由于品牌意识普遍比较缺乏、产品同质化、品牌经营外部支持不足等原因，学校品牌经营还未引起普遍关注，学校品牌经营还存在定位不当、经营手段单一、经营模式形式化等误区。

我国的学校从发展的现状来看，大致可以分为薄弱学校、知名学校、新建学校。这三类学校都可以发展成为品牌学校，但其经营策略、经营模式有别。薄弱学校的品牌经营策略重在形象塑造和产品差异化，知名学校的品牌经营重在文化建设和品牌扩张，新建学校的品牌建设重在质量承诺。

当然，学校品牌经营不仅仅是学校的事情，它受到教育观念、教育制度、学校发展模式以及政府治理问题等因素的制约。学校品牌经营必须承担风险和进行合理规避，必然会受到伦理约束和实践约束。

关键词：品牌 学校品牌 学校品牌经营 策略

序

　　田汉族同志是我的博士弟子，他的博士论文"学校品牌经营原理与策略"，经过加工补充，修改整理就要出版了。我能为他作序，感到十分欣慰与高兴。田汉族是我众多博士弟子中专业水平比较高，学术造诣比较深的一位同志。他在教育学、教育心理学、教育管理学、教育经济学等学科中均有较为广阔深入的研究，并取得了可喜的成就，特别是在攻读教育经济与管理专业方向博士学位过程中，对教育经济学有了更为全面深入的探讨与研究，取得了突破性的进步与成就。这部著作仅仅是他研究成果的一部分。关于学校品牌及经营策略方面的研究者甚少，从这个角度来说这一著作填补了这一研究领域的空白，是一部具有学术意义与参考价值的专著。这部著作的理论阐述、学术观点和实证案例主要体现在这样几个方面：

　　一、理论分析深刻，有创新性。根据教育服务理论，本著作说明了学校品牌是一种以课程服务为基础的优质教育服务组织品牌。这一品牌是经过精心培育和市场选择形成的，为教育消费者所偏好，给办学组织带来经济与社会效益并引导教育消费，是优质的教育服务产品、学校形象、与消费者的一致性承诺关系的总称。学校品牌具有多样性、优质性、独特性、高层次性、增值性等特点，也具有多方面的价值与效应。

　　二、学术观点新颖，有独到见解。如，学校是个服务性组织；学校品牌开始融入教育服务领域；学校品牌经营成为学校发展转型与整体提升的需要；学校品牌战略成为政府扩大优质教育资源，推动教育发展，促进教育与经济社会协调发展的重要举措；学校品牌发展不同于"示范学校"、"重点学校"建设；

学校品牌经营的基本流程为定位、形象设计、制度安排，形象传播、品牌管理、品牌扩张六个阶段等。

三、案例实证性强，有说服力。著作中分别选择了四川、广东、北京等地的，由薄弱学校、知名学校、新建学校发展为品牌学校的学校作为案例，进行了实证分析，分别结合各校的实际情况，具体说明了其不同的学校品牌经营的特点、模式、设计和策略。

总之，这部著作理论与实践结合得十分紧密，理论和学术观点新颖明确，许多理论学术观点具有创新性与独到之处，给人以耳目一新的感觉；实证案例选择典型，具有不同类型学校的特点，而且分析到位，具有很强的说服力，使人信服。因此本著作对于教育行政管理人员，特别是对中小学校校长具有实际参考价值，值得一读，特此以序荐。

北京师范大学博士生导师、教授
中国教育经济学学会副理事长
靳希斌
2008 年 7 月于北京京师园

目　　录

第一章　品牌竞争时代的学校发展

一、学校品牌：品牌竞争时代学校发展的战略选择

(一)品牌：现代社会发展的重要趋势

伴随着中国市场经济体制的日趋成熟，品牌已渗入到生活的各个领域。服务品牌的营销手段和策略融入商业服务、电信服务、金融服务、教育服务等领域。市场经济的本质是竞争，而市场竞争的本质也在不断变化：在市场经济的各个时期，其竞争内容也有所不同。第一阶段是生产"成本"竞争；第二阶段是产品"品质"的竞争；第三阶段是产品"品牌"竞争；第四阶段是"企业品牌"和"产品品牌"竞争。[①] 在经济全球化今天，许多国际知名品牌层出不穷，品牌竞争演化成一种在发达的市场经济中的不可避免的普遍现象。在当代一些市场经济发达的国家，名牌产品广泛而普遍地存在于经济领域的各行各业、各个方面，一种以名牌产品、名牌服务为基础，以名牌企业为核心，以名牌企业之间的产业联系为纽带的品牌经济开始形成。"20 世纪70 年代以后，名牌经济现象成为发达市场经济的一个基本标志。"[②]名牌经济推动了经济运行质量的提高，经济增长方式的转变，充分体现了市场经济的基本功能和优胜劣汰的机制，最

[①]　曹效阳. 品牌建设——国有企业的新课题[J]. 南方经济，1996(05)：28—29 页，32 页

[②]　余鑫炎. 品牌战略与决策[M]. 大连：东北财经大学出版社，2001，9 页

有利于市场经济的有序运行、劳动者素质的整体提高和经济社会的可持续发展。因此,名牌经济作为市场经济的精华,代表了市场经济的本质和方向,也是推动市场经济发展的强大动力。有学者预言,"在 21 世纪,名牌经济不仅更加集中体现市场经济的基本特征和功能,而且将与高新技术、知识经济、环境保护、社会发展和进步更加有机地结合起来,成为经济发展和社会进步的巨大推动力量。"①

20 世纪 90 年代以前,中国处于短缺经济时代,商品处于典型的卖方市场。1992 年正式开始的市场经济建设,极大地激发了人们的经济热情。短短三年,中国多数行业从短缺状态转到过剩状态。随着我国经济的发展,买方市场形成,消费者消费心理日趋成熟,品牌观念已悄然走进生活,消费者形成了理性购物、认牌购物的倾向;随着产品急剧增加,同业间和同质产品竞争愈来愈激烈,竞争的手段从产品质量战、广告战、促销战、价格战,到产品品牌竞争、产品附加利益竞争、服务竞争。根据《2002 年中国品牌价值报告》,自 1994 年以来的 8 年间,中国最有价值品牌的销售收入,平均每年递增约 25%。市场进一步向有价值品牌集中,品牌成为资本扩张的核心。伴随着中国市场经济体制日趋成熟,品牌已渗入到生活的各个领域。服务品牌营销手段和策略融入商业服务、电信服务、金融服务、教育服务等领域。

品牌竞争是市场经济社会中的一种不可避免的普遍现象。伴随着中国市场经济体制日趋成熟,教育市场的自发形成,品牌营销手段和策略开始融入教育服务领域,品牌竞争成为中小学竞争的重要形式,品牌经营成为促进学校面向市场、持续发展的利器,品牌战略成为政府扩大优质教育资源、促进教育均衡发展、促进教育与社会经济协调发展的重要举措,也成为教

---

① 余鑫炎.品牌战略与决策[M].大连:东北财经大学出版社,2001,12 页

育经济学研究的重要课题。

(二)学校品牌及其经营的战略价值

基础教育品牌竞争是服务品牌竞争在教育领域的延伸和扩展。随着我国义务教育普及，随着教育民营化深入，基础教育供给能力已大大提高。居民所面对的子女教育问题，不是能不能上学的问题，而是上什么样学校的问题。在教育机会均等的前提下，优质教育资源短缺，成为基础教育发展中的突出问题。每年招生时，名牌学校总是门庭若市，而普通学校则相对冷清许多。许多中小学发生了生存危机，根本原因是提供的教育服务产品具有同质性，缺乏核心竞争力。因此，在市场化大背景下，随着教育市场准入的要求降低，随着教育要素的市场化程度提高，学校自主权扩大，教育买方市场形成，学校生存和发展必须直面市场，直面消费者，实施品牌战略和品牌经营。"创建品牌、推崇品牌是市场经济社会竞争的一个表现。谈教育、办学校已经不能回避市场经济现象中的产业、产品与竞争概念。"[1]"过去人们习惯于把教育看作是上层建筑，重视教育的文化属性和公益属性，却很少谈及教育的经济属性。今天，学校教育显然无法离开中国社会转型的大趋势，创建学校名牌已经不是一个要不要的问题，而是历史的必然，现在需要考虑的是，如何认识教育品牌现象以及如何创建学校品牌。"[2]品牌对学校生存和发展有着战略意义，树立学校品牌也是教育面向市场和优化教育资源配置的必然选择，如何培育优质教育服务品牌是摆在我们面前的新课题。

1. 品牌经营是学校发展转型和整体提升的需要

在学校发展不同阶段，竞争的核心内容也有所不同。资金、

---

[1] 朱小蔓. 学校品牌管理：一种道德模式[J]. 教育发展研究，2005(05)

[2] 朱小蔓. 我对学校品牌管理的三个主张[N]. 光明日报，2005-2-16

办学条件、师资、生源、质量、信息、文化等要素在不同历史阶段中，将分别成为学校在竞争中关注和追寻的焦点，谁更多地获得了这些要素，谁就在竞争中处于相对有利的位置，并在竞争中制胜。在日趋成熟、规范的市场经济环境中，学校单纯依靠单一垄断资金、师资、生源或信息等手段来取胜已越来越不现实。学校之间竞争的核心内容不再是某一具体要素，而是需要向市场展示的学校在多方面优于竞争对手的综合性特质。这种特质集合了学校经营中全方位特点，是使消费者将学校（产品）区别于竞争对手的利器。由于学校特质是多方面的，在与消费者的沟通过程中，无论从效率还是从效益的角度考虑，学校和消费者都需要以某一"要素"统合所有特质，从而使沟通双方都易于传播、接受和理解。品牌就是在学校与消费者互动之间产生的、能把学校的特质高度聚合起来的"要素"。它存在于消费者当中，是受众在各种相关信息综合性地影响作用下，对学校的整体认识，也是联络学校与消费者之间的桥梁。从市场运作的角度看，一所学校品牌影响的大小来源于三个要素的综合：一是社会对学校的评价，二是消费者对学校的认可，三是学校自身对品牌影响力的生产。第三点是品牌内涵的核心，社会评价及消费者认可是品牌内涵的外在显示度。

虽然目前看来市场力量作用于学校的力度并不是十分强大，但在教育资源开始过剩、教育市场开放程度较大的发达城市，即使是义务教育阶段的公办学校，也已经明显感觉到了市场的力量，并开始适应它。这已经是不容置疑的事实了。[1] 那些只抓教育质量，不注意形象塑造、文化打造的学校，那些只强调办学条件，不注意师资队伍建设、教学质量管理的学校，那些只注意形象包装、宣传和高收费，不注意教师和学生管理的学校，在激烈的教育竞争面前，由于只强调比较优势，不提高自

---

① 郑杰. 为学校增值——校长的新追求[J]. 江苏教育，2004(06A)：23—25 页

己的竞争优势和整体优势，将很快面临生存的危机。对公办学校而言，原来熟悉并可驾驭自如的政府行政力量和学术力量都可能失灵。学生和家长在市场条件下的个性化的教育需求已经成为一种强大力量，这种需求最终转变成择校行为。他们选择可以使自己获得满意的优质教育服务，而不完全是政府、学术、学校所宣称的优质教育服务。因而，公办学校仅仅依靠政府力量和学术力量已不能完全确保学校的生存和发展。一些薄弱学校迫切需要借鉴品牌学校的经验，进行升级改造，跨入品牌学校的行列；一些老牌名校，需要进行学校品牌诊断，不断发展创新，做到与时俱进。对民办学校而言，办学条件的优势并不是学校的核心竞争力，它们只有将资源优势转化为质量优势、教育服务优势，建成品牌学校，才能在市场上站稳脚跟，获得足够的生存和发展空间。总之，学校不得不面对强大而残酷的市场力量，不得不研究复杂而多变的教育市场需求，并在市场上确定学校鲜明的市场定位。一句话，学校发展必须满足市场需求。同时，面对 WTO，国外教育机构对中国教育市场的冲击，以及被教育对象选择教育机构的多元化，在日趋激烈的教育市场竞争中，如何扩大学校品牌资源，实现基础教育的均衡发展，建设一批有竞争力的品牌学校已成为中国教育发展的重要课题。

随着中国教育供给方式的日趋多元和家长对学校选择性的增加，品牌已经成为学校赢得家长和求得生存与发展的关键。学校竞争由单一的资源竞争、质量竞争转化为学校整体品牌的竞争。在学校产品、学校管理都趋于同质化的今天，许多有洞察力的校长和教育实业家，都开始运用市场经营智慧和策略，谋划学校的生存和发展之道。实践第一线的教育工作者已经提出"学校要有品牌意识"，并清醒地认识到"在管理方式上，现代学校正经历着一个从学校管理到学校经营，再到品牌经营的过程。"①如成都市棕北中学办学 5 年运用品牌策略发展成一流名校，成都市玉林小学成功输出学校品牌。② 学校必须树立品牌意识并认真审视其品牌塑造经营的策略。以资源竞争、质量竞争、特色竞争为基础，进行学校整体品牌竞争已经成为现代学校竞争制胜的长治久安之策。

2. 品牌战略是扩大优质教育资源、促进教育均衡发展的最佳选择

随着社会主义市场经济体制的不断发展和完善，中国教育的供给方式日趋多元化，家长对学校选择的自主权和自由度也越来越大。家长和学子们热切地向往品牌学校，追求高质量的教育服务。"择校就学"是社会发展的一种必然，它的社会基础是市场经济的发展。它所包含的潜在要求是用"市场的方法"来改革旧有的教育体系，以获得更高的效率和更好的质量。如果说私立学校、家长选校是今后基础教育发展必然存在的现象，那么市场因素和市场机制就将不以我们是否愿意而必然地渗透和影响基础教育的体制和运行机制。现代意义上的私立学校反映了市场经济要求实现多种渠道办教育的客观需要，标志着我国教育开始走向多样化的发展道路。私立学校的出现，富有"市场意义"的择校使人们对基础教育的发展有了几个新的认识：①人们的教育需求是多样的、不同层次的，因而学校教育类型应是多样化的；②教育是一种消费，作为学生、家长有权对学校教育服务进行选择；③学校之间应该存在竞争。③

优质教育资源的短缺是我国现阶段基础教育发展的突出问

---

① 姚杰．学校要有品牌意识[J]．四川教育，2003(06)：15—16 页

② 刘仁富．运用策划艺术，打造学校品牌——教育策划悄然进入中小学校园[N]．中国教育报，2002—5—1②

③ 曾晓洁．我国教育制度下的两种择校[J]．教育科学，1997(03)：1—5 页

6

XUEXIAO PINPAI JINGYING YUANLI YU CELÜE

学校 品 牌 经营原理与策略

题。研究表明，未来几年间，各类高中在校生将比目前多出数倍，高中教育需求与可容纳能力之间的矛盾将变得非常严峻，教育资源短缺的现象将与日俱增。① 特别是由于区域经济和学校发展的不平衡，基础教育领域优质教育资源少，薄弱学校多，上示范学校比上大学还难，"择校"成为一个社会问题。面对这种社会转型引发的社会变迁和教育领域中各种社会关系的深刻变化，如何准确把握我国教育在全面建设小康社会进程中所面临的新形势和新任务，科学认识教育发展的复杂性和特殊性？如何更新教育管理的范式和组织方式，改革教育管理体制，坚持与时俱进，增强基础教育的生机与活力？如何扩大优质教育资源，促进基础教育积极、均衡、协调和持续发展呢？

品牌策略是一种重要的战略选择。首先，品牌战略有利于学校的健康、有序的竞争。品牌战略的实施必然导致学校的优胜劣汰，使有限教育资源得到合理配置，使优质教育资源得到扩充，多元办学，打破垄断，培育市场，引入竞争，从而快速促进教育的均衡发展和整体发展。其次，品牌战略有利于用优质教育资源对薄弱学校的改造，是一种低成本扩张。事实上，许多地方政府开始运用品牌策略扩大优质教育资源。2001 年，广西明确提出"实施基础教育品牌战略"，通过重点实施师德工程、继续教育工程、名师工程、名校长工程、科研兴校等工程，创优质基础教育品牌。② 2002 年，上海利用优质教育资源新建6 所初级中学。这 6 所初中都是借助重点高中的品牌效应和全方位"输血"而开办的。③ 再次，品牌战略可激发学校全面加强质量建设的动力，提高学校的市场竞争力，扩大优质学校的市

---

① 广少奎．论我国高中教育的发展现状及其对策[J]．教育理论与实践，2003 (09)：19—23 页

② 刘昆．创优质基础教育品牌[N]．光明日报，2001—2—21

③ 上海借助品牌效应新建 6 所中学．http://www.shmec.gov.cn/web/news/ show_article.php？article_id=6899

场空间。

3. 品牌战略是促进教育与社会经济协调发展的客观需要

今天我国基础教育改革已经全面展开,如素质教育、特色学校建设、课程改革、教育评价改革、教师教育、优质高中建设等。这些改革不仅受到来自教育内部供求矛盾的影响,而且受到市场经济体制和国际教育竞争的严峻挑战,主要表现为学生升学与就业的竞争,以及同时派生出的教育观念、教育经费、教育资源配置、教育质量、民办学校与公办学校等方面的全面竞争。我国教育改革不仅面临制度困境,还面临教育规模、数量与质量、结构的尖锐矛盾。1993年个别省市开始试点,现在全国已有几千所学校实行了转制。许多地方普通高中、职业中学全部走向市场,实行财政"断奶",能卖则卖,能实行股份制则实行股份制,全部变为民营。义务教育阶段的小学、初中也选择部分学校实行民有民营。但教育的民营化改革主要是民间资本进入教育市场。教育民营化带来的收益主要是体制外的收益。随着体制改革深入,办学越来越规范,体制外的收益越来越少。教育民营化所引发的教育公平、教育收费、教育效率、教育竞争等深层次的问题也逐渐暴露出来。主要表现为基础教育政府治理失灵和教育市场失灵并存。政府举办的示范学校,并没有摆脱计划经济模式下重点中小学制度的阴影。在基础教育市场发育极不完善的情况下,民办学校市场化运作常常处于进退两难的尴尬境地。寻求教育改革与社会经济协调与和谐发展成为当前改革的难点。

教育与社会的政治、经济、文化、科技等方面有着千丝万缕的联系。基础教育的多功能特征,决定了基础教育改革的复杂性。任何单一的教育改革的短时效应都可能被其长期的效应抵消。教育改革应该立足于教育可持续发展和教育经济社会的协调发展。品牌战略是一种将体制内外优势整合起来,挖掘现有教育资源的潜力,扩大优质资源的明智选择,也是促进教育

8

与经济社会协调、和谐发展的现实途径。许多地方政府和学校利用品牌战略，实现了已有学校品牌的提升和升值，并促进了教育与区域经济社会的协调发展，如江苏宝应县政府利用学校名牌来经营教育并产生了多方面的效应：利用名牌公办学校的品牌，吸引投资逾两亿元，新增 3 所高品位的学校，并且政府没花一分钱。宝应县政府将原有学校城区教育的布局进行了调整，共净增加教学班 200 多个，有效解决了城市化和人口高峰带来的生源急增的矛盾；通过稳定本地教师队伍，遏止名教师外流，吸引外地优秀人才加盟，使全县教师素质得到了整体提高。名牌学校的集团化运作方式，对宝应教育产生了极大的推动和促进作用，对周边地区的教育改革产生了较强的辐射作用，扩大了宝应县的知名度。①

随着我国步入小康社会，广大人民群众希望子女接受优质教育的愿望日益强烈。在这种背景下基础教育发展面临着进一步巩固、扩大和提高质量、效益的双重任务，如何通过优质教育服务，提高学校竞争力，更好地实现学生发展目标，是社会和谐发展和个体全面发展对学校教育提出的时代性要求。因此，在巩固已取得成果基础上，通过扩大和建设优质教育资源，实施学校品牌战略，不断提高基础教育质量，进而满足人民群众日益增长的对高质量基础教育需要，已经成为目前基础教育改革和发展的新任务、目标以及新发展模式。

4. 学校品牌化是未来教育发展的必然趋势

品牌战略与现代教育有着内在的必然联系。用品牌战略发展教育，实现学校品牌化，体现了现代教育的本质，代表未来教育的发展方向。

第一，现代教育是竞争性教育，品牌战略是竞争的制高点。

---

① 卢志文. 公办名校转制：从管理到经营. http://www.ep-china.net/content/president/c/20030922214918.htm

目前，幼儿园和中小学转制已成为我国基础教育办学体制改革的重要动向。在江苏，基础教育阶段公办转制中小学（含幼儿园）已有 1145 所，其中高中（含完中）23 所，初中（含九年一贯制）102 所、小学 59 所、幼儿园 961 所，公办学校转制数量约占全省中小学总数的 4.6%。① 在上海，转制学校数量已经达到非公学校的 50% 以上，各学段的学生数占全市同级学校学生数的比例分别为：幼儿园 4.20%（含民办），小学 2.63%（含民办）、初中 4.31%（含民办）、高中 9.87%（含民办）。② 其他如广州、北京也都进行了公办学校转制试点工作，公办转制学校呈日益增多趋势。20 世纪 90 年代以来，随着我国居民家庭收入的快速增长、计划生育政策导致的入学年龄儿童数量的减少和父母对子女教育期望的提升，也加剧了教育市场的激烈竞争。学校之间的竞争由有形资源优势的竞争转化有形资源和无形资源相结合的竞争。学校只有充分认识到自己的品牌价值和意义，自觉树立品牌意识，主动实施品牌战略，有目的、有计划地去进一步打造品牌，保护品牌，延伸品牌，充分发掘品牌的价值，发挥品牌的作用，才能在教育市场中立于不败之地。这是在我国经济转型期教育由单一的"规模扩张"、"数量性增长"向"整体优化"、"内涵式发展"转型的一种历史的必然选择，也是学校自身发展的一种必然选择。

第二，现代教育是创新教育，品牌则是创新教育的集中体现和强力杠杆。学校品牌不仅是一种先进理念的凝聚、一种资产价值的证明，更是一种服务创新的体现。这种创新不仅表现在服务态度、服务精神、服务技术、服务设施的创新，还表现

---

① 张亚平，许小梅．关于我省公办学校办学体制改革情况的调查和思考[A]．江苏省教育厅 2003 年度调研论文汇编[C]．2003

② 方建峰．颇具争议的公办学校改制：大胆的政策构想与明显的操作误差[J]．上海教育科研，2003(01)

在服务制度的创新。创新是品牌发展的源泉和动力。学校品牌的创新与一般教育创新不同，它是全员参与的创新，是整体的创新。

第三，现代教育是高效率教育，品牌是教育高效率的源泉。教育效率体现在教育资源的配置效率和教育机构的运行效率上。随着教育运行机制、教育市场介入和教育服务市场形成，现行公共教育体制运行方式将发生深刻变化。在国家垄断公共教育的传统体制之外正在形成一种新的教育生产与提供方式，即教育的市场化公益行为。同时，教育的市场介入和教育服务市场的形成，必将使现行公共教育体制的运行方式发生深刻的变化。教育资源的配置将迅速市场化，教育资源的配置效率将更高。学校品牌在教育市场上起着优化教育资源配置效率的作用，因为品牌所产生的效应，会集中更多的优质资源，整合多种教育力量；品牌所产生的文化力，对学校的成员起着持续激励的作用。

第四，现代教育是消费者主权的教育，品牌是消费者青睐的对象。"教育是一种服务"的观念在国际上早已流行，并成为一种发展趋势。在日本、韩国、欧美一些国家，甚至提出了办"以客户为导向"的教育。教育被看作一种"服务"，而学生则是学校教育的最主要"服务对象"。学校的各项工作就构成了一种服务链，最终由教师将优质教育服务提供给学生。教育服务强化这种"以人为本"的服务意识。品牌正是基于买方市场产生的。品牌战略是一种基于顾客价值的选择。品牌产品的功能性价值不仅能满足顾客的多种需要，还能满足顾客的情感需要和社会需要。20世纪90年代以来，以"消费者为中心"和"质量的持续提高"为核心观念的全面质量管理理念移植进学校。因此，品牌战略能以教育服务为切入口，实现教育发展和学校发展转型，进而全面实践"以学生发展为本"理念。

第五，现代教育是文化性产业，品牌体现并代表教育先进文化。理想学校不仅是传播文化的场所，也是创新文化基地。哈佛大学校风有口皆碑——"以柏拉图为友，以亚里士多德为友，但更要以真理为友"；耶鲁大学鼓励学生追求"光明与真知"；普林斯顿大学把"富有想象力"作为培养目标；斯坦福大学在学生心里培植的信念是"呼唤未来"；哥伦比亚大学的学生说，"我有生以来所相信的一切，都在这里被质疑"；芝加哥大学的校训是"理论比实践更重要"。在基础教育领域，陶行知和晓庄学校，因其"生活教育"理论和实验而泽被后人；苏霍姆林斯基创办的帕夫雷什中学的旗帜上，写着如此鲜艳的大字：全面和谐发展。此外，江苏省泰兴洋思中学、上海市建平中学、上海市闸北八中等学校的特色办学，都是品牌教育的成功实践，他们都在传播着一种先进的办学理念、一种崇高的人生信仰、一种催人振奋的时代精神。学校品牌战略就是为了塑造一种时代精神，传播一种先进文化。

　　第六，现代教育是开放性教育，品牌彰显国家形象和教育国际竞争实力。目前，教育服务贸易已经成为服务贸易中的重要项目，在国际市场上逐渐成为有利可图的产业。世界各国都高度重视教育服务贸易的发展，在澳大利亚、新西兰和美国，教育服务贸易分别是本国第三、第四和第五大出口业，他们的教育出口值占本国服务贸易总值的百分比分别达到 11.6%、4.9%和3.8%。① 我国已于 2001 年 12 月 11 日加入世贸组织，并在《服务贸易总协定》(GATS) 上签字，对教育服务做了承诺。近几年来，教育服务贸易额有所上升。然而，我国教育服务贸易总体竞争力不强，教育服务贸易逆差大，教育机构缺乏竞

---

① 林志华，孟鸿伟．当今世界教育热点追踪．http://data.sedu.org.cn/thoery/thstuff/1023687195.shtml

争力。①

二、学校品牌：学校发展的一种新的理论阐释

(一)国外对学校品牌的研究

近年来，国外对中小学的经营与管理问题研究，主要从消费者择校和学校如何应对的角度思考的，关于"学校品牌"一词仅仅出现在个别学校的宣传语之中，大量的文献只提到"优质学校"、"有效学校"、"示范学校"。我们认为，这些都是学校品牌或品牌学校的同义语。

国外从 20 世纪 80 年代开始，就对"优质学校教育"进行研究，后来，又提出了"有效学校标准"。欧美国家教育改革与研究中心组织专家经过数年的研究后，在 1995 年提出一个优质教育学校的模式。为实现国家优质教育的目标，美国专门制定并实施了《1999 年全体儿童教育优异法案》，承诺每一位孩子父母和纳税人在所属的社区都拥有高质量的公立学校。英国从 20 世纪 90 年代推行"示范学校计划"、"特色学校"。

国外对学校品牌的研究集中体现在对"优质教育的标准"研究和优质学校的市场营销策略研究。自 20 世纪 90 年代初以来，西方一些国家就开始对教育市场营销进行了较为全面、系统的理论研究，这些国家主要有美国、英国、澳大利亚等。20 世纪 90 年代，美国的青少年人口下降，国家经济萧条，许多学校面临着资金紧缺和生源减少的问题。针对这种现象，美国教育界开始积极探讨在学校管理中引进市场机制、借鉴企业管理模式这一课题，与此同时营销作为管理中的一个重要环节，教育市

---

① 张向丽．中国国际教育服务贸易研究——基于教育机构持续竞争优势视角[D]．博士论文，2004(05)

场营销也作为一个重要的课题提出来了，并取得了很好的理论与实践成果。有的学者从学校营销的视角来研究学校品牌建设问题。美国西北大学教授、现代营销之父菲利浦·科特勒曾与卡伦·弗克斯教授共同合作，对教育机构营销作了较为系统的理论研究。他们认为，教育市场营销是指对学校计划进行分析、规划、实施和控制，使学校与目标市场进行自愿的价值交换，从而实现教育与教学目的的管理过程。营销的目的在于完成教育机构的任务，提升教育市场的满意度，增进教育营销活动的效率及吸引教育营销资源。①

与美国有关教育市场营销的研究侧重于高等院校不同，英国则主要倾向于中小学，而且有关的理论研究成果颇为丰富。20世纪90年代，英国教育界对英国学校中存在的科层制管理模式提出了质疑和批评，并建议在学校管理中引进市场机制。同时他们对教育市场营销进行了较为系统的理论研究，并取得了丰富的成果。英国开放大学皮瑞迪(Preedy)教授等人曾指出，英国政府政策大改革提出应在英格兰和威尔士两地建立教育市场，这一政策的出台表明政府开始重视教育机构中的市场营销。他们还指出，未来教育市场营销必将成为教育管理的一个重要方面。② 皮瑞迪教授等人认为，学校为竞争生源而不得不采用诸如露天活动、学校展览等营销活动，然而营销并不仅仅是展示、广告和出售，它还应包括交流、劝说、公共关系以及倾听消费者的抱怨和建议并对他们作出积极的反应等。从这个角度来说，营销就是提高整体服务质量。要想有效地发挥营销在学

---

① Kotler, E. and Fox, Karen F. A. (1995) *Strategic Marketing For Educational Institution*. Englewood Cliffs, New Jersey 07632: PRENTICE-HALL, Inc. p. 10

② Preedy M., Glatter, Ron and Levacic, R. (1997) *Educational Management: Strategy Quality And Resources*. Buckingham, Philadelphia: Open University Press, p. 271

校管理中的作用，学校应非常清楚家长的想法、决策以及对学校的看法，并根据这些信息采取正确的行动。

国外文献研究表明，优质学校教育是随着教育质量的评价和学校选择产生的新的概念。国外的基于教育营销的学校经营研究成果，对我国学校品牌研究具有主要的启发意义。国外对中小学品牌提法不多，我们认为，主要原因是发达国家基础教育的普及程度、均衡化程度较高，教育经费比较充足，学校校长筹措教育经费的责任不大，学校品牌作为一种资本的经营意识缺乏现实土壤。正是中外教育实践的差距，也形成各自理论的特色，"学校品牌"作为中国教育经济学研究的重要理论范畴具有的理论创新价值。

(二)国内对学校品牌的研究

1. 国内学校品牌研究的起因

长期以来，教育一直被当成一种社会发展工具，要么是政治斗争的工具，要么是发展经济的工具。教育发展总是受到政治权利分配和经济资源配置制约，虽然教育供给严重不足，但教育机构无法进行自主调节和扩充，新的教育机构因为各种壁垒而无法建立。加入 WTO 后，我国教育服务产业面临的竞争将是全球化的。教育服务相对于产品而言具有无形性、易逝性、同时性、教育性等特性，决定了教育服务业运作和管理不同于产品制造企业和其他服务产业。经过多年研究，服务管理在国际学术界已成为体系健全的独立学科，教育服务营销研究开始进入学术视野。教育性质、功能正在悄悄地发生转换。教育属于服务行业，已成为一个不争的事实。从"教育为某某服务"到"教育就是服务"，这是市场经济背景下和教育买方市场建立后人们的一种现代诠释。教育服务由计划经济体制下的"无偿服务"转化为市场经济条件下的"有偿服务"；由精英教育模式下的"为少数人服务"转化为大众教育模式下的"为多数人服务"；由

"卖方市场"控制的"供给型教育服务"转化为"买方市场"主导的、反映教育消费者偏好的"需求型教育服务";由政府管制下的"垄断型教育服务"转化为市场引进、社会参与、学校自主经营相互制衡的"竞争型教育服务"。"教育服务"的观念经过了从政治伦理性的宏大描述到完全市场化的学科移植过程,随着教育服务产业的不断拓展和教育经济学研究的不断深化,"教育服务"作为教育经济学的基本理论范畴已基本成熟。

教育经济学已经揭示:教育服务就是教育活动的产品,或者说是一种服务形态的产品。教育服务既具有使用价值,也具有交换价值,与物质商品无本质区别,只是形式的不同。[①] 学校设计和提供教育服务,学生通过消费这种服务而逐渐内化为自身的能力和素质,使得自身劳动力商品的质与量不断提高。学校的教育教学过程实质就是一种教育服务过程,是服务产业的一个重要组成部分。

随着我国基本普及九年制义务教育,特别是在全国基础教育工作会议召开以后,我国基础教育整体发展思路,在某种程度上已经发生了一些变化,基础教育的发展也进入了一个新的阶段。国务院颁布的《关于基础教育改革和发展的决定》中明确提出巩固已有成果,发展优质教育的任务。目前,在全国范围内推进示范性高中学校建设、优质教育学校建设已成为我国社会关注的热点问题。从管理到经营,很多校长已经先行一步,踏上了经营学校的良性轨道。学校品牌依靠它的市场开拓力、文化内蓄力、资产扩张力,在市场上表现出超常创利能力。

2. 国内主要研究成果

学校品牌研究是从 20 世纪 90 年代开始的。第一线的校长们在亲身经历了基础教育的实践变革,亲身感受到中小学激烈竞争之后,领悟到学校品牌建设的重要性,并提出了学校品牌

---

① 靳希斌. 论教育服务及其价值[J]. 教育研究,2003(01)

这一新概念。另外，一些品牌管理研究专家、教育管理研究专家开始借用品牌学、策划学的研究成果，对学校品牌进行探索。靳希斌教授从经营学角度对学校品牌问题进行了较早的、系统的研究。他认为：(1)学校品牌是学校经营的要素，"从现代学校经营角度分析，学校资源主要包括人、财、物、信息等有形的要素和学校传统、学校精神、学校风貌和学校品牌等无形要素。"①(2)打造学校品牌具有重要的意义，"打造学校品牌是形成教育服务优势的有力手段"。(3)必须用经营的手段和策略来创学校品牌，"学校创名牌、创品牌必须将经营引入学校。因为在教育市场中，学校不仅有管理问题，还出现了经营问题。管理是对学校已有教育资源优化配置，提高其使用效率；经营还具有从社会获取更多教育资源的作用。消费者一般都是通过学校教育服务产品质量来认识学校的，因此学校品牌也是学校教育服务优势的突出反映。成功的学校无一不把打造学校品牌，开发品牌，视为学校的生命。"②反映了用经营思想创学校品牌的远见卓识。笔者正是在靳教授的启发引导之下开展对学校品牌的深入研究的。

2004年1月《学校品牌管理》杂志创刊，为学校品牌研究搭建了学术交流的平台，有价值的理论文章逐渐显现。《学校品牌管理》杂志于2004年4月、2004年12月和2005年5月分别召开了三次全国学校品牌管理高级论坛，参加演讲的嘉宾有来自教育第一线的校长、教育理论研究者、教育官员，还有企业界的品牌管理专家。三次学校品牌管理高级论坛是学校品牌管理领域的盛宴，为此领域的研究作出了一定的贡献。2004年11月6日至8日首都师范大学，中央教科所教育理论研究部主办的2004年中国学校品牌管理校长论坛——暨国际项目交流洽谈

---

① 靳希斌，任建华．论学校经营[J]．北京师范大学学报，2002(04)
② 靳希斌．论教育服务及其价值[J]．教育研究，2003(01)

会在首都师范大学召开，论坛主要涉及教育发展政策，教育产业的发展趋势，新时期我国学校的市场化品牌运营体系建设，学校文化与学校品牌创建的影响与作用，学校核心竞争力与学校品牌打造等。北京大学教育学院举办的中国教育管理高级研修班基础模块的一部分是有关学校品牌塑造的，主要内容有：规划学校品牌战略定位，寻求课改形势下的学校品牌打造策略，从经营角度打造区域教育品牌，掌握品牌维护和危机处理方法，根据教育市场的需求，创建特色品牌的策略与品牌传播，学校CI设计与学校文化建设等。全国教育科学"十五"规划重点课题《中小学学校发展策划研究》中有五分之一的篇幅都是学校品牌策划研究，可见学校品牌研究的重要性已被广泛认同。

纵观我国对学校品牌研究，经历了对"知名学校"研究，"特色学校、示范学校、优质学校"研究，"学校品牌"研究三个阶段的认识和探索，我们认为，不同阶段对知名学校的称谓不一样，所强调学校发展的内涵也不一样：名校——学校的知名度；特色学校——学校的比较优势；重点学校——学校的资源优势和地域优势；示范学校——学校的规范性和示范性；优质学校——学校的质量优势、管理优势；品牌学校——学校的竞争优势、文化特色和整体质量。

尽管学校品牌研究还不是很成熟，但也已取得了不少成果。有关学校品牌及其经营的著作主要有：胡美山主编《打造品牌：走向名校的必然选择》（大连出版社，2005年6月版）、中国教育学会教育管理分会和教育策划学术委员会组织编《教育策划概论与案例》（同心出版社，2005年1月版）、余明阳主编《大学品牌》（广东经济出版社，2004年6月版）、周游博士著《学校经营——理论、模式与机制》（中国经济出版社，2004年9月版）、庞茂军、彭亮著《学校品牌建设与管理》（北京艺术与科学电子出版社，2004年版）。《打造品牌：走向名校的必然选择》一书中明确提出：品牌化学校是学校建设的新境界，学校间的竞争说到底是以学校办学质量为核心的学校形象的竞争、学校品牌的竞争。《教育策划概论与案例》一书对学校品牌问题进行了深入的探讨，在第四章，"教育策划与教育现代化"中谈到教育经营时指出"学校品牌开发是学校产品经营的重要形式之一"（P108），"学校品牌是教育产品质量的集中体现"（P109）"学校品牌也是学校经营能力、经营水平、经营状况的综合反映"。在第九章"学校发展策划"中分三节阐述了"学校品牌定位与塑造策略"、"学校品牌提升与扩张策略"、"学校品牌维护与管理策略"。《学校经营——理论、模式与机制》一书将"学校品牌"界定为学校经营的一种产品，在学校经营的战略选择中首选创品牌战略，并对学校经营的品牌策略进行了完整的阐述。庞茂军、彭亮著《学校品牌建设与管理》一书从学校品牌的基础知识入手，全面系统介绍了学校品牌的成长、维护、评价与实施体系，囊括了学校品牌形象、品牌设计及学校品牌管理过程中的品牌战略管理、人力资源管理、教学科研管理、校本管理及学校的品牌资产、品牌文化、品牌特质和学校 ISO9000 质量管理体系。

整体来看，目前研究的成果主要体现在学校品牌概念、学校品牌特征、学校品牌建设意义、学校品牌建设策略和方法等方面。

（1）关于学校品牌概念。教育（学校）品牌是从企业品牌中引申出来的概念。从定义上说，教育品牌分为狭义和广义两种概念。从狭义的角度来看，教育品牌是指学校名称的标志，例如，学校牌子、校徽等。从广义的角度来看，教育品牌是指学校的名称、标志和为教育消费者提供教育服务，培养教育消费者的各要素的总和、学校名称、教学、科研、管理、服务、教师、学生质量、专业等要素（王策，贾军，胡爱荣，2003）。学校品牌是以校名为主的标识组合，包括名校、名课程、名校长、名师等，组合了学校教育性和附加价值的内涵，为社会、家长和学生提供认为值得选择的理由（郑杰，2004）。"优质教育品牌"，是在"名校"的基础上，从学校品牌特征的角度揭示其所具价值与效益的资源属性(吴颖民,2004);办学目标是学校教育品质的外在品牌特征,课程是学校教育的内在品质要素(赵国弟,2005);学校品牌是学校的一种无形资产:它具有特定的名称和标志,具有特定的质量水准和文化内涵,是基于被校内师生员工和社会各界人士认可而形成的。①

(2)关于学校品牌特征。在有关学校品牌的文献中,对于学校品牌特征论述的并不多见,现有的几篇文章的表述也差异很大,如李良寿认为,教育品牌具有三个基本特征:其一是先进性,在教育理念、管理手段、发展方向、教育模式等方面具有前瞻性、科学性。其二是特色性,符合一个地方教育发展实际,反映了一个地方的教育特质和个性,代表一个地方教育的最高水平,标志一个地方教育的主流和方向,是一个地方教育长处的集中延伸和放大。② 有学者认为学校品牌应具有物质性和精神性、可持续性(吴颖民,2004)③。还有人认为学校品牌应具有外显性、内隐性、时空性、效益可增创性等四个特征。④ 陈如平(2003)认为品牌具有独创性、稳定性和持续性。独创性是学校品牌的活力源泉;稳定性是学校品牌的信誉保证;持续性是学校发展目标得以实现的重要思路。⑤ 可见,对于学校品牌特征的认识,具有差异性和随意性。

(3)关于学校品牌建设意义。学校品牌建设具有多方面的价值和意义:从学校发展角度来看,打造学校品牌,可以逐步提升学校教育服务品质,从而为学校增加功能性价值(郑杰,

---

① 阎德明. 论学校品牌的特性与校长的品牌意识[J]. 当代教育科学,2005 (03)

② 李良寿. 打造教育品牌 迎接入世挑战[J]. 四川教育,2002(02)

③ 李旭辉,刘仁富. 学校,你的品牌有多重[J]. 四川教育,2002(02)

④ 吴颖民. 自我超越,与时俱进——论优质教育品牌及其持续发展问题[J]. 学校品牌管理,2004(03)

⑤ 陈如平. 管理创新与学校发展[N]. 中国教育报,2003-12-23⑥

2004)，适应市场需要，(黄南国，2004)拓展学校教育市场，提升无形资产的效应(刘国华，2003)；从现代心理学理论的角度，教育品牌具有三大功能，即识别或认知功能、安全或依赖(忠诚)功能、附加价值(超值满意)功能(丁家永，2003)。教育品牌有利于高等教育产业的形成和发展，教育品牌在高等教育结构调整中起着重要作用，教育品牌在高等教育中有益于推进素质教育，教育品牌有利于引导人们的教育消费，教育品牌是可持续发展的必要条件(王策，贾军，胡爱荣，2003)。

(4)关于学校品牌建设策略或方法。大多数学者都是从学校管理的要素的视角来进行经验总结的。包括：1)要有品牌意识(姚杰，2003；芮火才，2003；周文良，2004；黄南国，2004)、教育经营和学校经营意识(陈如平，2003；靳希斌，2004)；2)坚持科学发展观(朱小蔓，2005)；3)要有名校长、名教师(徐仲安，2000)；4)提高教育质量；5)品牌扩张(王琳，2005)；6)教育策划(沈正元，2003)；7)制订并履行品牌承诺(陈如平，2003);8)运用 CIS 策略,树立品牌形象(阎德明,2003;陈如平,2003;周文良,2004);9)学校公关和宣传(丁家永,2003)。

(5)关于学校品牌管理研究。主要有三种观点。陈如平(2003)认为学校品牌管理的具体程序包括：树立品牌经营观念；制订品牌承诺；传播最佳品牌信息；履行品牌承诺；提升学校品牌资产，注意知识产权的保护。[1] 台湾学者叶连祺(2003)提出中小学品牌管理模式的六步流程：发展学校品牌愿景(学校发展条件扫描、确定学校愿景、确定学校品牌愿景的要素)；决定学校品牌图像(确定学校师生图像、确定学校品牌认同)；发展学校品牌管理策略和计划(评估学校品牌形象、评估学校品牌关系、评估学校品牌资产、决定学校品牌定位、决定学校品牌策略原则)；塑造学校品牌文化(确定学校品牌关系、建立学校品

---

① 陈如平．管理创新与学校发展[N]．中国教育报，2003-12-23⑥

牌思维）；执行学校品牌管理实务（成立学校品牌管理推动小组、进行学校品牌管理法规作业、决定学校兴革方案、决定学校行销方案、执行兴革和行销方案）；评估和改善学校品牌管理成效（评估学校品牌价值、检视学校品牌管理缺失、提出改善学校品牌价值方案、执行学校品牌价值改善计划）。[①] 阎德明（2004）提出中小学品牌管理"七步互动模式"：分析学校品牌环境、选择学校品牌策略、塑造学校品牌文化、定位学校品牌设计、维护学校品牌权益、推广学校品牌形象、健康学校品牌态势。[②]

还有的学者从学校品牌塑造过程中可能出现的问题角度提出，学校品牌建设要防止伪品牌化[③]和避免价值视线模糊、急功近利[④]。

由上而知，尽管有关策略论述种类众多，但还是能够找到一些共同点的。大致可以归纳如下：第一，树立品牌观念；第二，提高教育教学质量；第三，加强学校品牌管理。第四，注意学校形象塑造和宣传。事实上，优质教育、有效学校、成功学校等的创建也是运用这些策略和方法，它们并没有体现学校品牌塑造的特殊性。

3. 我国学校品牌研究的特点及其评价

从研究范畴看，涉及学校（教育）品牌的观念和价值的理论研究，各类学校品牌（高等学校品牌、职业学校品牌、民办学校品牌、中小学教育品牌）的经营和管理经验研究；但主要集中在职业学校品牌、民办学校品牌研究，对普通中小学学校品牌研

---

① 叶连祺．中小学品牌管理意涵与模式分析[J]．（台湾）教育研究月刊，2003（10）：96—110页

② 阎德明．品牌·学校品牌·学校品牌管理[J]．学校品牌管理，2004（02）：5—8页

③ 杨有忠．教育品牌化的困惑 [EB/OL]．http：//www.emkt.com.cn/article/118/11885.html

④ 庞容瑞．教育品牌，价值视线的模糊[J]．江苏教育，2003（2A）

究比较少，而且很不系统。从研究内容来看，侧重于学校品牌建设的意义和品牌建设的一般方法在学校品牌管理中的移植，缺乏学校品牌研究的系统概念和学科特色。从研究方法来看，主要是经验总结法，所涉及的理论主要是管理学，少量涉及经营学、心理学。特别是没有运用品牌学、服务营销学原理和方法。从研究结论来看，主要揭示了学校品牌是一种无形资产，学校可以进行品牌经营，学校要有品牌意识，学校品牌经营的方法的多样性。但没有揭示学校品牌本质，品牌经营策略研究也缺乏经济学视野。从研究的群体来看，主要是工作在第一线的校长，研究地域集中在经济、文化比较发达的广东、上海、江苏、浙江、四川等。

总之，与优质教育问题在实践领域的持续升温相比，我国学者对优质教育的研究显得相对薄弱。[1] 作为学校优质教育的概念化的"学校品牌问题"才刚刚引起有关学者的关注。大多数研究基本集中在对知名学校、特色学校、品牌学校的价值研究和经验介绍。学校教育服务品牌本质是什么，与其他品牌有何区别，如何建设学校品牌，目前这类"知识"还存在对其他学科概念的简单移植、实践观念的萌发、合理性论证不足等问题。对学校品牌的内涵与外延、品牌战略、品牌资产、品牌管理、品牌经营、品牌关系等缺乏系统深入的研究。

---

① 沙培宁. 聚焦优质教育："基础教育的使命——努力办好优质教育"学术研讨会综述[J]. 中小学管理，2004(03)：5—8页

三、本书研究目的、意义、思路和方法

(一)研究目的

1. 从学理上探索学校品牌本质和价值

我们试图运用教育经济学(如教育服务理论)和经济学(如企业品牌理论、服务营销与管理理论、服务经济学)等的研究成果,探索教育经济学微观组织层面——学校品牌的内涵、要素和结构、理论和实践价值,从而从理论上回答学校品牌存在的合理性及其经营的必要性。

2. 总结"名牌学校"发展经验,揭示学校品牌成长规律和特点

学校品牌的发生发展有自己的生命曲线,孕育期、形成期、成熟期、衰败期(或重塑期),在不同阶段,学校的品牌因素、结构和运行有自己的不同特点;抓住这些特点,可以有效地培育品牌,并实现品牌的扩张和延伸。

3. 开发学校品牌经营策略,为创建更多名牌学校提供理论指导

运用服务营销、品牌营销理论,对薄弱学校、名牌学校、新建学校三类不同的学校组织的品牌经营和管理的策略进行系统的建构,为不同类型学校的品牌建设提供具体指导。

(二)研究意义

1. 理论意义

研究学校品牌理论,可以拓展教育经济学的应用研究,丰富教育经济学理论。传统的教育经济学侧重于从宏观角度研究教育与经济的联系。学校品牌理论在确立学校品牌是一种稀缺的、可以增值的资源的基础上,研究这种资源的性质,如何有效利用这种资源、扩充这种资源，怎样使学校品牌这种无形资产升值，使之成为教育发展和学校发展的资本，这属于教育经济学微观领域，是教育经济学研究的重要理论范畴。传统教育经济学理论强调了学校有形资产经营问题，对无形资产如何经营，有形和无形资产如何结合起来经营，一直是研究的盲区。学校品牌是学校可以经营的经济要素，品牌是学校与市场联系的纽带，学校品牌资产是可以积累的，学校品牌（产品）质量是品牌基础，学校形象、顾客关系也是品牌的重要因素。因此，学校品牌研究的内容、方法，开拓了教育经济学的新的研究领域。同时，学校品牌经营问题与商业的品牌经营和其他服务业的品牌经营有着本质区别，挖掘学校品牌作为一种特殊服务产品经营的特殊性，不仅可以深化教育经济学的理论研究，还可以丰富品牌经济学的研究成果。

2. 实践意义

（1）有助于更新传统学校经营观。学校品牌的宏大视野和品牌经营目标将使学校重新审视传统品牌经营观念指导下的所有学校内部管理行为、学校文化、组织结构、管理体制、管理资源和经营哲学等，推动以品牌关系为中心的学校管理创新，如学校教育服务产品开发、学校公关、学校营销等。学校品牌思维将使学校从更高层次认识学校品牌经营的手段、传播媒介、方式、符号设计、风格、主题、定位等，从而创新学校发展理论和管理方法。

（2）推动学校加强品牌建设。学校品牌是衡量学校综合素质的标准，学校品牌是反映学校经济状况的工具。学校品牌研究可以加强学校发展的品牌定位，突出学校发展特色和办学个性，创立品牌形象，提高社会及家长认可度，增加学校对各种教育资源的吸附能力，促进学校办学品质提升。

（3）使学校品牌增值。学校品牌是可持续发展的重要资源，重视学校品牌经营可相对地节约人力、物力和财力，避免薄弱学校建设的高投入和低效益或新建学校的高成本投入。同时以优质学校品牌为纽带，组建学校集团，可实现高效、低成本的资本扩张，是充分利用学校品牌这种可持续发展资源进行集约化经营的有效方式。学校品牌是学校财产不可分割的一部分，而且占有很重要地位，学校应该对其加强经营管理，否则就会给国家和学校造成严重损失。

（4）促进教育质量的整体提高和教育的均衡发展。学校品牌是加快教育发展的动力，是激活教育资本经营的手段。学校品牌研究的成果将有利于激发学校的生命活力，增强学校的服务意识、提升学校服务水平、提升其竞争优势、发展学校的核心竞争力，提高学校的声誉，增加学校无形资产，促进学校的可持续发展，传播品牌学校的影响力和文化力。强势学校的品牌扩张能促进区域教育的均衡发展，促进区域教育和区域经济社会的协调发展。区域教育的品牌扩张可以促进教育服务产业的健康发展，促进我国的国际教育服务贸易，提高国家的教育形象和国家教育竞争力。

（三）研究思路

1. 理论假设

学校教育服务是一类可以用来交易的"产品"；学校教育服务品牌是一种稀缺资源，存在市场需求；学校是教育服务品牌经营的独立主体，学校品牌经营者具有理性。

2. 论证逻辑

从本体论角度探讨学校品牌的本质，从价值论角度分析学校品牌的价值，从实践论的角度分析国内外学校品牌的发展逻辑；建构我国学校品牌发展模式，并提出不同学校的品牌经营模式和策略。

3. 研究体系结构

借鉴经营学、营销学、服务经济学，特别是有关服务营销、服务品牌的研究成果，对中小学的品牌进行三个层面的研究；在本体论层面，通过对有关品牌研究的系统梳理，界定学校品牌的概念，分析学校品牌的要素、结构与功能，揭示学校品牌与企业品牌、学校品牌与非学校品牌的区别和联系；在价值论层面，分析学校品牌研究的价值和学校品牌的实践价值；在实践论层面，分析学校品牌成长的现状、成长条件和一般经营模式，通过国内外学校品牌建设的比较分析，寻找我国学校品牌发展的有效策略，并从战略上思考学校品牌建设对教育观念、教育发展模式、学校制度、政府的治理机制的挑战及其回应要求。

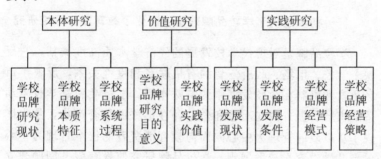

(四)研究方法

1. 文献研究法

运用学校图书馆资源和因特网，收集整理有关品牌、教育品牌、学校品牌等研究成果；找出品牌、服务品牌、学校品牌的共性与差异性，提炼学校品牌研究的理论逻辑。

2. 调查研究法

设计"学校品牌"问卷或访谈，对学校校长的品牌知识、品牌意识、品牌经营方式等进行调查，评价学校品牌的认识和经营状况；对具有典型意义的"品牌学校"进行田野调查，寻找学校品牌成长的实践逻辑。

3. 实证分析法

运用调查或文献收集到的材料，对学校教育服务的本体性、学校品牌经营的必要性、可能性进行论证。

4. 理论分析法

综合运用经济学、管理学、心理学中的有关学校发展的最新成果，对学校品牌的概念、发展过程、发展条件等进行定性分析。

四、本书研究的结论和特色

(一)初步建构了学校品牌理论，深化了教育服务理论研究

学校品牌是对现代学校发展的经济学本质高度概括，它反映了学校、市场、政府三者的有机联系和良性关系，反映了市场要素和机制在学校发展中的特殊作用。学校品牌是学校主动适应市场、提升内在质量和塑造外在形象的综合产物，集中体现了从以政府管理为中心向面向教育消费者的校本管理为中心的新基础教育学校发展观。学校品牌研究使教育服务问题建立在经济学的思考之上，摆脱了教育服务的纯道德和纯政治研究范畴，也使教育市场化问题在学校微观经济学领域得到合理性阐释。

(二)揭示了学校品牌多元化的实践特征

论文通过调查研究、个案研究方法，揭示了学校品牌发展受到历史的与现实的、学校的、政府的和市场的、显形的和隐形的多种要素影响；学校品牌的影响力需要学校长期的文化积累和品质打造才能形成，学校品牌的市场竞争力和文化影响力、渗透力需要经过教育消费者的长时间的感知和体验，才能充分体现；学校品牌是有生命、有个性的，学校品牌发展具有多元

28

化的特征。

(三)对国内外学校品牌发展初步进行了比较研究

学校品牌发展具有共同特征，这就是教育质量、学校形象、学校文化、学校个性。任何学校品牌也必须具有这些要素。但每一所学校的品牌形态、品牌发展模式是不一样的，因而，学校品牌也具有个性。从共性的角度来看，学校品牌的塑造具有"知识"上的可迁移性，在学校品牌建设中可以大胆借鉴国外的先进经验；从个性的角度来看，品牌塑造必须尊重学校历史和学校发展的客观条件，也要发挥学校组织的自主性和创造性，我国学校品牌塑造具有本土性。

(四)系统提出了学校品牌发展模式和策略

学校品牌既是未来学校实践发展的指向，也是对学校优质服务的高度理论概括。论文借助哲学的思维模式，对什么是学校品牌、学校品牌的价值特征、学校品牌发展特征进行了理论论证，并运用经济学，特别是品牌理论、服务营销理论的研究成果，对学校品牌经营的模式和策略进行了宏观的思考；同时，系统总结了国内外对中小学品牌研究的成果和我国中小学进行品牌建设的成功经验，集中反映在薄弱学校、新建学校、知名学校的品牌发展策略的阐述中。整个论文是从现实问题出发，从理论上建构学校品牌原理，最后又运用原理分析我国中小学品牌发展的现实道路，体现了理论和实践、历史现实和未来相结合的逻辑。

第二章　学校品牌相关概念及其理论基础

　　什么是学校品牌？它的提出是否有一定的理论依据？我们认为，学校品牌是一个独立的实践和理论范畴，包括学校品牌、学校品牌形象、学校品牌资产、学校品牌战略、学校品牌产品、学校品牌竞争力、学校品牌经营、学校品牌价值、学校品牌管理、学校品牌发展、学校品牌创新等一系列概念。学校品牌提出也具有广泛的文化基础。下面就学校品牌的基本概念及其相关的理论基础进行阐述。

一、学校品牌及其相关概念

(一)品牌

　　品牌是对相关事物的表征，由于使用具体语言、表述的需要和倾向性不同，表述方式也不同。而对品牌本性不同理解，将会产生不同的品牌管理理论和经营模式。因此，系统梳理关于品牌的解释，对学校品牌研究具有本体论意义。

1. 品牌的各种解释及其评价

　　品牌概念，学术界还没有定论，综合起来，主要有以下几种观点：

　　(1)标识说。著名营销大师菲利普·科特勒认为，品牌是一个名称、术语、标记、符号、图案，或是这些因素的组合，用来识别产品的制造商和销售商。① 美国市场营销协会(AMA)定

---

　　① ［美］菲利普·科特勒．营销学导论[M]．北京：华夏出版社，1998.320 页

义委员会(1960)认为，品牌是用以识别一个或一群产品或劳务的名称、术语、标记、符号或设计，或是它们的组合运用，其目的是借以辨认某个销售者或某群销售者的产品或服务，并使之同竞争对手的产品和服务区别开来。[①] 品牌标示说，从品牌的起源角度强调了它的标识功能及其经济或市场意义。

(2)形象说。广告界权威大卫·奥格威指出："品牌是一种错综复杂的象征，它是品牌的属性、名称、包装、价格、历史、声誉、广告风格的无形组合。品牌同时也因消费者对其使用的印象及其自身的经验而有所界定，品牌是一种象征，是消费者的感受和感觉。"[②]品牌形象说使企业关注的焦点由产品本身转向了品牌形象和个性，较之标识说，品牌的内涵发生了质变，已经超出了功能的范畴，强调品牌的文化内涵，突出消费者的心理感受。

(3)关系说。大卫·爱格认为品牌就是产品、符号、人、企业与消费者之间的联结和沟通，品牌是一个全方位的架构，牵涉消费者与品牌沟通的方方面面。品牌被视为"关系的建筑师"[③]，被视为一种"体验"，一种消费者能亲身参与的更深层次的关系，一种与消费者进行理性和感性互动的总和。[④] 我国学者艾丰认为，名牌是无形资产和有形资产相结合的"第三态资产"，在哲学上可看成是"第三态存在"——关系存在，包含着下列三大关系：名牌企业和广大消费者之间的关系——既熟知而又信任关系，名牌企业和其他企业之间关系——名牌企业是企业中的佼佼者，名牌企业内部有形资产和无形资产之间关系——两者紧密结合、良性循环关系。第一种关系是总结果，

---

① 周朝琦，侯文龙. 品牌经营[M]. 北京：经济管理出版社，2002.20—34 页

② 余明阳. 品牌学［M］. 合肥：安徽人民出版社，2002

③ ［美］马丁·林兹乔姆，蒂姆·弗兰克·安德森. 互联网品牌策略[M]. 上海：科学技术文献出版社，2001

④ 何佳讯. 品牌形象策划[M]. 上海：复旦大学出版社，2000.4—8 页

第二种关系是竞争状况，第三种关系是运作的依托，而名牌就是这三种关系有机结合而成的总关系。① 关系说从品牌产生的现实层面揭示了影响品牌形成的社会性、生态性。

(4)综合说。世界著名广告大师 David Ogilvy(1955)认为，品牌是一种错综复杂的象征，它是品牌的属性、名称、包装、价格、历史、声誉、广告风格的无形组合，品牌同时也因消费者对其使用的印象及自身的经验而有所界定。陆娟认为："品牌是一个系统，是产品或企业市场属性的综合体现，是企业与顾客的关系性契约。"②年小山(2003)认为品牌是在整合先进生产力要素、经济要素条件下，以无形资产为主要经营对象，以文化为存在方式、以物质为载体、具备并实行某种标准与规范，以达到一定目的为原则，并据此设定自身运动轨迹，因而带有显著个性化倾向的、具备优势存在基础的相关事物，它是由精神、物质、行为有机融合的统一体。③ 综合说揭示了品牌的复杂性，是认识深层品牌本性的重要思想方法。

以上品牌观具有共性：一是其展开品牌定义的对象前提都是基于营利组织，即经济现象的角度，突出强调品牌的经济价值；二是更多地强调品牌的精神文化属性，非物质性，忽视了观念、精神、文化与一定经济、物质载体的融合物；三是它只是某种标记或符号，静态性，而没有看到品牌构成来源的复杂性、丰富性与整体性、整合性、生态性；四是品牌具有识别性，是用来区别主客体的；五是对品牌结构的理解，要么认为它是名称、标志、颜色等构成的显形要素，要么认为它是顾客感受、品牌忠诚等无形要素，没有看到品牌作为一种新的经济模式或

---

① 艾丰. 品牌价值比较研究的理论探讨[N]. 厂长经理日报，1997－02－27 (11)

② 陆娟. 现代企业品牌发展战略[M]. 南京：南京大学出版社，2002.26 页

③ 年小山. 品牌学(理论部分)[M]. 北京：清华大学出版社，2003.51 页

经济形态的整体性和创造性。这些观点都是对品牌现象的某个方面的认识，缺乏对品牌的本质认识，因而具有片面性。

2. 我们对品牌的理解

（1）品牌的内涵

虽然专家们对品牌概念从各个角度进行了不同阐述，但是其所传达的品牌所具有的内涵却是相通的。总的来看，品牌内涵是立体的，它是建立在顾客价值链基础上的区别于其他产品、服务或组织的一系列标识，是满足顾客价值需求的产品及其属性，是联系生产者和消费者的沟通代码，是给经营组织带来增值的价值承诺。正如营销大师菲利普·科特勒对品牌的内涵的概括，从本质上说，品牌是销售者向购买者长期提供的一组特定的特点、利益和服务的允诺和质量的保证。品牌它表达了六层含义，即属性、利益、价值、文化、个性和用户（见图 2-1）。

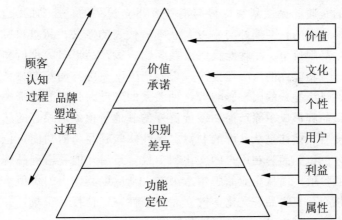

图 2-1　品牌的内涵

①属性：属性是品牌具有的物理的、精神的、文化的特征，是满足消费者需要的客体。一个品牌首先给人带来特定的属性，即该品牌产品区别于其他品牌产品最本质的特征如质量等。
②利益：利益是消费者从购买的产品或服务中得到的功能性或

情感性需要。一个品牌不仅仅限于一组属性。顾客不是购买属性，而是购买利益。属性需要转换成功能和（或）情感利益。③价值：品牌还体现了该产品的某些价值感。④文化：品牌可能附加和象征了一定的文化。文化代表品牌的精神品质。⑤个性：品牌还代表了一定的个性；个性反映了品牌的整体特色。⑥用户：暗示购买或使用品牌的消费者类型。

品牌含义的这六个方面分为三个层次：品牌产品功能定位（属性和利益）、品牌识别差异（文化、个性、用户）、品牌价值承诺（价值）。品牌命名、设计、包装等作为形成品牌形象个性的要素，还可以受到法律的保护。这种差别特征成了品牌排他性的基础。这以品牌提供的特征和利益为基础。品牌如果不能满足消费者的需要与欲望，那么它就不会存在于消费者的心智中。所以，品牌仅有一个视觉形象个性是不够的。品牌的最终目的是通过提供利益优势与消费者建立长久的、强劲的关系，博得他们的长期偏好与忠诚。品牌所代表的意义、品质和特征产生品牌价值。品牌能提供给顾客比一般产品更多的价值和利益——功能性的与心理性的。它们产生于品牌与消费者关系之中，错综复杂的因素影响着这种关系的联结。强劲的特殊关系使得品牌形成了除产品功能价值外的其他价值。从顾客的认识角度看，往往是从品牌的利益、属性体验到品牌的功能定位之后才意识到品牌在用户的文化和个性，最后才能领悟到品牌的核心价值。而从企业品牌塑造来看，则应以其作出的价值承诺为核心，建立品牌文化，树立品牌个性，定位目标市场，并从这几个方面去设计品牌属性和提供利益。

品牌内涵不断深化的过程，也是人们对品牌的价值和功能认识深化的过程，即从以生产者为中心到以消费者为中心再到企业发展和社会发展统一的延伸和发展的过程（见图2-2）。

图 2-2　品牌内涵扩展的阶段模型[①]

　　在品牌作为区别标识阶段，其主要功能是作为一种速记符号，代表产品的相关信息，仅仅强调对生产者的识别。品牌成为消费者进行记忆搜索的线索，品牌内涵集中表现为品牌的利益和属性，是完全以生产者为中心的品牌观。品牌所提供的识别功能不仅仅依靠它的标志或名称，更依靠它提供的核心价值。识别差异是品牌的中心内容，这种差异必须通过长期的投资才能建立起来。

　　在品牌作为认知形象阶段，品牌是一种错综复杂的象征，它把一个符号、一个单词、一个客体、一个概念同时集于一身，把各种象征符号如标识、色彩、包装和设计合并到一起。因此它是多种信息的浓缩。品牌是产品和组织的整体形象体现，生产商把品牌作为区别于其他竞争者的标识，当消费者购买产品时，品牌能够引起消费者对产品个性、文化产生联想，同时也出现了品牌特定消费者。其目的是引起购买者对自己产品的注意。事实上，从消费者角度来看，品牌作为一种速记符号与产品类别信息一同储存于消费者头脑中，从而品牌也就成了他们搜寻记忆的线索，成了他们在产品类别中选择特定产品的代码。这种长期凝结而成的认识有助于减少消费者的购物程序，节约购买时间，降低交易成本，从而增加传递给顾客的让渡价值。看重品牌在消费者心中的形象体验和感受的品牌形象说、情感说等，就是这种认识的产物。

　　在品牌作为企业的承诺和信仰阶段，品牌体现的是产品、

————————————

　　① 李业. 品牌管理[M]. 广州：广东高等教育出版社，2004.15 页

服务和企业本身相关的一种持久、可信的价值承诺，并标志着承诺的来源。按法定程序登记注册的品牌标识，不仅受到法律制约，而且受到社会各界监督，特别是消费者监督。企业要想获得持续发展，就必须遵守并实施品牌所承担的承诺和保证。如"真诚到永远"就隐含海尔公司对消费者的信誉承诺。企业提出并坚守价值承诺，就会形成顾客忠诚。品牌关系说，着眼于品牌与消费者各个层面的接触点，强调建立和稳固品牌和消费者之间关系，体现了现代品牌观的深刻内涵。

（2）品牌的外延

从品牌的外延来看，品牌不同于产品、商标、名牌。

产品和品牌是两个不同的概念：产品名称体现辨别功能，品牌传递更丰富的内容，包括产品信息、价值、个性、文化等；产品是具体存在，通过自身带有的利益和功能直接满足消费者的需求，品牌存在消费者认知中，通过产品本身体现的功能利益，引起消费者对使用者类型、产品个性、组织形象和文化等的联想，间接满足消费者的需求；产品是生产出来的，而品牌是根据产品而设计出来的，形成于整个营销组合中；产品重在质量和服务，品牌重在传播，在传播中形成和加强消费者对品牌的认知，积累品牌资产。

商标和品牌虽然都属于无形资产，具有资产专用性，而且有时一个企业的品牌和商标相同，但品牌也不同于商标，它比商标具有更广泛的内容，商标只是一个具有排他性的法律认可的、区别于其他产品的标记，品牌却代表一定的文化和个性，代表企业对消费者的价值承诺，包含顾客对商家的信赖和忠诚。

品牌与名牌也有区别，一般而言，名牌代表优良的品牌，具有较高知名度和美誉度。日常用语中的"名牌"只是知晓度高，不一定包含文化和个性。品牌可以发展成为名牌。

（3）品牌特征

第一，组织性与社会性统一。品牌总是存在于一定组织，如商业品牌，其实是企业品牌；教育品牌，其实是教育机构品牌。这表明品牌主体是组织及其组织中的个人，品牌形成具有个性。但品牌又依赖于社会，品牌总是一定社会的品牌，品牌具有民族性、时代性。当社会理念发生重大变化时，品牌理念也应作相应的调整。任何品牌塑造、维护、延伸都必须符合社会大法则，没有社会根基的品牌注定是要消逝的。品牌的独特性与社会广泛性要求组织既要立足本组织，又要放眼全社会，两者互为交融，以求持续发展。

第二，有价与无价统一。品牌是一定组织的资产，包括品牌知名度、品牌忠诚度、品牌美誉度、品牌联想等。这些资产是可以经营的。在市场运作中，品牌的创立、维护、转让等都有具体价值，强势品牌更是价值连城，其中孕育着巨大的市场机会，具有可观的经济效益和良好的社会效益；品牌无价是因为品牌当中往往蕴涵着很多主观的东西，包括人们不同的价值观、信任度、认同感、联想感等，是没有办法按"质"论价的。品牌的有价，使其有现实吸引力；而品牌的无价，则是其真正魅力之所在。

第三，有形与无形统一。品牌的有形是指经营者区别于其他竞争者所使用的名称、用语、记号、象征、设计等，以及品牌要素包装下的实体产品，它提供给人们特定的功能价值。品牌的"无形"是对品牌的一种概念抽象，主要反映在两个方面：其一，反映了品牌持有者的经营理念。其二，反映了某种人格化的特质，即品牌个性。品牌的本质就是人的品质，是特定人格在社会上的放大与展示。如耐克、李宁等品牌，就是运动一族的反映。品牌的有形与无形昭示我们不仅要加强有形的品牌设计，愉悦消费者的生理感官；更应挖掘品牌的精神内涵，赋予其文化的、人性的东西，触动消费者的心灵。

第四，共性和个性统一。品牌共性源自于其产品或服务本身所具有的共性要素及其特色。品牌个性来自于品牌名称的唯一性和形象的独特性和品牌资产的专有性。在现实中，品牌共性的遵守不是主要问题，而真正见功力的是品牌的个性定位和打造。

第五，历史继承性和创新性统一。有品味的品牌无不具有历史的厚重感，没有历史根基的品牌是轻浮的，甚至是短命的。但同时，品牌更是时代的，品牌塑造要握准时代的脉搏，紧跟时代的旋律。例如海尔经营的三个阶段及与之相对应的三种理念："海尔，真诚到永远。"——"海尔，为您着想，为您设计。"——"海尔，中国造。"所以，现代品牌经营需要不断创造，在创造中不断深化和发展企业的文化理念与内涵。

总之，在市场经济条件下，品牌好像是一面色彩艳丽的、高高飘扬的旗帜，让更多的人感受到它的美丽；品牌好像一首动人的乐曲，让人不自觉地随它翩翩起舞；品牌更像是一列行进在市场铁轨上的火车，火车能载多少乘客，能取得多大的经济效益，取决于火车速度的快慢、运载力的高低和乘客的知晓程度、有效购买力与意愿。有竞争力的品牌将直接影响着企业的前途和命运。

（二）学校品牌

1. 已有的观点及其评说

大多数学者对"学校品牌"的界定是从企业品牌和服务品牌中引申出来的概念。有的将教育品牌看成是学校品牌的同义语，认为教育品牌是其产品、符号、教师、学校与社会之间的联结和沟通，一种与社会进行理性和感性互动的总和。教育品牌学校就是以其独特性、整体性、稳定性和先进性等区别于其他学校并取得了显著成绩，为社会和其他学校所认可的学校。[①] 有的认为学校的品牌是学校与教育消费者（学生和家长）之间的一

---

① 黄国南. 论教育品牌经营——学校管理的新境界[J]. 当代教育论坛，2005 (11)

种心理"契约"。① 还有的认为学校品牌是指具有一定知名度、美誉度的学校综合内涵的概括。它是一种无形资产，具有巨大的社会效益和经济作用。可见，学校品牌概念解释直接受到"品牌"或服务品牌内涵解释的影响。

还有的学者从品牌构成的要素来揭示学校品牌的含义，认为学校品牌概念与学校、教育服务（或校名）和相关人三个因素相关，学校品牌是联结三个因素的媒介，并可使学校和教育服务两个因素增值。因为学校是一个"人—人"系统，从事的是一种"通过人（教师）培养人（青少年学生）"的活动，它不同于工厂、医院、商场、政府等其他任何一个组织。因此，学校品牌除具有品牌的一般构成要素外，还具有不同的表现形式。从某种意义上说，学校品牌主要是人的品牌，人的品牌是学校品牌最有说服力的因素，学校中最重要的"人"是学生、教师、和校长三类。② 我们认为名学生、名校长、名教师只是学校品牌的标识性要素，或打造学校品牌的管理措施，不是学校品牌的全部。

2. 本书观点

（1）学校品牌内涵与外延

学校品牌包括学校教育服务产品品牌和学校组织品牌。

学校教育服务产品品牌（或学校教育服务品牌）是指在教育市场中具有一定知名度、美誉度的教育服务产品，如学校课程教学服务、学校特色活动、先进学校文化等。

组织品牌是非企业性组织所构成的品牌，像《时代周刊》、哈佛大学、剑桥大学等，因为他们与一般企业有所差异，所以可以看作是著名品牌。③ 学校组织品牌是指经过精心培育和市场选择形成的，为教育消费者所偏好、给办学组织带来较大的

---

① 姚杰. 学校要有品牌意识[J]. 四川教育，2003(06)：15—16页
② 王策，贾军，胡爱荣. 高等教育的品牌效应[J]. 经济论坛，2001(03)
③ 余明阳. 品牌学[M]. 合肥：安徽人民出版社，2002.17页

经济和社会效益并引导教育消费的优质的教育服务产品及其属性、学校整体形象、与消费者的一致性承诺关系等的总称，简称为学校品牌。本书的学校品牌中的学校特指中小学组织品牌。

从内涵来看，学校品牌的要素包括：学校品牌的构成性要素，即品牌标识要素(学校名称、校徽、校服、校园布局、学校建筑主体色调、校长、教师、学生)、品牌文化要素(学校精神、校风、学风、教风、校史)、品牌载体要素(校舍、课程、教育教学活动、学科)和过程性要素，即学校品牌营运要素(学校管理、学校公关宣传、学校营销等)。

从外延来看，学校品牌实质是一种服务品牌，服务过程就是满足学校消费者的发展需求，培养其对学校的情感过程。但学校品牌不同于企业品牌，特别是服务企业品牌。一般企业品牌产品主要是一种物品或者对服务设施的依赖性很强；学校品牌的产品是一种活动形态的服务，是通过教育服务生产要素、服务过程和服务环境优化来体现的，其中服务过程质量决定了服务品牌质量。

表 2-1　学校品牌与企业产品品牌、企业服务品牌的区别

	企业产品品牌	企业服务品牌	学校品牌
表现形式	有形产品	无形产品(情感活动)	无形产品(情感性、教育性、创造性活动)
沟通或传播媒介	产品	营销人员	全体教职工、学生
经营对象	产品	行为过程	教育交往、学校公关、组织沟通行为
经营方式	实体的消费	服务水平的消费	服务态度、服务水平、服务质量、服务设施的消费
主要功能	提高产品附加值	增强信任感、减少消费者的财务风险、社会风险和安全风险	学校无形资产增值

学校品牌与其他服务企业品牌的区别是其他服务品牌的生产与服务可以分离，教育服务的生产和经营具有同时性；学校品牌的文化性和教育性更强；教育服务主体的创造性更明显。

学校品牌与品牌学校既有联系，又有区别。联系是两者都是品牌化的结果，都有品牌的特征，品牌学校是学校品牌塑造的结果。由于两者存在着联系，我们把学校品牌塑造后的学校称为品牌学校。区别是两者所指对象不同，学校品牌中心词在品牌上，是与企业品牌、产品品牌相对应的一个概念；而品牌学校中心词是学校，是与优质学校、薄弱学校相对应的一个概念。学校品牌是教育品牌的子集，教育品牌具有的品性，学校品牌都具有，但学校品牌还具有自身个性化的品性。

学校品牌与学校特色不同。学校特色是办学主体刻意追求、逐步实现的学校工作的某一方面特别优于其他方面，也特别优于其他学校的独特的稳定的品质，是学校在长期的教育实践活动过程中所形成的独特办学风格或学校风貌，也称为办学特色，具有优质性、独特性、稳定性三个基本特征。但办学特色仅仅是学校品牌的功能性特征或部分特征。学校品牌除具有教育服务产品的功能性特征外，还具有情感性和社会性特征。与单一的学校特色建设(强调学校品牌产品)相比较，它强调产品的整体性，与优质学校建设(强调教育服务产品的优质性)相比，学校品牌强调经营的立体型。

学校品牌与学校形象既有联系也有区别。学校形象是指学校的面貌和个性特征，能引起人的思想或感情活动的具体形状或形态，以及公众对学校从内在到外表的全部看法和评价。它包含学校办学的各项内容并涉及与学校公众之间形成的心理关系。学校形象也正是公众对学校表现情况的总体反映。它可以是良好的也可以是恶劣的。学校品牌也是一种学校形象，但是它是一种正面的、良好的学校形象。

(2)学校品牌特点

学校品牌可以从其服务的类型、品位、品质、品味、结果五个方面来认识。多样化产品是学校品牌的本体结构;学校教育服务产品的品质优质性是学校品牌建立的前提和根本;学校教育服务产品的品位独特性是学校品牌的社会地位;学校教育服务产品的品味高层次性是学校品牌的外在表现形式;增值性既是学校品牌运作的目的,也是学校品牌发展的必然结果。它们通过教育市场的认同性、地位的排他性、时间的长效性和效应的扩散性来体现。

一是学校服务产品的多样性和整体性。学校服务是以服务于学生大脑为主体的高接触型的、智慧型服务。由于学生的先天素质、家庭环境、发展潜能不一样,提供的服务必然有差异。其产品的多样性是指学校教育服务要面向全体学生的身心,提供不同类型的、不同层次的课程服务和相关服务。这种多样性产品既是学校品牌特色的基础,也是学校满足学生发展需要,促进学生个性发展的前提条件。

所谓学校品牌产品的整体性是指学校品牌是由核心产品(包括课程教学服务)、形式产品(学校名称、品牌标识物)和附加产品(学校品牌精神、品牌文化和相关的辅助服务产品,如包括管理服务、后勤服务、心理服务、环境服务等)构成的系统(见图 2-3)。

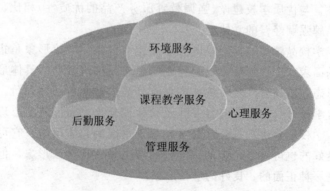

图 2-3　学校教育服务产品的多样性

その中、课程教学服务是学校品牌的核心产品——功能性产品，是基础。离开了优质教育教学服务，学校品牌就成了无水之源、无本之木。核心产品不能脱离形式产品（学校形象）而存在，核心产品改进需要通过形式产品变化才能实现。但是，另一方面，形式产品的某些改变（例如校名、建筑）则不会影响核心产品，具有相对独立性；附加产品在现代营销中发挥着更大的作用。同时，因为学生身心发展的整体性和学校教育影响的不可分割性和弥散性，学校还必须提供相关的服务，心理服务主要为学生的学习、生活、成长提供精神服务；后勤服务（如就餐、饮水、住宿等），主要为学生提供物质服务；环境服务主要是为学生提供健康的、智慧的文化氛围、学习型组织氛围的积极影响，而管理服务则体现在上述各种服务之中，是一种后台服务，是为课程教学、心理、后勤、环境服务的服务（见图 2-4）。学校服务产品整体性要求学校所提供的教育服务在内容上要相互衔接、在作用上要一致或相互补充，具体来说，就是学校的教育教学服务（前台服务）、管理服务（后台服务）、后勤服务、环境服务都是优质的，要对学生产生积极的、正面的促进作用，同时要求学校教育服务的生产和营销，以及营销前、营销中和营销后统一。

学校服务产品的多样性和整体性是学校品牌的功能型价值的基础。非学校品牌要么教育服务产品单一，要么教育服务缺乏整体统一性。特色学校只注意学校教育服务的单一产品品牌，优质学校只注意学校教育服务的产品品牌，未注意学校形象、学校关系维度，因而，不是严格意义上的品牌。整体产品概念作为现代学校品牌经营观念的体现，它的立足点是市场需求；教育整体产品概念提出，为学校竞争提供了新思路，使学校的产品差异化有了更大的发挥空间。

二是学校教育服务的品位独特性。学校教育服务品牌的品位独特性就是学校提供既区别于竞争对手又能反映教育消费者

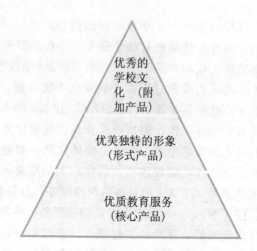

优秀的
学校文
化（附
加产品）

优美独特的形象
（形式产品）

优质教育服务
（核心产品）

图 2-4 学校教育服务的整体产品

偏好的、有个性的教育服务产品，包括别具一格的学校形象、鲜明的教育理念以及在这种理念影响下的办学途径、课程和教学内容、教育方法、学校文化等。学校教育服务品牌的独特性可以满足教育消费者情感需要，增强学校教育服务吸引力，使消费者产生特殊的组织记忆，培养忠诚的顾客(如在校学生、校友)。蔡元培的"兼容并包"办学方针为北大成为中国的一流学府打下了坚实的基础；陶行知先生的"生活教育"理论、"教学做合一"思想体现晓庄师范学校的办学特色；帕夫雷什中学之所以独树一帜，其关键在于苏霍姆林斯基"个性全面发展教育"的独特教育思想；上海建平中学是以其"合格＋特长"的办学特色闻名遐迩。学校品牌是办学风格和特色的体现。千篇一律的"重点"中小学、"综合性大学"因其个性丧失，而无缘于学校品牌。

三是学校教育服务品质的优质性。学校品牌的内核是学校的独特的办学理念和特色文化、高质量的教育服务、创新精神和活动。学校教育服务品质的优质性是指学校教育服务产品的满足学生多种需要的性能特征，如心理安全、激发情感、启发智慧等。就某一所学校的教育而言，"学校品牌"是学校课程或活动特色、学校文化、学校传统及学校品位的集中体现，是学校长期以来形成的人文精神、行为方式和价值取向的积淀，是一所学校在创建、发展过程中逐渐积淀下来的凝结在其名称中跨越时空的社会认可程度。从教育消费者角度来说，服务过程就是满足教育消费者发展需求，培养其对学校的情感过程，品牌可以使他们享受超值服务。因此，学校教育服务的优质性是形成"学校品牌"的决定性因素。纵览全球，世界第一流大学像剑桥大学、哈佛大学、加州大学等著名大学培养的人才，几乎成为诺贝尔奖的主要得主，其高水平的教育质量是保证。上海闸北八中以开发后进生的"潜能"，使他们获得成功为服务宗旨，打造出"成功教育"品牌。一所学校，如果不能以优质教育服务彰显于社会，学校名声再大，也不可能成为真正的"品牌"。

四是学校服务品味的高层次性。学校教育服务的品味就是教育消费者对学校的主观评价，主要体现为学校组织及其服务的知名度、美誉度、忠诚度高：①高知名度，即被公众（社会、同类学校、学生）广泛认识和知晓，很容易从报刊、广播电视、网上、会议、日常交流等途径获得定量的数据指标。②高美誉度，即获得公众普遍赞许和支持，反映品牌对社会的积极影响大。有知名度不等于享有美誉，知名度高的学校"名声"不一定好。③高忠诚度，即教育消费者（家长、学生、政府、企业等）对办学组织的有感情，信任并发自内心地去喜爱和宣传它。

五是学校教育服务的增值性。与一般的学校相比，学校品牌化可以产生更多价值和更大利益。对学校来说，不仅体现在经济升值，还体现在社会资本升值，学校创新能力和市场竞争能力增强；对学生来说，发展速度更快，发展范围更广，个性发展更突出；对国家来说，教育优质资源扩展，教育整体质量提高，教育国际竞争力增强；对社会来说，极大地满足了民众对优质教育需求，在享受优质教育服务同时，也实现了教育的情感价值和社会价值。

（三）学校品牌资产

经营学校品牌的目的是使学校品牌增值，能使学校品牌增值的是学校品牌资产。"品牌价值"（School Brand Value）本质上就是"品牌资产"（School Brand Equity）的价值，只不过品牌价值是哲学概念，品牌资产是经济学概念。

什么是品牌资产？美国管理专家 Alexander L. Biel 认为：品牌资产是一种超越生产、商品及所有有形资产以外的价值。① 以这个定义为基础，国内学者作了进一步的阐发。有的学者以与品牌紧密联系的商标为基准来定义，认为所谓品牌资产，就是一种超越生产、商品、一切有形资产以外的价值，这种价值集中体现在商标所代表的价值上，它是企业为从事生产经营活动而投资在商标上的各种资产的总和。② 有的学者从消费者的使用与满意的角度来考察，认为品牌资产是给产品带来的超越其功能效用的附加价值和附加利益，这种附加价值或附加利益表现为品牌给企业和顾客提供超越产品或服务本身以外的价值。③ 简单而言，品牌资产就是与品牌名称（标志及标语）相关并能实现产品或服务增值的诸如品牌知名度、忠诚的顾客、品质认定以及品牌联想等一系列要素。④

我们认为，学校品牌资产是与学校的名称、标志、文化相联系的，能给学校组织带来增值的无形资产的总和。具体包括学校品牌知名度、学校品牌美誉度、学校品牌忠诚度、学校品牌联想等。学校品牌知名度是指教育消费者对学校的知晓程度；学校品牌美誉度是指教育消费者对学校的赞美程度；学校品牌

---

① 余明阳．品牌学［M］．合肥：安徽人民出版社，2003.5 页
② 余明阳．品牌学［M］．（2003 年版）．合肥：安徽人民出版社，2003.361 页
③ 余明阳．品牌学［M］．（2003 年版）．合肥：安徽人民出版社，2003.361 页
④ ［美］大卫·爱格．品牌资产管理［M］．丁恒，武齐译．呼和浩特：内蒙古大学出版社，1999.3 页

忠诚度使是指由于学校品牌特性或学校品牌价格等因素的影响，教育消费者持久地购买教育服务产品的行为；学校品牌联想度是指学校品牌的个性引起教育消费者的联想的深度和广度。

(四)学校品牌经营

1. 品牌经营的一般解释

所谓经营(operating)，是指任何一个私人或公共组织从自身行为特征实际出发，以提高资源效率和效益为根本目的，以资源多层次优化配置、整合为基本途径，所实施的经营环境分析、经营思想的确定、经营目标确定、经营策略的选择以及经营操作方式的确定等一系列的筹划、营谋活动。经营与管理的最大区别在于管理是一种科层制运作方式，而经营主要是一种市场驱动的自由运作方式。经营的实质是市场机制的运作。再者，与其他运作方式如管制方式相比，在市场经济条件下，经营的普遍特点是公开、公正和公平性。以往经营主要限定在以物质产品生产为主的第一产业、第二产业，但是，随着市场经济发展的多元化、全球化及信息化，经营的主流开始转向以包括教育服务业为主体的第三产业。同时，经营和管理的区别是相对的，如果从一个企业发展来看，经营的每一个环节都离不开管理。

关于品牌经营的概念，至今尚无一个统一的描述，但纵观世界著名企业品牌经营的成功实践，就其本质而言，品牌经营是企业针对市场需求的基本态势，着眼于企业与其战略协同者共生共荣、互利共赢，并以企业理念为核心，以企业(产品)品牌为竞争手段，对各种资源进行运筹、谋划、整合和优化配置，创建出强势品牌，或巩固和培育现有品牌，充分发挥品牌效应，从而实现企业价值最大化的一种超越产品的经营方式。具体来讲，品牌经营就是从品牌定位开始，经过品牌规划设计，通过品牌传播，建立品牌认同和顾客忠诚，通过品牌建设、运营和管理及延伸、扩张、组合等一系列战略、策略与决策，直至使品牌增值的全过程。

从企业经营角度看，自商品经济以来经历了产品经营型、资本经营型、品牌经营型三个阶段，经历了从产品经营型向资本经营型、从资本经营型向品牌经营型二次质的飞跃。发达国家正处在品牌经营型阶段，以名牌推进世界各国市场，不断扩大市场份额。品牌经营是知识产权的经营、质量信誉的经营、广告宣传的经营、人才科技的经营。①

品牌经营与产品经营的区别。概括地讲，主要表现在五个方面。①目标设定。以品牌经营为手段的企业目标中，不仅包含了产品经营中的主要目标，即销量、利润、占有率等，而且包含更多与品牌相关的指标，如品牌忠诚度、品牌个性、品牌价值水平等。②品牌检验。产品检验的主要内容是围绕利润最大化的一些短期盈利性指标。而品牌检验主要是围绕以品牌的市场综合竞争力为核心的品牌资产价值的检验，检验手段是规范的、定期的、定性与定量相结合的专业化测试，检验的主体在企业外部而不是内部，更多地关注消费者及与品牌相关的客体。③价格的稳定性。定价而不是"订价"，也是品牌经营与产品经营的区别标志。成功的品牌很少在价格上出现频繁波动。而绝大多数中国企业都会身不由己地参与到一轮又一轮的畸形价格战中，似乎除了降价，再也没有更有效的营销手段了。④促销设计。在品牌经营背景下，任何促销方案的设计必须与品牌形象相吻合，促销活动的目的、方式和强度等都应该以品牌经营目标为指导进行整合。⑤价值结构。在品牌经营前提下，企业经营价值是包括供应商、制造者、中间商、消费者四个环节构成的双向互动价值。同时，品牌经营在经营主体、对象、目的、结果、方式等方面也不同于资本经营(见表2-2)。

---

① 黄焕山．论品牌运营[J]．经济评论，1996(05)：84—87页

表 2-2　品牌经营和产品经营、资本经营比较

	产品经营	资本经营	品牌经营
经营主体	经营者	投资者、筹资者	企业经营者、所有员工
经营客体	产品	资本	品牌(商标、知识产权、形象、关系等)
产生时间	企业产生	20 世纪 30 年代后	20 世纪 70 年代后
经营目的	利润最大化	资本增值、保值，利润最大化	投资者得到回报、产业结构优化
经营结果	生产规模扩大	创企业名牌、满足消费者需求、提高生活质量	消费者向名牌靠拢、市场向名牌集中、利润向名牌企业倾斜、产业结构最优化
经营方式	降低成本、提高生产技术、扩大销售规模	投资、兼并、收购、租赁、投机	形象设计、广告、宣传、顾客体验、文化
功能定向	经济效益	经济效益	经济效益、组织形象、文化传播、生活质量

2. 已有观点

有人认为，学校"品牌经营"其实就是研究怎样利用高知名度的品牌效应，进一步扩大学校的影响，提高学校美誉度，进而提高办学效益。[①] 知名度、美誉度与忠诚度是品牌的三个基本构成要素，知名度仅仅是品牌经营的一种资产，而且是从消费者心理角度来认识的。为了塑造品牌，进而使消费者产生认牌购买行为，品牌经营就要遵循消费者认牌购买行为的形成过程，建立品牌知名度、美誉度与忠诚度。

---

① 姚杰．学校要有品牌意识[J]．四川教育，2003(06)：15—16 页

3. 我们观点

(1)学校品牌经营含义

依据对品牌经营概念的定义以及学校教育服务的特殊性，本研究把学校品牌经营界定为：学校品牌经营(School Brand Operating)就是指提供教育服务的各级各类学校组织从自身行为特征实际出发，以建立品牌学校为根本目的，以学校资源多层次优化配置、整合为基本途径，所实施的学校品牌定位和设计、学校品牌经营环境分析、学校品牌经营理念的确立、学校品牌经营策略的选择以及学校品牌经营操作方式等一系列的筹划、营谋和实践活动。学校品牌经营就是学校对所拥有的品牌资源(物质资源、人力资源、社会资本等)和品牌资产(知名度、美誉度、忠诚度)进行有效运作，使学校品牌不断增值，从而获得最大的经济利益和社会效益的管理行为过程。其本质是引进市场机制，发挥市场在学校资源配置中的作用，以学校教育服务产品为基础，运用各种营销手段，对学校等组织与其公众之间的良好关系的经营。学校品牌经营是对学校的整体经营，包括学校教育服务产品经营、学校品牌形象经营及其学校的认知度、美誉度和忠诚度经营等品牌资产经营。它是通过提供优质的学校服务满足学生及其家长的消费偏好，提供政府、企业所需要的合格人才素质，通过学校创新、学校科研取得同行的公认的形象来实现的。

学校品牌经营含义，可以从三个方面把握：一是学校品牌经营活动的资源要素。学校品牌经营活动是通过对资源的优化配置(包括计划配置和市场配置)，以提高学校资源的使用效率和效益。学校资源既是构成学校组织的实体，也是学校品牌经营的基础条件。从现代学校品牌经营角度分析，学校资源主要包括人、财、物、信息等有形的要素以及学校传统、学校精神、学校风貌以及学校品牌等无形要素。二是学校品牌经营过程。学校品牌经营过程就是学校为实现品牌经营目标而配置资源进行品牌经营活动的运行过程。学校品牌经营过程具有综合性、制约性和连续性等特点。综合性是指构成学校经营的每个环节都不是独立地发挥作用，而是作为一个统一体来发生作用的；制约性是指学校具有过程中的各个环节既相互联系，又相互制约、互为条件，任何一个环节出现问题都会影响整个过程的正常运行；连续性是指学校品牌经营是连续不断的运行过程，包括品牌定位、品牌设计、品牌营销、品牌管理等。三是学校品牌经营机制。学校品牌经营机制是指学校品牌经营各要素与品牌经营环境相互作用、相互耦合、相互联系的制约关系和功能体系，是使其趋向学校品牌经营目标的内在机理，具有引导、激励和约束学校行为，实现学校品牌经营活动良性循环的基本功能。学校品牌经营机制主要包括保证学校正常运转的运行机制、激发学校活力的动力机制和约束学校行为的调控机制。其中，学校品牌经营运行机制，是指学校在运行过程中，各品牌经营要素直接组合联系方式。学校品牌经营动力机制，是为学校系统正常运行提供能量的机制，是推动学校从事品牌经营活动的力量，关系到学校运行中各种要素能量释放。学校品牌经营调控机制、学校品牌经营约束机制、是保证学校实现品牌经营目标和满足环境发展的自我约束机制，是学校行为的控制器和调节器。

（2）学校品牌经营与企业品牌经营的区别与联系

学校品牌经营是品牌经营理念在教育服务领域的具体表现。理解学校品牌经营的一个关键是区分学校品牌经营与一般的企业品牌经营的联系和区别。学校品牌经营与企业品牌经营之间既有着共同的特点，也有特殊性。从理论上讲，学校组织是一个非企业组织，其品牌经营行为与企业组织的品牌经营行为相比呈现出三个明显不同的特征。首先是多公众性。学校组织必须引起消费者群体的广泛重视，除了通过资源配置和资源吸引创设好的基础外，学校组织还需要借助品牌经营方式处理与公众的各种关系。一所学校可以以未来学生、现有学生、学生家长、教职员工、当地企业、当地政府等公众为目标来开展其品牌经营活动。二是多目标性。学校品牌经营一般多倾向于追求多种目标，而不是像企业那样主要以利润为目标。对于学校品牌经营者来说，要想实现所有目标是很困难的，因此，必须善于从中选择较为重要的目标，以便有效地配置资源。企业组织虽然也存在多目标的问题，但追求利润无疑是压倒一切的主要目标。三是专供服务性。学校组织从事的主要是服务产品（而非有形产品）的生产供应，而服务具有迟效性、多效性、相连性、易变性、时间性和无形性等特征。学校所提供的教育服务与其提供者即教师紧密相连，不同教师的授课质量又各不相同。四是公众监督性。学校组织要受到公众的严格监督，因为大多数学校提供的必要性公共服务是享受公众资助和政府免税的，所以，其品牌经营活动必须服从或服务于公众利益。

（3）学校品牌经营与产品经营、资本经营的区别与联系

学校产品经营是学校品牌经营的基本形态，提供高质量的学校产品（多种学校服务）是办学的生存之本，也是学校品牌经营的基础。学校品牌经营与学校产品经营代表着两种不同的经营哲学、思想观念，也是两种不同层面的经营手段。如果说，强调办学条件的改善和注重升学率的学校经营还是教育资源相对不足条件下的一种产品经营的话，那么，品牌经营则是市场经济发展，教育面临国际竞争以及办学主体多元化、教育供给丰富的必然结果。

学校资本经营主要是对学校产权经营，其运营的方式主要有学校资产重组与学校股份制改造、兼并收购学校、托管学校、租赁学校、组建学校集团等等。学校品牌运营可借助这些方式来扩大品牌的规模，形成品牌的优势，创造品牌的形象，提高品牌的附加价值，满足公民对优质学校的需求，以获得更大的社会和经济效应。学校品牌经营是对学校组织的整体经营。

表 2-3　学校产品经营与学校资本经营、学校品牌经营的区别

	学校产品经营	学校资本经营	学校品牌经营
经营主体	教学人员	学校管理者	全体教职工、学生、家长、与学校关联的行政组织、企业、社区
经营客体	课程、教育教学活动	资金、人力资本	学校品牌资源、学校品牌资产
经营目的	形成教育服务特色，提高教育质量	盘活资本、学校资本升值	使学校经济增值、形成学校文化、扩大优质资源、促进教育均衡发展、满足优质教育需求
经营方式	教学展示、教学比赛、交流	投资、兼并、收购、租赁、投机	形象设计、课程改革、服务质量提高、师生合作、整合营销
经营结果	特色课程、特色学科、特色教师、特色学生	扩大学校规模、实现学校增值	形成学校品牌效应、促进教育结构调整、教育质量整体提高、促进教育与经济社会的协调发展和良性互动

(五)学校品牌管理

1. 学校品牌管理内涵

学校品牌管理是对学校品牌经营的监督与控制。学校品牌是学校的无形资产，学校品牌管理实质是学校品牌资产的管理，它通过协调、界定学校内部职能部门在学校品牌经营过程中的权利、责任及其相互关系，实现对学校品牌资产进行有效管理。学校品牌管理水平高低直接关系到学校品牌资产投资和利用效果的好坏。通过有效的学校品牌经营实现学校品牌增值是企业的期望，学校品牌管理作为学校品牌经营的重要环节，它是保

障学校品牌资产保值、避免学校品牌资产流失有效手段。

有人认为，学校品牌管理是指学校将品牌作为经营战略的核心内容，为打造知名品牌而开发和盘活各种资源，以品牌驱动学校持续健康发展的一种活动。它在战略观、资源观、发展观方面与传统的学校管理根本不同。[①] 这一观点，将学校品牌经营和学校品牌管理混淆起来，没有揭示学校品牌管理的本质。

学校品牌管理也是一个发展的概念。学校品牌管理的内容：从传播学校品牌形象转变为积累学校品牌资产。学校品牌管理的战略目标：从做大做强转变为长期生存。产品质量：从客观质量转变为可感知质量。学校品牌深度：从学校品牌能够做什么转变为学校品牌意味什么。学校品牌结构：从两极转变为综合。顾客身份：从学校品牌的消费者转变成学校品牌的创造者。学校品牌经营原则：从守法经营上升到以德经营。由于学校品牌管理的概念不断扩展，学校品牌经营与学校品牌管理的概念很难区分。

2. 学校品牌管理与学校品牌经营的区别与联系

学校品牌管理(management)和学校品牌经营(operating)是两种不同的学校运行质态：(1)目标不同。管理要效率，经营讲效益。学校管理核心是如何提高个体和群体的工作效率，目标指向是完成任务；学校经营核心是如何提高学校的社会和经济效益，目标指向是生存发展。(2)运作范围不同。管理学校着眼于学校内部，重在"练好内功"，是封闭的；经营学校则要关注学校在市场中的地位，必须"内外兼修"，是开放的。(3)运作机制和模式不同。学校管理强调"上级授权"、照章办事，常用词是贯彻、落实、执行，是被动的；学校经营强调不断创新，常用词是服务、竞争、生存，是主动的"谋发展"。(4)校长责任不

---

① 阎德明. 品牌·学校品牌·学校品牌管理[J]. 学校品牌管理，2004(04)：4—5页

同。管理学校，校长对学校负"部分责任"、"短期责任"，遇到困难找"首长"，寻求行政支持；经营学校，校长对学校负"全部责任"、"长期责任"，遇到困难找"市场"，寻找市场空间。总之，"经营"与"管理"不同在于，"管理"更强调对学校内部事务的组织计划实施控制等环节，而"经营"则从在教育市场中谋求教育服务产品交易成功角度出发，不仅强调对学校内部事务的具体管理，更强调对学校与外部环境之间的关系管理，包括对教育市场中消费者需求研究、学校品牌及竞争力培养等。简而言之，"如果说'管理'是更侧重于学校内部的平面化管理，那么，'经营'则是对教育市场、教育消费者、教育产品等进行整合的立体的管理。"①

学校品牌管理主要是对学校优质教育服务生产过程的计划、组织、协调、控制的过程（特别是对学校教育教学质量的管理）和已有的品牌资产的维护，其目的是生产优质的教育服务产品，保持学校品牌不贬值，主要活动在学校系统内部。

学校经营是按照经营者的理念经营，它较之传统意义上的学校管理更重办学的质量和服务，而学校品牌经营则是从学生的成长需要，从社会发展的需求来进行的经营，它更重视学校形象的传播，更重视学校（教育）品牌与教育消费者沟通的所有环节与活动，如学校进行整体形象包装和广告宣传，就是要形成和加强教育消费者对学校品牌的认知。学校经营较之学校管理已经超越了单纯的对"物"的关注，已经注意到了教育本身是提供一种服务的话，那么，品牌经营则更贴近教育消费者，更能满足消费者较高层次的需求，更关注学生从中获得了多少知识、技能和有益的体验等等。

---

① 王红，李求真. 从管理到经营：教育服务理论与中小学管理理念的转变[J]. 北京教育，2003(07/08)：18—20 页

二、学校品牌研究的理论基础

学校品牌理论是综合运用多门学科的知识而形成的，教育服务理论、哲学、创造学、系统科学、服务营销学、品牌学、传播学、公关关系学、文化学、组织行为学等，都与学校品牌研究密切相关，对学校品牌理论的建构具有重要意义和作用，下面就几种主要的理论进行论述。

(一)教育服务理论：学校品牌研究的理论前提

学校品牌经营是以教育服务产品为基础的经营，从教育服务产品到教育服务产品品牌再到学校品牌，反映了学校品牌发展的实践逻辑。因此，教育服务理论是学校品牌研究的理论基础。

从广义来看，教育服务是与教育有关的各种服务的简称，包括教育物质产品服务、教育信息服务、教育技术服务、教育服务产品服务。从狭义角度来看，教育服务是指教育作为一种精神活动产品的提供、生产和消费活动。有的学者研究高等教育服务的价值与价格，有的提出义务教育公共服务的提供与管理问题。张铁明教授对教育服务的概念和特点进行了具体分析，靳希斌教授对教育服务的理论和价值进行了系统阐述。尽管目前教育服务理论还不太是成熟的，但这些努力使教育服务的理论构架更加清晰。教育服务理论是以教育服务产品为基本概念为基础，以其提供、生产、消费、交换为基本逻辑框架构建的，包括教育服务的性质和特点、教育服务提供、教育服务生产、教育服务消费、教育服务市场、教育服务贸易、教育服务质量和效益等。

1. 教育服务理论产生

教育服务理论是伴随着我国市场经济的推进及其对教育的

渗透、教育的改革和发展、服务理论等社会科学知识对教育经济学的学科渗透，以及教育经济理论研究的深化出现的。首先，教育市场化的实践为教育服务理论提供了丰沃的现实土壤。市场经济较发达的国家为了确保教育水准，纷纷在教育领域引入了市场机制。如美国极力推出了校本管理和家长自由选校计划(Parental Choice)等一系列教育自由化措施。进入 21 世纪以来，美国又开始了第四次学校重建运动，与前三次学校重建运动不同的是美国除了要改革公立学校无所作为的现状之外，还全力推进公立学校背景下的学校私营化，把学校全面推向市场，从根本上提高办学质量，满足新世纪发展的要求。"特许学校"的出现就是这种自由办学的象征。英国也推行了学校地方管理(Local Management of schools)措施，大幅度扩大家长选择学校自由的范围，按学校就学人数分配教育经费，学校的人事权由地方教育局移交给学校董事会，要求地方教育局提供辖区内成绩为家长择校提供依据。教育市场化的趋势的出现，意味着政府的放权、学校的自主，根本目的在于提高教育服务的质量和效益。我国教育实践也对市场经济进行了主动的回应。"一切为了学生、为了一切学生、为了学生的一切"、"以学生为本"、"学校要为教师和学生服务"、"政府要提高公共服务的质量和水平"成为教育界的普遍呼声。成都高新实验中学提出"为每一个学生的成长和发展服务"的办学理念，有的学校甚至提出"服务型学校"的目标。① 许多学校都在努力实践优质教育服务的理念，打造教育服务品牌，提高教育服务的质量和水平。

总之，教育从无偿到有偿、教育组织从非营利到营利、学校从公立到私立、民办、教师报酬从工资到奖金、学生从公费到缴费到自费、学校从管理到经营等，无不反映了教育的市场化趋势。2000 年，我国教育经费总收入为 3627 亿元，其中财

---

① 新桥 . 坚定实践教育服务新理念[N]. 中国教育报，2003－04－27

政资金占 61%。高等学校经费中，财政资金占 57%；义务教育经费中，财政资金占 66%①。我国公立学校的市场化程度，特别是义务教育的市场化程度，已经远远高于发达的市场经济国家。② 这反映了教育服务的价值、服务的方式已经明显受到市场经济的影响。当然，教育服务与其他社会服务既有共同点，也有差异性。"教育作为一项特殊的服务具有自身的规律和特性"。③ 它不仅具有商业性、有偿性、经济性等功利型特征，更具有教育性、社会性、伦理性、审美性等非功利型特征。

其次，劳动价值论的深化研究成为教育服务理论的理论来源。服务活动也是生产性劳动。马克思在《剩余价值理论》中分析了非物质生产领域，研究了劳务问题，多处提到服务"有使用价值"，"也有交换价值"；在《资本论》第四卷及其他著作中，谈到服务领域时，曾多次明确指出，服务是"以劳动形式存在的消费品"，"服务本身有使用价值和一定的交换价值"。如"有些服务是训练、保持劳动能力，使劳动能力改变形态等等的，总之，是使劳动能力具有专门性，或者仅仅使劳动能力保持下去。例如学校教师服务（只要他是'产业上必要的'或有用的）、医生的服务（只要他能保持健康）保持一切价值的源泉即劳动力本身——购买这些服务，也就是购买提供'可以出卖的商品等等'，即提供劳动能力本身来代替自己的服务，这些服务应加入劳动能力的生产费用或再生产费用。"④"服务这个名词，一般不过是指这种劳动所提供的特殊使用价值；但是这种劳动的特殊使用价值在这里取得了'服务'这个特殊名称，是因为劳动不是作为

① 教育部财政司，国家统计局社会与科技统计司．中国教育经费统计年鉴2001[Z]．北京：中国统计出版社，2001.32—33 页

② 袁连生．论教育的产品属性、学校的市场化运作及教育市场化[J]．教育与经济，2003(01)

③ 郑杰．教育服务是一项特殊的服务[J]．全球教育展望，2003(01)

④ 马克思恩格斯全集(26 卷)第 1 分册[M]．北京：人民出版社，1979.159 页

物而是作为活动提供服务的。"①"服务劳动是生产性劳动，是社会财富和价值的源泉，这是服务价值论的新概念；服务的价值创造过程有其特殊性；生产劳动和劳动价值论从物质生产领域拓展到服务经济领域，是劳动价值论的深化，是经济学的一场革命。"②劳动价值论的拓展使教育服务价值得到理论提升。

再次，公共产品理论拓展了教育服务理论深化的空间。公共产品理论最先由美国著名经济学家萨缪尔森在1954年系统论述，此后在经济分析（特别是公共选择和公共经济学领域）中被广泛运用。他给公共产品下的定义是："公共产品是这样的物品，扩展其服务给新增消费者的成本为零，且无法排除人们享受的物品。"③按公共产品理论，全部社会产品可以划分为三类：公共产品、私人产品、准公共产品。不同的产品的提供与生产的主体不一样。国内许多学者都用公共产品理论来分析教育产品的性质。如厉以宁提出我国存在五类教育：具有纯公共产品性质的教育，基本具有公共产品性质的教育，具有准公共产品性质的教育，基本具有私人产品性质的教育，具有纯私人产品性质的教育。④ 王善迈认为，义务教育属于公共产品，非义务教育属于准公共产品。⑤ 郑秉文用公共物品、公共选择理论分析了教育服务的生产、消费等问题⑥。米尔顿·弗里德曼（Friedman，M）、F. A. 哈耶克（F. A. Hayek）等，提出教育服务

---

①　马克思恩格斯全集（26卷）第1分册[M]. 北京：人民出版社，1979.453页

②　王述英. 服务劳动也是生产劳动. 经济学家，2002(01)

③　保罗·A·萨缪尔森，威廉·D·诺德豪斯. 经济学[M]. 北京：机械工业出版社（英文影印版），1998.36页

④　厉以宁. 关于教育产品的性质和对教育的经营[J]. 教育发展研究，1999(10)

⑤　王善迈. 社会主义市场经济条件下的教育资源配置方式[J]. 教育与经济，1997(3)

⑥　郑秉文. 公共物品、公共选择理论中的教育[J]. 世界经济与政治，2002(12)

提供的"学卷"方案，并认为教育服务的生产者可以是私人组织。文森特·奥斯特罗姆（Vincent Ostrom）、埃莉诺·奥斯特罗姆（Elinor Ostrom），深入研究了公共服务的提供与生产的区别，并提出"获得公共服务的选择"的制度安排。尽管他们的理论都是建立在市场经济前提下的，并不完全适合于中国，但制度作为一种稀缺资源的价值已成为共识。新中国成立以来，教育服务的提供和生产，经历了一个从完全的政府控制到有限度的市场介入的变迁过程。国内学者运用制度经济学提出了一些有价值的观点，如在教育服务生产环节引进竞争；教育资源配置方式需要从计划配置走向市场配置①，教育低效率的产生的最深层次的原因是教育产权与职责的模糊②，国有教育产权是可以有效运作的③，教育产权也具有不同于企业产权的特点④。这些都是用制度经济学观点来思考教育作为一种公共服务的制度安排问题。这些理论提出了教育服务产品的差别，教育服务生产、提供、消费的差异。

最后，服务理论向教育理论的渗透。服务生产、管理和营销理论是一门新学科，它在北美和欧洲等工业发达国家，于20世纪90年代趋于成熟。差不多在90年代中期服务理论传入我国。服务产品理论认为：第三产业（广义服务业）以提供非实物的服务产品（服务）为特征。它和提供实物产品的第一、二产业一样都是生产性行业，同样创造商品的使用价值和价值。这一理论把生产的范围从生产实物产品的第一、二产业扩展到生产非实物服务产品的第三产业，扩展了传统的生产观，也是对我国传统政治经济学的一个补充和完善。根据服务产品理论，教

---

① 杜育红. 论教育资源配置方式的选择[J]. 教育与经济，1998(01)

② 范先佐. 教育的低效率与教育产权分析[J]. 华中师范大学学报（人文社科版），2002(03)

③ 张铁明. 论国有教育产权的运作及其特点[J]. 教育评论，1998(02)

④ 杨丽娟. 关于教育产权若干问题的探讨[J]. 教育与经济，2000(01)

育作为第三产业，教师从事的劳动是生产教育服务产品的劳动。"教育是一种服务"的观念在国际上早已流行，并成为一种发展趋势。教育被看作一种"服务"，学校的各项工作就构成了服务链，最终由教师将一种优质的教育服务提供给学生。有学者就用服务生产理论分析高校培养过程①；有人用市场营销理论分析高等教育服务②；有的学者通过类比，得出"教育是一种特殊的服务"③。

2. 教育服务理论基本观点

其基本观点是：教育产品是教育服务，教育服务的生产是教育产业的核心，学校作为教育产业的主要生产机构，其基本功能就是提供优质教育服务；教育服务具有使用价值和交换价值，具有商品属性，围绕教育服务发生的供求双方的交换关系形成了教育服务市场；在教育服务市场中交换双方的主体是学校(作为生产的组织及其生产者的教职员工)和学生及其家长，学校是教育服务产品的生产者和供给者，学生、家长、企业、政府则是教育服务产品的消费者和需求者，学校和学生之间的关系从经济学角度看是围绕教育服务产品所发生的商品交换关系。下面就主要观点进行阐述。

(1)教育服务产品

"服务"也可以称作一类产品。20世纪90年代，克里斯廷在总结前人的经验基础上，对服务概念重新进行了界定。他认为："服务是由一系列或多或少具有无形特性的活动所构成的一种过程，这种过程是在顾客与员工、有形资源的互动关系中进行的，这些有形的资源(有形产品或有形系统)是作为顾客问题

---

① 魏法杰，覃伯平. 服务生产理论及其对高校培养过程的描述框架[J]. 北京航空航天大学学报，2003(04)

② 杨树才，吴萍. 市场营销理论在高等教育服务中的应用[J]. 昆明理工大学学报(社会科学版)，2003(03)

③ 郑杰. 教育服务是一项特殊的服务[J]. 全球教育展望，2003(01)

的解决方案而提供给顾客的。"①他概括了服务最为重要的三个特征：①过程性。这个过程是由一系列活动（而不是有形物质）所组成的。在服务过程中，顾客亲自参与，顾客的这种参与构成了服务过程的主要组成部分。服务的其他特征都源自这种过程性。②同步性。即服务至少在一定程度上具有生产与消费的同步性，生产和消费是同步进行的。③参与性。在服务生产的过程中，消费者不仅仅是服务的接收者，他们同时也作为一种资源要素亲自参与其中。除了以上三个重要特征之外，服务还具有以下四个特殊的特征：无形性、不可分性、可变性和易消失性。服务一般指企业与顾客之间一种有价值的无形交换。②从广义上说，服务是人们在消费者支配下为满足其需要而创造某种效用的活动。③ 服务从本质上说是一种满足消费者某种需要的产品，这种产品是以活动形式出现的，服务劳动的生产与服务的消费同生共灭，在活动中双方进行的非实物形态的价值交换。教育服务是一种典型的精神交往活动。从整体角度来看，教育服务产品服务是教育服务的根本，离开了它，教育就没有根基。因此，教育服务作为一个科学概念，只能是从教育本身作为一种服务产品来理解。"确立教育服务产品概念对教育经济学学科理论建设具有重要的理论意义，真正找到了该学科的核心要点。在教育服务产品这一核心要点的基础上，再去研究教育商品、教育市场、教育竞争、教育消费、教育成本、教育产权，以及学校经营就有根基，就有了逻辑起点。因此这一理论观点具有重要的教育经济学学科理论价值。"④教育服务产品是

---

① ［芬兰］克里斯廷·格罗鲁斯.《服务管理与营销：基于顾客关系的管理策略》. 韩经纶等译. 第 2 版. 北京：电子工业出版社，2002.32 页

② 果洪迟. 论现代经营中的服务[J]. 北京商学院学报，1997(01)

③ 白仲尧. 中国教育服务贸易方略[M]. 北京：社会科学文献出版社，1998.24 页

④ 靳希斌. 论教育服务及其价值[J]. 教育研究. 2003(01)

特殊的服务产品。教育服务产品不但具有服务产品的一般特性，而且还具有自己的特殊性：服务地位的基础性、服务价值的个体性和社会性、服务主体的集体性、服务对象的差异性、服务活动的交互性、价值交换的商品性和增值性、服务方式的多样性与优化性以及服务价值的多元性。

(2)教育服务提供、生产

"供给"或"提供"和"生产"是两个不同的概念。"供给这个词指的是通过集体选择机制对下列问题作出的决策：有指定的一组人提供各类物品和服务；被提供物品和服务的数量与质量；与这些物品和服务有关的私人活动被管制的程度；如何安排这些物品和服务的生产；如何对这些物品和服务的生产进行融资；如何对生产这些物品和服务的人进行管理。"①教育服务的提供涉及教育服务的需求是什么、哪些机构可以生产教育服务、如何管理校长、教职工、如何为学校的健康发展提供制度保障、如何为他们融资。

生产指的是"将投入变成产出的国家技术化的过程，制造一个产品，或者在许多情况下给予一项服务"。②服务生产的主要特征有不可感知性(非实体性)(指服务的特质、组成服务的元素以及使用服务后的利益难于觉察，无形无质)、不可分离性(服务的生产过程与消费过程同时进行，参与生产过程的双方，既是生产者又是消费者)、差异性(服务的构成成分及其质量水平经常变化)、不可贮存性(由于服务的不可感知性和服务的生产过程与消费过程的不可分离性，使得服务不可能像有形产品一样被贮存)和缺乏所有权(在服务的生产和消费过程中不涉及任

---

① 埃莉诺·奥斯特罗姆. 制度激励与可持续发展[M]. 上海：上海三联书店，2000.87 页

② 埃莉诺·奥斯特罗姆. 制度激励与可持续发展[M]. 上海：上海三联书店，2000.87 页

何所有权的转移问题)。

教育服务的生产是由教育机构(主要是学校)通过教育管理者和教师来完成的。"公立学校"是生产公共产品程度较高的教育服务生产组织。它联合一组生产要素:政府或私人投资建立的教育服务生产组织者(学校)、经营者(校长和书记)、生产者(教师)和协作生产者(学生及其家长)。校长和教职工是基本的生产要素。学校在运行中要消耗人力、物力等生产要素,这些生产要素是全部通过市场交易获得,还是部分通过市场交易获得,是反映学校市场化运作的重要标志。[①] 在此过程中,政府作为教育服务的主要购买方与学生及其家长作为次要购买方,形成一种共同购买和消费教育服务的财务安排,政府购买以拨款的方式支付给学校,学生以学杂费等方式支付给学校。学校组织的生产结构位于纳税人——地方政府——地方教育行政部门——学校校长——教职工的委托-代理链中。学校校长接受上一级委托人的委托并被授予一定的决策权行使校长职能;类似企业家的校长提供管理才能;普通教职工提供"教书育人"劳动及其他学校辅助劳动。校长的雇佣与解聘;教师的雇佣与解聘的制度安排反映了学校教育要素的契约关系。学校内的薪酬制度规定了教育生产要素契约各方的绩效考核方法、标准及与薪酬支付(包括奖励与惩罚规定)的关系。当然,中小学教育服务的提供与生产不同于市场上私益物品的生产,它涉及一个特别复杂的委托-代理问题。一个区域的纳税人与地方政府,地方政府与地方教育行政部门,教育行政部门与校长,校长与教师存在一个冗长的委托-代理链。

(3)教育服务消费

经济学上的消费是指家庭或个人用于食物、衣着、汽车、

① 袁连生.论教育的产品属性、学校的市场化运作及教育市场化[J].教育与经济,2003(01)

医药和住房等物品和劳务上的开支。尽管人们对教育是不是一种消费还存在分歧，但从经济学意义上看，教育服务产品和市场存在，教育消费也必然存在。

有人将教育服务分为广义和狭义两类。广义的教育消费包括国家、个人或家庭、企业等用人部门在教育上的支出。狭义的教育消费仅指个人或家庭接受各级各类教育，消耗教育部门及与教育部门密切相关部门(如饮食、交通、住宅等)提供的各种服务，从而满足其知识、技能、能力增长需要的行为和过程。教育消费包括居民子女教育指出以及为提高自身业务竞争能力的培训及继续教育支出。[①] 我们认为，教育消费是指人们对教育机构提供的各种服务的支出。教育消费具有以下特征：

第一，教育消费是一种投资性(建设性)消费。教育消费具有消费和投资的双重性，是今日的消费和长远的投资；是显现的消费和潜在的投资；是直接的消费又是间接的生产性投资。它实际上是居民精神财富消费、继承、积蓄、再造和创新过程，也是提高公民素质和社会人力资本存量的过程。作为一种投资性消费，有收益，也有风险。目前已有大量的理论文章从经济收益角度进行了研究，但对消费风险研究甚少。教育的收益率不仅体现在提高个体的收入、促进社会的经济增长和发展，而且体现在改善个体及其家庭的社会地位、提高其生活质量、开发个体的创造力、促进社会整体协调的和可持续的发展。从风险角度来说，需要消费者进行消费决策、树立理性的消费观。研究表明，当居民投资于教育的钱超过家庭消费结构正常的比例，甚至是超过其实际的支付能力，即过度消费时，必然产生

---

① 靳希斌主编．教育资本：规范与运作［C］．成都：四川教育出版社，2003. 274 页

挤占效应和挤出效应①。教育消费所产生的乘数效应远不及住房消费、汽车消费等耐用消费品所带动的乘数效应。增加教育投资与经济增长未必一定呈正相关的关系,同等数量的投资并不能产生相应的经济增长效应。理性的教育消费观是一种科学的风险投资意识。

第二,消费和生产同时性或不可分割性。有形产品的使用(消费)是完全独立于产品的生产者的,至于消费者何时使用、怎样使用以及在哪里使用都是他们自己的事,同产品的生产者没有直接关系。由于服务产品具有生产和消费同时进行的特点,表现为消费者消费服务的过程,就是同服务提供人员及其设备相互作用的过程。离开服务生产者,服务的消费过程是无法进行的。同时,各种服务设施的作用也不容忽视,这些设施是服务人员向顾客提供服务的工具,它们给顾客的印象还将直接影响到顾客对企业服务质量的判断。教育服务的消费也具有这些特点。教育服务产品生产和消费同时进行的特征,意味着教育服务提供者、生产者在教育服务的过程中将起到重要作用。教师和管理者的服务态度、服务能力,学校的服务环境条件、服务优势、特色和品牌是学校经营的基本要素,也是学校生存的根本。

第三,教育消费是一种权利、责任和能力统一的消费。教育消费是学生的消费权利,一种基本的人权和发展权。维护教育消费权,需要学校提供服务项目的收费标准,政府部门需要确定相关的教育消费法保护学生的消费权利,至少歧视差生、教师处理问题不公正是侵害学生消费权的主要表现。作为消费者的学生不仅是教育消费的主体,又是生产教育服务的协同主体,与教育服务的主要的生产者(教师)形成合作关系,同时教

---

① 丁小浩. 居民家庭高等教育开支及其挤占效应研究[J]. 北京大学教育评论, 2003(01)

育服务的消费者群体也结成一定的交往关系。因此，学生要消费教育服务必须从受到与教育服务的生产单位和生产者的要求制约，还要受到教育消费者之间的关系的制约。教育作为一种特殊消费，不仅要满足个体提出的要求，也要符合社会的发展需要。作为消费品提供者的学校，直接为学生提供教育服务，实际上也是间接为社会提供需要的合格的潜在人力资源服务产品。学校作为服务生产组织为了提高产品质量，必需对作为消费者的学生提出一些要求，作出一些权利上的限制。学生的消费权利是一种受到限制的权利：首先，并不是任何人都有资格在学校花钱购买教育的，学生要想进入一个学校学习，必须符合学校的招生要求；其次，有资格在学校购买教育服务的学生虽然享有普通消费者的一些权利，但在其购买学校教育的同时，必须遵守学校的规章制度，与教育服务的生产者配合，最终通过学校的系统考核标准甚至国家的强制性文凭资格考核标准。

(4) 教育服务的成本与学费定价

从逻辑上说，教育提供的非实物劳动成果也是一种产品——服务产品。既然这种产品具有非实物使用价值，那么，只要服务产品是为交换而生产的，它作为用于交换的劳动产品，就是商品，也就具有使用价值和价值二重性。从学理上说，市场经济中的教育服务产品具有价值的原因是：①生产教育服务产品耗费的劳动凝结在非实物使用价值上，形成价值实体；②私人教育服务劳动和社会性教育劳动的矛盾使生产教育服务产品的劳动取得社会形式，从而表现为价值；③服务产品与实物产品不能按异质的使用价值量，而只能按其中凝结的同质的抽象劳动量进行交换，从而以价值为尺度决定其交换比例。简言之，服务价值是由服务劳动的凝结性、社会性和抽象等同性决定的，它的质的规定性就是凝结在服务产品的非实物使用价值上的、得到社会承认的抽象劳动。服务价值是服务产品的生产者的劳动力耗费的单纯凝结，是第三产业劳动者创造的，并非是从任何别的领域转移或再分配过来的。教育服务产品的价值量由三个部分构成：第一，在服务过程中的教学设备、实验物料、教学辅助材料等物质产品的价值，以及学校教育机构固定资产的折旧费等；第二，服务劳动者的必要劳动所创造的价值，即维持教育生产力生产和再生产所必需的生活资料的价值，它表现为服务劳动者的工资；第三，学校教育劳动者的剩余劳动所创造的价值，它表现为学校服务部门的利润（含税金）。

因此，教育服务的成本包括：①"教育服务的固定成本"，指维持教育运转的教育固定资产的成本以及与之相关维护、管理人员的开支。它至少包括学校土地价格的年均利率，教育设施、教学仪器设备、图书资料等耐用教育资源的年度折旧值和维修费用，以及与之相关的必要数量的执勤、维修管理人员的费用。②"教育生产（运作）成本"。它主要包括学校人员的年度费用如工资、奖金、住房补贴、社会保障金、培训和进修费用等，以及易耗教育资源（如实验用品）及用于日常开支（如水、电、气、通讯、卫生、实习等）的年度费用。③"教育创新（发展）成本"，包括学校进行体制改革、教育教学改革投入和教师个体的教育教学研究投入等。教育服务作为一种准公共产品（或混合产品），其价格不能像私人产品价格那样由"成本加利润"构成，因为学校非营利性，其收费价格不能包含"学校利润"，也不能等于或近似等于学校教育成本（即所谓的"准成本"）。因此，学校收费价格只能是对教育服务成本的适当补偿。由于教育服务产品的公益性，政府应成为成本负担主体；为了反映国家对教育的重视和教育服务产品价值的后效性，政府应对教育进行创新成本投入。

在市场经济的状态下，学校必须计算成本、节约成本，才会提高教育服务的效益，同时教育服务作为一种拥挤性的准公共产品，可以利用价格、用收费来调节，以保障教育服务供给的质量和水平。

(5)教育服务质量的评价和管理

美国营销学家 Valarie A. Zeithaml，A. Parasuraman 以及 Leonard L. Berry 提出"服务质量评价（SERVQUAL)"的方法①，其核心思想是：服务质量的评价要依据用户的知觉和用户对服务的期望，以此来衡量服务提供者的服务质量。评价服务质量的因素主要由切实性(物质设施、设备、人员和通讯资料的外在形式)、可靠性(可靠而准确地开展承诺的服务的能力)、服务效率、保障度(工作人员的知识和礼貌及其传达信用和信心的能力)和情感投入(对用户寄予关切和个别的关注)五个要素组成，并根据五个要素构建了具有 22 个问题的调查表，每个问题设立了三个值：①用户可接受的最低值(Minimally acceptable)；②用户对服务的感知(Perceived)；③服务期望(Desired service expectations)。服务消费者对服务质量的认识取决于他们的预期同实际所感受到的服务水平的对比；对服务质量的评价不仅要考察服务的结果，而且涉及服务的过程。

在教育服务质量的评价中，这种比较成熟的服务评价理论可以借鉴，如建立教育服务的基本规范和教育服务承诺制，作为教育服务质量评价的基本标准，让教育消费者参与评价，并将其评价的结果作为评价教育服务质量的主要依据。当然，全面、科学、合理地评价教育服务质量需要多种评价相结合，应尽量避免第三方评价的缺陷性与不科学性、教育消费者评价的主观性与不确定性，以及教育服务组织评价标准的短视性。

3. 教育服务理论对学校品牌经营的启发

学校是教育服务的生产机构，学校品牌就是优质教育服务的具体体现。学校品牌经营就是在教育服务的框架内进行的。

---

① V. A. Zeithaml，A. Parasuraman，L. L. Berry. *Deliverying Quality Service：Balancing Customer Perceptions and Expectations*. New York：Free Press；London：Collier Macmillan，1990. p. 16

教育服务理论是学校品牌研究的最基本的理论前提。

(1)学校品牌经营的产品是优质教育服务

教育产品作为一个教育经济学概念，只能是从教育本身作为一种服务产品来理解。这种服务是以教师的备课、教授、辅导、测评、批改作业等一系列循环工作作为典型内容的教育服务，是教育劳动者向社会或家庭提供教育机会的复杂劳动。从广义来看，教育服务是与教育有关的各种服务的简称，包括教育物质产品服务、教育信息服务、教育技术服务、教育(服务产品)服务。从狭义角度来看，教育服务是指教育作为一种精神活动产品的提供、生产和消费活动。

教育服务作为一种服务活动必然要讲服务机构的服务标准与承诺，服务者的服务态度、服务能力和水平，还要讲与顾客的关系。优质的教育服务必然成为消费者青睐的品牌。

(2)学校品牌经营的空间就是教育服务产品特色、价格、质量差异

学校竞争力主要通过教育服务产品的竞争力来体现，即通过优质教育服务来体现。品牌竞争力的衡量要考虑两个方面：静态地看，品牌的竞争力表现为一定时期内(通常为一年)的销售额和盈利额。动态地看，品牌的竞争力应该表现为市场份额的不断上升。品牌竞争力的决定因素一般认为是由价格、质量、服务和信誉等基本要素所决定的。[①] 因此，学校要在竞争中取胜，必须体现教育服务产品类型、价格、质量、服务的特色或优势。品牌学校必须向师生提供有效的、经济的、及时的、安全的、可选的、文明的、发展的，并能保证师生基本要求和满足师生个性化发展需求的高质量的教育服务。同时考虑到不同类型、不同层次的学生、家长群体对教育的需求，应该向学生、家长提供的多元化教育服务。

---

① 张世贤．略论品牌国际竞争力的提高[J]．南开管理评论，2000(01)

(3)学校品牌经营必须符合教育服务的特殊性

第一，教育服务产品的整体性。教育服务与医疗服务、健康服务、信息服务等，属于同一个层面的问题。教育作为一种"服务"，其作用的对象主要是人的大脑，兼及人整体。教育服务是一种文化性的活动，不能等同于政治活动；同物质产品服务不同，不能用对待物的方式对待教育对象；同其他服务不同，它是一种非常复杂的服务，是一种智慧性的、发展性、创造性的服务。教育界曾流行"教书育人、管理育人、服务育人"的提法，其中"服务育人"一般指的是学校后勤向教育教学工作提供优质服务，以达到育人之目的。其实，从学校品牌建设的角度看，教书、管理、后勤都是学校服务的表现形式，它们构成学校教育服务的整体产品，教学服务是整体产品的核心；教育教学管理是服务的服务或教学的后台服务，是教育服务产品的重要组成部分；后勤服务是为学生的学习和发展提供的附加服务，是教育服务产品的必要内容。因为学生身心发展的整体性、不可分割性，多样化的附加服务成为学校吸引力的重要源泉。

第二，教育服务产品的有形和无形统一。中小学教育服务产品具有双重性——无形性和有形性。教育服务的无形性是指教育服务在较大程度上是抽象的和无形的，也就是没有具体的形状可触摸。例如，教师在课堂教学中所传递的思想，对学生素质的直接影响是看不见、摸不着的。教育服务的有形性是指教学计划、课程、教学设施是可见的、可控制的，可以反映教育的形成过程。教育服务的无形性增加了教育评价的难度；而教育服务有形性向消费者传递这样的信息，告诉他们教育产品是为了他们的未来需要而设计的，使他们了解教育服务的特征、目标、方式、方法，激发他们学习的热情。学校品牌经营必须使两者紧密结合，既要提高质量，又要塑造学校形象。为减少不确定性，服务的提供者——教师、学校组织应化"无形为有形"，在抽象的供应上增加有形证据，因为教育消费者将从看到

71

的环境、人员、设备、资料、象征物和价格上作出种种相关的判断。

第三,生产和消费的不可分性。教育服务被生产出来的时刻就是教育服务被传递给消费者消费的时刻,这两个时刻是不可分的,教师作为服务提供者和学生作为教育服务的消费者必须同时在场,学生在作为教育服务的消费者的同时也是教育服务的协作生产者。师生相互作用就成为教育服务营销的一大特色。师生关系既是实现教育教学目的的手段,也是实现学校增值的微观经济活动。由于教育服务提供的主要方式是课堂教学,这种在特定的时间段内形成的特定服务是不可能被完整贮存的。如教师不可能为一位缺课的学生再上一次同样的课。教师综合素质的高低、学生的参与态度和水平直接影响着教育产品的整体供应质量。

第四,教育过程的高接触性。服务的高接触性是指消费者必须参与服务的全部或绝大部分提供过程。如在中小学,学生获取知识的主要途径就是在教室内认真听老师讲课。教育过程的高接触性要求中小学充分重视其场所、设施、人员的服务供给能力。在充分认识教育服务特征的基础上,中小学要想制订有效的营销策略,还必须正确认识当前教育服务市场。

第五,教育服务质量的主观性。在现代社会中,有形商品的质量可以通过建立统一质量评定标准来衡量和控制;而教育质量由于教师、授课时间、地点、方式和学生满意标准的不同,同样的教育服务会有不同的评价。中小学教育服务的质量不是由学校自己来评判的,而要由社会来检验。学校品牌管理要求"以教育消费者为中心",尊重消费者要求、保护其合理的利益,置消费者于整个管理体系的核心位置,向消费者提供优质的服务产品,并通过不断通过提高教育教学水平、改善教育服务的环境、优化教育服务者之间以及他们与教育服务消费者之间的关系,使教育服务过程与教育服务质量处于良性循环之中。

（4）教育服务的商品性、多样性决定了学校品牌经营的增值性与多样化

与服务产品一样，教育服务也具有商品性质。其经济本质是通过教师的劳动以及其他教育环节和教育环境向受教育者提供"教育服务"的过程。学校的教育教学、管理等活动是教育服务的"生产"，学生的受教育活动则是教育服务的"消费"。学生向学校交纳学费是为了换取教育服务的消费权，学校收取学费就有义务向学生提供优质的教育服务，这是发生在学校与学生之间的教育服务商品的"交换"。因此，在市场经济社会中，教育服务不仅仅是一种政治和道德义务行为，更是一种经济行为，教育服务的价格高低可以通过市场来调节。作为服务性组织要讲求经营策略，实现组织利益的最大化，教育服务可以作为一种产品来经营。在市场经济的状态下，学校必须计算成本、节约成本，才会提高教育服务的效益，同时教育服务作为一种拥挤性的准公共产品，可以利用价格、用收费来调节，以保障教育服务供给的质量和水平。从这个意义上来说，中小学也必然追求效益最大化，不管是通过提高教育质量获得的政府绩效拨款、社会的捐资；还是通过学校经营获得品牌增殖、各种投资。当然，教育服务作为一种准公共产品（或混合产品），其价格不能像私人产品价格那样由"成本加利润"构成，因为学校非营利性，其收费价格不能包含"学校利润"，也不能等于或近似等于学校教育成本（即所谓的"准成本"）。因此，学校收费价格只能是对教育服务成本的适当补偿。由于教育服务产品的公益性，政府应成为成本负担主体；为了反映国家对教育的重视和教育服务产品价值的后效性，政府还应对教育创新成本进行投入。

作为服务组织还必须主动回应消费者的呼声。信息时代的来临，互联网技术日新月异的发展，彻底摧毁了传统学校教育对知识和知识标准的垄断地位，学校、教师作为知识垄断者和裁定者的地位逐渐丧失，人们对教育的自主性、选择性要求日

益强烈，个性化的、互动的、终生的学习成为必要和可能。教育服务需求的广泛性、政府提供教育服务的有限性，导致了教育服务市场的产生和多元教育服务组织的普遍存在，促进了教育服务产品和组织的竞争。为此，学校必须采取个性化的经营策略，其服务制度和服务方式必须以消费者为中心，如学制多样化、课程多元化、教学个性化、营销个性化。

(二)品牌理论：学校品牌研究的本体理论

1. 品牌理论的基本内容

(1)品牌的概念与特征

品牌是企业商品或服务在市场信誉、市场占有率和市场竞争力等方面的集中表现。对品牌的理解，不同时期不同的人有不同的价值倾向。品牌的概念归纳起来大致有符号说、综合说、关系说、资源说等。我国第一部《品牌学》的作者年小山认为：品牌是一种客观存在物；品牌是一种经济模式；品牌是一种经营模式；品牌是市场购买的主体；品牌是对自身产权的经营；品牌是社会生产力的反映；品牌具备一定的特殊品质、稳定性和一定标准，经得住市场的考验；品牌是由精神、物质、行为三者有机融合的统一整合体；品牌是实现信息完整传达的需要；品牌是一门艺术。综上所述，他得出结论：品牌是在整合先进生产力要素、经济要素条件下，以无形资产为主要经营对象，以文化为存在方式，以物质为载体，具备并实行某种标准与规范，以达到一定目的为原则，并据此设定自身运动轨迹，因而带有显著个性化倾向的，具备优势存在基础的相关事物。它是由精神、物质、行为有机融合的统一体。[①]

(2)品牌分类与品牌功能

依据不同的标准划分为不同的种类：根据生命周期的长短

---

① 年小山.品牌学(理论部分)[M].北京：清华大学出版社，2003.3页

来划分，可将品牌分为短期品牌和长期品牌。短期品牌是指品牌生命周期持续时间较短的品牌。根据知名度和范围划分，品牌可分为地区品牌、国内品牌和国际品牌。根据品牌的来源，可以将品牌分为自有品牌、外来品牌和嫁接品牌。自有品牌是企业依据自身需要所创立的品牌。外来品牌则是指企业通过特许经营、兼并、收购或其他形式而取得的品牌。嫁接品牌主要是指通过合资、合作等方式形成的带有双方品牌特色的融合产品。根据产品生产经营的所属环节，可以将品牌分为制造商品牌和经营商品牌。根据品牌产品的所属行业不同可将品牌划分为家电业品牌、食用饮料业品牌、日用化工业品牌、汽车机械业品牌、商业品牌、服务业品牌和网络信息业品牌等几大类。除了上述几种分类外，品牌还可依据产品的不同用途划分为资本品品牌、日常用品品牌和享乐品品牌；依据产品或服务在市场上的态势划分为强势和劣势品牌。

不论怎样划分品牌，品牌都具有识别功能、形象塑造功能、信息浓缩功能、增值功能、约束功能和保护。①识别功能。即品牌的名称和品牌标识方面能够尽快地帮助消费者找出他所需的产品，缩短消费者在选购商品时所花费的时间和精力，简化购买决策。②形象塑造功能。品牌代表着企业形象并有利于更好塑造企业的形象，提高企业的知名度、信赖度，为企业多元化及品牌延伸打下坚实有力的基础。③信息浓缩功能。企业的各种行为都凝练于品牌中，它代表了企业的追求、企业的精神、企业的文化、企业的信誉和社会形象以及企业的产品和服务的质量。品牌是企业进军市场的旗帜，是企业进入市场的通行证。④增值功能。品牌是一种无形资产，它本身可以作为商品被买卖，为企业带来巨大的经济效益。⑤约束功能。良好的品牌所代表的产品一般都是著名企业所生产，这些企业一般都拥有雄厚的资金和技术实力以及健全的营销网络，他们视企业的信誉为生命，它所生产的产品一般都具有优异的质量、良好的信誉。

⑥保护功能。任何产品的高品质承诺都不是百分之百能保证的。如果某品牌产品产生了质量问题，消费者可以根据其品牌与生产企业进行交涉，依法向其索赔，保护自身的正当权益。

（3）品牌资本化的理论基础

品牌作为一种无形资本，可以为组织带来很高的附加值。其原因有二，其一，强势品牌可以带来稳定的现金流和利润。产品如果冠以著名品牌，可以保证产品销路。从消费者的角度来说，因为该产品会传承该品牌一贯的功能性和情感性价值，消费者会充分信赖，因此会有较均衡的消费支持，因此，现金流和利润可以预期。其二，规模效应形成良性互动。在产生了品牌效应后，维护品牌需要持续的投入，如果品牌没有资本化，集团公司的品牌投入就可能缺乏稳定来源。产品形成强大的购买驱动力，需要强大的品牌，越是产品线长，产品数量多，就越需要足够强大的品牌；强大的品牌，又需要足够的资源来支持，也就是说，最好集合该品牌所覆盖全部产品的收益，产品的部分收益用于支持品牌，形成强大的品牌进而支持产品的开拓，形成良性互动。如果能把品牌作为资产来经营，可以保证品牌的良性发展。

品牌资本化有三种模式。其一，品牌资产进入股本。在兼并、收购过程中，把品牌作为无形资产计入股本。国家公司法规定，无形资产可以占公司股本的20%。在实际运作中，一些非上市公司或一些开发区的企业，其无形资产可以占到35%。其二，使用品牌收取特许使用费。其三，品牌用于融资。品牌是企业的一项重要资产，资产当然可以用于抵押，在不需要企业具体资产抵押的情况下，获得金融机构更大的贷款额度。

（4）品牌发展策略

随着市场经济的发展和竞争的加剧，产品同质化趋于明显，社会商品极度丰富，品牌的地位也日益突出和重要，企业及其产品的竞争表现为品牌竞争。

发展品牌的策略主要有：①建立卓越的信誉。信誉是品牌的基础，没有信誉的品牌几乎没有办法竞争。②培育品牌忠诚度。③争取广泛的支持。除了客户的支持外，来自政府、媒体、行业分析家、金融界的专家和研究机构的权威人士、员工、投资人、股东、经销商、代理商、合作伙伴、战略联盟等的支持也是同样的重要。有时候还需要各界名人的支持并利用他们的名人效应来增加品牌的信誉。④实现品牌经营专业化。成功的品牌营销应该遵循下述几个主要步骤：恰当定位品牌；系统规划品牌；大力推广品牌；有效延伸品牌；精心维护品牌。⑤树立品牌意识，防范品牌危机。品牌从设计到品牌注册、品牌宣传，时时刻刻都需要精心呵护。因为品牌运营的环境或影响因素不断变化，企业必须就传播效果、产品售后服务及消费者对品牌的感受等方面加强监控，防患于未然。一旦发生品牌纠纷，或品牌危机，必须积极处理，不能回避。通过实施营销组合，重塑品牌形象，提升品牌信心。

2. 品牌理论对学校品牌研究的启示

(1)从品牌产生条件看学校品牌存在的合理性

学校品牌是客观存在的，它具有品牌的基本要素及其市场环境。随着教育的普及，教育的"学位"或机会，由卖方市场向买方市场转化，同质化的教育服务产品已经无法显示学校的竞争优势，但优质教育仍然是消费者的迫切需要。要适应教育消费市场的转型，学校可以提供差异化教育服务产品(如特色学科)、优美的服务环境和先进的设施(如现代化教育教学设备)，还可以采取低价格策略。但是基础教育的公共性决定了学校提供教育服务的产业化产品及其的限度，教育的环境和学校的实施只是提高学校吸引力的外部条件，对提升学校教育服务的功能性价值是非常有限的，最佳的策略便是学校提供优质的教育服务整体产品，树立良好的学校组织形象，建立持久的稳固的学校关系。学校品牌就是这种转型的产物，是学校、教育市场、教育消费者、政府等相互博弈的结果。

（2）从品牌的功能看学校品牌的价值和功能定位

品牌是一种无形资本，能给企业带来巨大的财富。学校品牌承担"资本"角色，可以对学校进行重组、盘活或激活其他生产力要素；学校还可利用具有学校品牌的优势进行低成本扩张，采取买断股权、产权重组、兼并、联合等形式不断扩大学校的资本经营规模。学校可以利用品牌的优势向银行及非银行金融机构进行融资，获得学校发展的必要资金。对政府来说，确定学校品牌发展战略，可以扩大优质教育资源、提高教育资源的使用效率，提高教育质量和效率，进而树立良好的政府教育形象；对教育发展来说，品牌建设有利于学校有序竞争，实现学校发展的双赢策略，可以盘活学校资源，激发教职员工的工作热情和创造精神，提高学校的服务质量，夯实学校发展的经济基础，树立良好的学校形象；对教育消费者来说，可以享受优质的教育服务，实现自我的价值，增强对教育的信心。

（3）从品牌的发展过程和策略看学校品牌成长规律和经营策略

品牌是有生命的，它的成长有一个漫长而复杂的过程，按照品牌成长的一般规律，一般要经过孕育、形成、成熟几个阶段，在不同的阶段，品牌建设的任务和经营的策略是不一样的。学校品牌发展也有一个从孕育、形成、成熟的过程，学校品牌经营要借鉴一般品牌经营的策略，如品牌定位、品牌设计、品牌营销、品牌管理等。

（三）服务营销学：学校品牌经营的经济理性阐释

1. 服务营销理论
（1）服务营销理论的产生

服务营销理论自 Johnson 于 1969 年发表关于商品与服务区

别的文章①之后，经过营销学者的努力，形成了一系列观点鲜明、特色迥异的分析框架。贝里于 1980 年发表了一篇具有决定性意义的文章，名为《服务营销的独特性》。从此以后，在服务的特征、服务分类、服务质量管理、服务营销策略、服务接触、服务体验，乃至服务失败与服务修复等方面，学者们进行了广泛的理论和实证研究，并取得了丰硕的成果。现代营销之父菲利普·科特勒认为，市场营销是这样一种组织职能：它识别顾客的需要和欲望，确定组织所能提供最佳服务的目标市场，并且设计适当的产品、服务和项目以满足这些市场的需求。市场营销(marketing)是一种需求管理的过程，包括分析、规划、执行与控制；市场策略营销(strategic marketing)则是针对目标市场的定位、促销及分配，其目的在于满足顾客需求及完成组织目标。②

经过 20 多年的理论发展，现已形成了两大学派，以克里斯蒂·格鲁诺斯为代表的北欧学派；以克里斯托弗·洛夫洛克为代表的北美学派，都有完整的理论体系。从 20 世纪 90 年代开始，国内学者在翻译介绍国外理论的基础上，展开了系统深入的研究，形成了许多有代表性的理论主张。

(2)服务营销的含义

营销一词通常被人误解为推销，即以企业的产品为中心，以促销作为刺激需求和购买的手段，从而达到扩大销售，取得利润的目的。而实际上这种观念产生于"卖方市场"向"买方市场"过渡的过程中，在"买方市场"完全形成的市场形势下，推销的观念已被市场营销观念所取代。营销专家西奥多·李维特对

---

① Brown, Steven W. , Fisk , Raymond P. , Bitner, Mary Jo. (1993). "The development and emergence of services marketing thought", *International Journal of Service Industry Management* , Vol. 5, Iss. 1, pp. 21—48

② 张明辉. 知识经济时代的学校经营理念[EB/OL]. http://www. Ycu. edu. tw

推销观念和营销观念作过深刻的对比：推销观念注重的是卖方需要；营销观念则更注重买方的需要，推销以卖方为出发点，考虑如何把产品变成现金，而营销则考虑如何通过产品以及所有与创造、传送产品和最终消费产品有关的事情来满足消费者的需要。参见图1所示。市场营销是一种企业功能。它是指企业为了把适销对路的产品转移到消费者手中，从而实现企业目标，围绕市场所进行的一切活动的总称。市场营销学则是研究营销活动及其规律性的学科。它强调了四层含义：一是要保证产品适销对路；二是将产品有效地转移到消费者手中；三是所有一切活动都是围绕市场展开的；四是以实现企业最终目标为行动指南。

表 2-4　推销观念和营销观念的对比

出发点	重点	方法	目　的
推销观念	工厂产品	推销和促销	通过营销来获得利润
营销观念	市场顾客需求	整体营销	通过顾客的满意来获得利润

而今天市场营销的观念又被赋予了新的内涵，营销不仅要考虑客户的需求，还要考虑社会利益和可持续发展的目标。所谓营销，"就是组织为了向顾客提供更好的服务，从而吸引住顾客而采取的一系列活动的总称"。[1] "市场营销是对那些精心设计的产品/项目的分析、计划、执行和控制，这些产品/项目可以促进机构与目标市场之间的价值交换以实现机构的目标。市场营销包括研究目标市场的需要，设计适当的项目与服务，以满足目标市场的需求，并通过有效的定价、传播和分销来创造、刺激和服务市场"。[2]

---

[1]　[英]Lan G. Evans. 学校营销——从理论到实践. 王烽，周玲译. 北京：中国轻工业出版社，2005. 前言

[2]　[美]菲利普·科特勒，凯伦·F. A. 福克斯. 教育机构的战略营销. 庞隽，陈强译. 第2版. 北京：企业管理出版社，2005. 6页

（3）服务营销学的基本观点

服务特征论。代表人物是上海大学商学院陈祝平教授。在他的专著《服务市场营销》中，他指出："选择服务基本特性理论作为构建服务营销策略体系的依据是最合适的。"①其理由有：第一，服务的基本特征是服务的无形性、不可分性、不一致性和不可储存性，四个特征像"4Ps（Product，Price，Promotion，Place）"一样非常简明，既有理论上的高度概括性，又便于实务上把握。第二，服务的基本特性普遍而深刻地反映了服务业产品以及服务业生产、交易和消费区别于制造业的本质特点，既有理论上的深刻性，又能普遍适用于服务业各行业的实务。第三，最重要的是：服务的基本特性是唯一能够贯穿于所有服务营销理论的基本脉络。由此形成服务产品与制造业的 4Ps 营销组合的差异性，从而引入 7Ps（Product，Price，Promotion，Place，Process，Evidence Physcial，People）理论；服务质量管理的特点；服务开展关系营销和内部营销的必要性和重要性；服务分类的依据；服务消费者的特征。

服务质量论。代表人物是中山大学的汪纯孝教授。在与蔡浩然教授合编的《服务营销与服务质量管理》中，他提出"服务质量管理是服务性企业经营管理的核心内容"②，因为服务质量是决定服务性企业营销效果、经济效益和竞争实力的最重要因素。服务营销体系由服务人员、服务设施与设备、非人员沟通和其他人员构成。

顾客满意论。代表人物是武汉大学的曹礼和教授。他在《服务营销》专著中，提出"顾客满意：服务营销的立足之本"③。良

---

① 陈祝平. 服务市场营销[M]. 大连：东北财经大学出版社，2001.128 页

② 汪纯孝，蔡浩然. 服务营销与服务质量管理[M]. 广州：中山大学出版社，1996

③ 曹礼和. 服务营销[M]. 武汉：湖北人民出版社，2000.64 页

好的服务，最大限度地使顾客满意，成为企业在激烈竞争中独占市场、赢得优势的法宝。花旗银行的目标是使 90％的顾客达到满意水平。决定顾客满意水平的三项因素：顾客经历的服务质量、顾客感知价值和顾客预期的服务质量。顾客预期的服务质量是通过顾客对近期消费经验的评价来表示，对服务中的顾客满意具有直接的正面影响。通过顾客对所经历的服务的评价来预测顾客满意，其结果依赖于顾客的主观直觉。顾客预期的服务质量是通过顾客对以往企业服务的消费经验的评价来表示，代表了顾客对服务提供者未来的服务质量的预测。顾客对服务质量的期望包括了以往各时间段内的所有质量经验和信息，是企业服务表现的累积评价。顾客对服务的感知价值是顾客所感受的相对于所付出价格的服务质量水平。顾客感知的增长与顾客满意度之间成正比例关系。顾客满意评价的两个结果是顾客抱怨和顾客忠诚。

关系营销论。关系营销(Relationship Marketing)是 20 世纪 80 年代末 90 年代初在西方企业界兴起的一种新型营销观念。它是由西方的营销学者对大量企业的营销思想、营销策略、营销行动进行分析总结之后提出的一种新的营销理论。他们把企业的营销活动放在整个社会经济的大系统中来考察，认为企业作为社会经济系统中的子系统，其经营活动是与周围各种因素，包括顾客、供应商、分销商、竞争者、银行、政府机构等相互作用的过程。与这些个人或组织建立起良好的关系是营销活动的核心，是营销成功的关键。因此，关系营销被定义为是企业与顾客、供应商、分销商及其他利益相关人或组织建立长期、稳定、互信互惠关系的活动(过程)。企业与各方通过互利交换及共同履行承诺，实现目标。四川大学左仁淑教授认为，关系营销是服务营销的理论基础。① 她认为现代市场营销的发展，大致可作如下阶段划分：50 年代，是消费者营销；60 年代，市场营销的核心思想是产业市场营销；到了 70 年代，则是社会营销；而 80 年代，服务营销则成了营销思想发展的核心；在 90 年代，关系营销得到了越来越多的关注。关系营销包括两个基本点：首先，在宏观上认识到市场营销会对范围很广的一系列领域产生影响，包括顾客市场，劳动力市场，供应市场，内部市场，相关市场及"影响者"市场（也就是政府和金融市场）；在微观上，认识到了企业与顾客相互关系的性质在不断改变。市场营销的核心从交易转到了关系。从关系营销的观点看，企业的营销组合就不限于传统的 4Ps，而增加了三个因素：顾客服务、进程和人员。

表 2-5　传统营销与关系营销的区别

传统营销	关系营销
关注单次销售	关注保持顾客
产品特征导向	产品利益导向
短期的	长期的
不太强调顾客服务	高度强调顾客服务
有限的顾客参与	高度的顾客参与
适度的顾客联系	高度的顾客联系
质量是产品的首要问题	质量是所有方面都要考虑的问题

2. 教育服务营销理论

20 世纪 90 年代开始，市场营销的概念和方法在英、美等发达国家被广泛地运用于公立学校，教育服务营销理论得到空前的发展，并日趋成熟。代表著作有美国营销专家菲利普·科特勒与凯伦 F. A. 福克斯著的《教育机构的战略营销》（企业管理

---

① 左仁淑. 关系营销：服务营销的理论基础[J]. 四川大学学报（哲学社会科学版），2004(4)

出版社，2005 年 6 月版）和英国 Lan G. Evans 著的《学校营销——从理论到实践》（中国轻工业出版社，2005 年 1 月版）之中。其基本观点有①：

(1)教育营销学的理论生长点

教育营销学是在营销学的发展与教育发展客观环境机制相互作用中产生的。经历了将近一个世纪的实践、积累和突破性研究，市场营销学理论在不断地完善过程中，逐步走向成熟，正向着高级化和专业化方向发展。农产品营销学、金融营销学、产业营销学、旅游营销学、技术营销学等学科相继问世，并在相应领域创造了非凡的效益。世界著名的营销学专家菲利普·科特勒早在 80 年代初就明确指出：市场营销学原理不仅适用于营利性组织（或物质生产部门），对于非营利性组织（或非物质生产部门），如学校、医院、政府机构等将具有同样的效力。菲利普·科特勒与凯伦 F. A. 福克斯运用营销学的一般原理对教育营销进行了开拓性研究。随着我国社会主义市场经济体制的确立，要有效发挥教育功能，提高教育质量和效能，迫切需要相应理论以指导教育机构在市场经济条件下良性运转。当前我国教育体制改革的特点集中表现为以充分发挥市场各种机制的作用为政策基本点，以提高教育质量和效能为总体目标。一方面将逐步改变单一的政府办学体制，形成以政府办学为主体，社会各界共同办学，以政府投入为主，多渠道筹集教育资金的趋势；另一方面将把市场竞争的思想引入教育产业，从而激励各教育机构充分挖掘和有效地利用教育资源，去适应社会的需要，在竞争中谋求生存、积累和更大的发展，并实现教育资源的合理配置。

政策的导向营造了良好的竞争与发展环境。它必将给教育机构带来新的生机和活力，然而市场竞争的优胜劣汰规则又是

---

① 邱杨．营销学科新领域：教育营销学[J]．学术交流，1997(5)

无情的。在新的形势下，必然会出现一些教育机构因各种市场不适症而导致生源、办学资金、经费来源及师资、设施的补充等方面的困难，从而危及其进一步发展乃至生存。公众态度的变化和财源的减少，促使教育管理人员奋力拼搏，并有意识地把目光投向适应市场的营销活动。这一方面反映了教育机构对营销的客观需要，但同时也暴露出对营销学理解上的片面性。事实上，宣传、推销仅仅是营销手段的一个侧面，它不是营销的全部。不适度的宣传、推销反而会适得其反，影响教育机构自身的形象，并可能使之错失良机。同时，不规范的营销又会使学校放松对"产品"的塑造工作，而这些才恰恰是有效营销的基础。此外，教育机构有着与物质生产部门不同的工作性质和特定的营销主、客体，完全照搬企业营销的做法，甚至生搬硬套企业营销的一些外在模式，其结果往往是事倍功半，甚至弄巧成拙。现实在呼唤着一门研究教育领域市场问题的学科——"教育营销学"的兴起。

（2）教育营销学界定及其特殊性

教育营销学是运用营销学原理解决教育机构所面临的市场问题的一门学科。它是由市场营销学、教育学相互交叉渗透，同时广泛吸收系统科学、管理学、经济学、社会学、心理学等学科的原理和成果，根据交叉学科形成的"移植组合"途径，即将市场营销学的科学概念、理论、方法等学科的要素推广应用或转移嫁接到教育领域，从而形成自己特有的概念、理论、方法等学科理论体系的新兴学科。教育营销就是教育机构和组织为了提供社会需要的"产品"，从而实现教育目标，围绕"市场"所开展一切活动的总称。它同样具有四个方面的内涵。但就其活动的目标、主客体及市场构成要素来说，却不同于企业市场营销。主要特性表现为：教育目标的多重性，教育"产品"的不可控性，市场交易的非货币性，教育市场构成关系的复杂性。

（3）教育营销学基本内容

按照营销学的理论体系，结合教育营销的特殊性，教育营销学大致可分为以下几个基本部分：

第一部分，教育市场结构与行为分析。通过各种方法和手段，对各类人员和组织在市场中的地位和他们的需求行为及其规律进行深刻的剖析，从而有的放矢地施加影响，谋求各方的相对一致，最终实现教育目标。

第二部分，教育营销的调研与预测。教育营销是连结社会各方面需要和它的行业反应形式的纽带。它需要辨认现实环境还没有得到满足的需求和欲望，并规定和衡量它们的范围大小，进而确定一个组织自身能够最好地为其服务的目标市场，以及决定服务于这些市场的适当产品、服务和计划方案。实现这一营销功能的重要方法和手段就是建立营销信息系统，进行市场调研和预测。

第三部分，教育营销环境分析与战略规划。通过科学的方法，研究各种外部环境对教育营销活动可能产生的影响，包括政治、经济、人口、科学技术、法律法规、生态、军事竞争、社会公众等方面，以及如何审视变化的环境将造成的威胁和带来的机遇，从而在环境和自身条件中找准机会，并制订利用机会发挥自身优势进行发展的战略规划和战略计划实施部署，以便教育组织机构中各个子系统明确目标和各自的责任，共同为实现组织的总体目标而努力。

第四部分，市场定位。教育市场对人才和科研成果的需求是多层次、多样化、多形式的。任何一个教育机构，即使再有实力，也不可能满足所有的市场需求。这就需要运用科学的方法，从经济、竞争力、资源及需求特性等多方面进行考虑，确定能有效为之服务的最具吸引力的目标市场，并针对目标市场进行产品定位，以便扬长避短，办出个性，突出特色。没有明确的目标市场，必定会出现营销对象界限模糊，营销手段难于奏效，市场适应性差的结局。因此，定位的方法及应用研究十分重要。

第五部分，教育营销组合策略。所谓营销因素组合策略，是指以适当的产品、满意的价格、广泛快捷的分销渠道与全方位的销售促进这四个营销因素（简称为4Ps）组合作用于选定的目标市场的行为。其中：产品策略是指从产品创意到产品概念的形成（即定位），产品的功能、形式和附加价值设计及产品项目与类别的最佳组合等一系列方案制订与评价选优。它是决定未来产品是否拥有市场的关键性因素。价格策略则是以形成产品的各种成本为基础，综合考虑市场需求结构和教育成果这种特殊智能产品的价值等多种因素，确定产品交易的价格。尽管目前我们并没有对教育成果完全作为商品在市场上以货币形式进行交易，但是作为教育机构的投入之所得，必须要有一个价值尺度来衡量，否则，难于根据教育成果，对教育投入效益作出评价，进而确定未来发展方向和潜力。分销渠道策略是指教育机构设计和选择最佳的流通环节和交换形式，将教育成果有效地转移到需要的一方的工作。这里既要考虑销售的广度，又要考虑销售的速度，同时还要考虑最低的消耗，它是决定教育成果价值实现的重要因素。销售促进策略是解决如何选择适当的媒体，以适当的方式、适当的时机、适当的费用将教育机构及其成果的信息传递给恰当的对象的方法和技巧。目前国内外教育机构运用最多的营销手段即是销售促进。促销的方式有直接和间接之分，主要包括：人员推销、广告、营业推广和公共关系。每一种方式都具有相应的技术知识、要求、技巧。但由于许多机构行为不规范，效果并不尽如人意，因而未形成整体效应，是重待改善和提高的环节。

3. 服务营销理论对学校品牌经营的启发

"'营销'的提出确实让许多教育学者感到不舒服。对'营销'

的偏见和有关营销的种种误解大量存在。"①其实,"人们有需要和欲望,这一客观事实为市场营销奠定了基础。当人们决定通过交换来满足他们的需要和欲望时,市场营销就存在"。②尽管一般意义上的制造业企业的营销战略不能被照搬到教育产业,但教育营销和学校营销是客观存在的。教育被看作一种"服务",学校的各项工作就构成了服务链,最终由教师将一种优质的教育服务提供给学生。学校的经营事实上与一般企业的经营一样都是建立在消费者主权的基础上,即从消费者的根本利益出发,以消费者效用最大化为目的。国内已经有学者用市场营销理论分析高等教育服务③。随着我国经济、政治及各项体制改革的深化,市场体系将日趋完善,教育机构与市场的关系将越来越紧密,以营销为导向的教育运行机制会逐步形成,作为指导实践的先行理论——教育营销学的建立将显得越来越必要。

(1)有利于明确学校品牌营销的含义

营销专家科特勒指出:"营销观念认为,实现组织诸目标的关键在于正确确定目标市场的需要和欲望,并且比竞争对手更有效更有利地传送目标市场所期望满足的东西。"④陈祝平由此认为营销观念有"目标市场"、"市场需要"、"市场竞争"、"社会营销"四个要点。由于"市场营销最初产生于西方发达国家的制造业",⑤ 市场营销的一般原理主要是在制造业营销实践的基础

---

① [英]Lan G. Evans. 学校营销——从理论到实践. 王烽,周玲译. 北京:中国轻工业出版社,2005. 前言

② [美]菲利普·科特勒,凯伦·F. A. 福克斯. 教育机构的战略营销. 庞隽,陈强译. 第2版. 北京:企业管理出版社,2005.5 页

③ 杨树才,吴萍. 市场营销理论在高等教育服务中的应用. 昆明理工大学学报(社会科学版),2003(3)

④ P. 科特勒. 营销管理[M]. 梅汝和等译. 上海:上海人民出版社,1990. 28页

⑤ 陈祝平. 服务市场营销[M]. 大连:东北财经大学出版社,2001. 48-128页

上形成的，加上传统计划经济的影响，所以在教育服务行业出现了照搬制造业营销战略，忽视教育服务规律的现象。如认为学校品牌营销就是打广告；学校品牌营销就是想办法增加学校的经济收益等，这些主要归因于教育服务营销观念的不成熟。

学校品牌营销不是一个简单的分析市场、开发教育产品和推销教育产品的过程。它类似于服务营销，却又不完全是纯粹性的服务营销。由于其教育服务对象是"活生生的人"，所以在整个营销战略中，包括产品开发和"推销"在内，都必须有消费者的参与，缺少消费者参与的学校品牌营销是不健全的学校品牌营销。所谓教育营销是指各级教育机构通过提供可以满足社会和个人需要的教育服务，以实现教育的目的，维持教育机构生存发展的市场管理过程。[①] 所谓学校品牌营销就是作为主体的学校组织对精心设计的品牌形象进行分析、计划、执行和控制，使学校吸引更多的生源、优秀教师、捐款，提升学校形象和公众的认知度的管理过程。学校品牌营销是学校发展的一个重要环节和手段，由学校组织在了解消费者的需要和欲望基础上，将其划分为不同的细分市场，并根据学校的品牌战略和资源条件，设计学校优质、特色品牌形象，与学校目标群体建立良好的顾客关系，在满足消费者需求的同时，实现学校增值。学校营销具有以下特点：学校的经营战略是以培养人才为对象的、提高教育服务质量是学校经营战略的中心、学校经营战略以教育人力资源开发为基础。

(2)科学认识学校品牌经营的价值

科特勒和福克斯(1994)曾指出市场营销在教育机构的主要功能为：完成教育机构的任务；提升学校品牌的满意度；增进学校品牌营销活动的效率及吸引学校品牌营销资源。学校品牌

---

① 徐芳．教育营销和教育营销战略[J]．广东职业技术师范学院学报，2001(1)：83－89页

营销策略能协助教育机构，帮助学校有效审视自身条件及内外环境变化趋势，改善教育质量，有效提升学校形象，争取外部资源，以吸引学生前往就读。

（3）有效运用服务营销手段和策略经营学校品牌

服务营销在发展过程中其手段在不断地变化。具体包括销售、广告和传播、产品开发和服务开发、差异化和竞争对手分析、顾客服务、服务质量、整合和关系营销①。自从尼尔·波顿1962年提出营销组合概念，吉米·麦卡西推出营销组合4Ps概念以来，许多营销计划便以这四种组合因素，作为营销方案的最基本要素。所谓4Ps即指：产品（product）、价格（price）、渠道（place）、促销（promotion）。但是，针对服务的营销，4Ps并不完善，营销者必须高度注意和考虑另外三个策略性因素，人员（personnel）、设施（physical facilities）和过程管理（process management），并将这三个因素与已有的4Ps一起，形成7Ps，作为服务营销的组合要素。创建学校教育服务品牌经营模式需要引进服务营销理念，除了必须强化产品、价格、渠道、促销外，还应引入人员、服务环境及过程等三项元素。

从"人员"要素看，对于学校来说，教职工担任着传递服务的任务。学校和其他产业的主要区别也在于学校服务人员相对较多，而且有着共同的价值观、统一的形象和规范的行为。学校的教职工更频繁地与学生发生直接接触，他们的表现直接影响着教育消费者的满意程度，同时也影响学校在顾客心目中的形象，所以教职员工的服务态度和服务水平是学校品牌自主创新经营的关键。

从"服务环境"看，学校服务环境的重要性在于教育消费者能从中得到可触及的线索，去体会学校所提供的服务质量。因此，最好的服务是将无法触及的东西变成有形的服务。服务环

---

① A. 配恩 . 服务营销［M］. 北京：中信出版社，1998.31 页

境（如外观、装潢、摆设、配置等）本身是教育消费者评估服务程度与质量的依据，是产品本身不可或缺的一部分。学校一般都在人口相对集中的地方，而且一般都是一个地方的象征建筑，在服务环境的改善上不局限于学校财力的象征，而是具有文化的意义，提高学生对学校生活的吸引力，从而建立起良好的服务品牌形象。

从"服务过程"看，这里的"过程"指学生在入学前服务、在学校中服务和离校后所体会到的服务，对于学校而言，服务过程应该是让学校与学校顾客之间直接保持高度接触，让服务过程视觉化。具体来说，入学前服务指学校利用宣传品、学校网络、手机短信、直邮广告或电视广告等方式对教育消费者进行宣传，充分告知学校的办学理念、办学特色和竞争优势；在学校中的服务则主要体现在教育教学服务、管理服务、心理服务和环境服务等因素；离校后的服务包括家访、家长教育服务、毕业生座谈、组织校友会等。

在基础教育中，学生基本上是免费入学的，一些收费标准由市教育局和市物价局核定，政府对学校的财政干预也比较大，学生入学大多还是采取就近入学的原则，供给的价格弹性和供求规律在教育中并不能完全体现出来。因此，在中小学品牌的营销中，除了价格策略、质量策略外，还可以采取产品策略、广告策略、关系营销策略等。

第三章　学校品牌的基本理论框架

学校品牌是在学校发展实践中产生的一个新的理论范畴。从哲学的角度来看，学校品牌本质、学校品牌价值论、学校品牌实践论构成学校品牌的理论体系。本章就这三个方面进行具体阐述。

一、学校品牌本质

什么是学校品牌，上一章从内涵和外延的角度进行了理论的分析，本章再从系统论和哲学认识论的角度进行深入分析，以便揭示学校品牌的本质。

(一)学校品牌基本要素构成

"品牌是一个系统，是产品或企业市场属性的综合体现，是企业与顾客的关系性契约。"①学校本质上是生产教育服务的一组要素集合。学校品牌的要素是在教育服务的生产和消费中生成和传递教育服务价值的主要因素。学校品牌要素包括构成性要素(显形的和隐形的要素)、过程性要素(见图 3-1)。

1. 学校品牌的构成性要素

所谓构成性要素就是把学校品牌作为一个研究的客体后，通过静态分析而得出的系统的组成部分或基本因素。也称为结构性要素。如人体系统中的心脏和大脑、肌肉、骨骼、神经。构成性要素是学校品牌系统中的存在(包括物质的和精神的、信

---

① 陆娟. 现代企业品牌发展战略[M]. 南京：南京大学出版社，2002.26 页

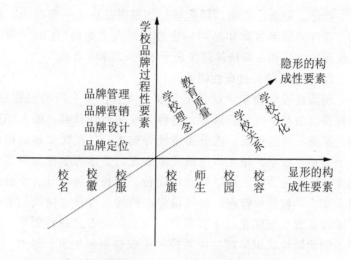

图 3-1 学校品牌要素构成

息的）它是学校品牌系统存在和发展的客观前提。如教师、学生
是学校品牌系统中的第一存在，学校形象也是学校品牌系统的
基本存在。学校品牌的构成性要素包括显形和隐形两个方面：

（1）学校品牌的显性因素。它是消费者直接感知到的、区别
于其他学校的外部的标识或形象。包括名称和标志两个部分：
学校名称如北京景山学校、上海建平中学等，是指品牌中可用
语言称谓直接表达的部分，包含文字、字母和数字。学校标志
如校徽、校旗、校服等，还有些学校有自己独特的校门造型、
整体布局、建筑风格和环境设计等，是可以识别但不能用口语
发音直接表达的部分，包括符号、设计样式、特殊颜色或字体。

（2）学校品牌的隐性因素。主要是指区别于其他学校的独特
的办学理念、办学特色和风格。办学理念是办好一所学校的精
神信仰和内在的规则，具体体现为教育质量观、人才观、教学
观、师生观、管理观等；办学特色是学校在长期的办学育人过
程中逐步形成和积淀下来的教育教学、管理特性，主要包括教
育教学质量特色和文化特色；学校风格就是学校的个性，如求

实、严谨、创新、团结、勤俭等。如果说品牌是一座冰山，那么，显性的品牌名称和品牌标志就像浮在水面的"冰山一角"，隐性品牌文化和品牌精神就像藏于水底的"冰山之基"。

2. 学校品牌的过程性因素

所谓过程性要素，就是把学校品牌看作一个活动过程后，分析得出的基本成分或因素，也称为或功能性要素。如人体由消化系统、神经系统、内分泌系统等构成。过程性要素是构成性要素相互联系、相互作用的关系表现，是作为学校品牌系统的主体的行为方式。如学校品牌定位、学校品牌设计、学校品牌营销、学校品牌管理。如果说静态的构成性要素使我们看到了学校品牌系统优化的主要条件，那么，动态过程性要素，则使我们清晰地认识学校品牌系统的生成机制和生机。显然，只对学校品牌系统要素进行静态的分析是远远不够的。

(二)学校品牌实质

1. 学校品牌是以优质教育服务产品为基础

学校品牌与其他品牌的根本区别是，其他品牌的产品主要是一种物品，学校品牌的产品是一种活动形态的服务，是通过教育服务生产要素、服务过程和服务环境的优化来体现的。学校品牌实质是一种优质教育服务品牌。优质教育既指教育总体的高水平，又指标志性学校的高层次；既指学校校舍、教育设施、现代教育技术等硬件的高水平，又指教育思想、课程教材、教师队伍、教育管理等软件的高水平；既有优质教育资源的扩大，又有优质教育内涵的开掘。服务过程就是满足学校消费者的发展需求，培养其对学校的情感的过程。在服务过程中或在服务基础上创造的教育服务价值，是学校品牌经营的出发点和归宿。

学校品牌不同于教育品牌。教育品牌既包括各种教育机构的品牌，如各类学校品牌、各种培训品牌、教育管理机构品牌、教育中介机构品牌，还包括教育物质品牌、教育技术品牌、教育活动品牌、教育者品牌等。学校品牌属于教育机构品牌，是教育品牌的主要内容。因为无论是国家教育品牌，还是地方教育品牌，都是以学校为基础的。

学校品牌也不同于学校的品牌。学校的品牌是指学校的产品品牌，它所标志的主体是某一门或几门特色课程服务，某一种或几种特色活动服务、某一个或几个著名教师的教育教学等，如品牌课程、品牌校长、品牌教师、品牌活动等。它所表示的是学校范围内的某一种或几种教育服务的属性、利益、文化、价值、使用者。学校品牌是指品牌所标志的主体是整个学校，它所表示的属性、利益、价值、个性或使用者代表整个学校及其所有的产品。学校品牌不等于品牌校长、品牌教师、品牌学生的简单相加。

与一般学校相比，品牌学校基本特点有：服务品位的独特性、服务品质的优质性和服务品味的高层次性、服务形象的丰富联想性，并通过教育市场的认同性、地位的排他性、时间的长效性和效应的扩散性来体现。

2. 学校品牌是一种以课程服务为主要形式的组织品牌

学校品牌是一类品牌产品，是一种包括物质、精神、制度三个层面在内的综合文化产品，即一个组织品牌。

作为组织品牌，学校品牌与服务企业品牌既有共同点也有差异。其共同点都属于服务组织品牌，其构成要素从抽象的角度来说是相同的，即包括组织的名称、标识、形象、组织目标等，其功能都是以顾客价值为中心，兼顾了组织可持续发展功能和社会功能，都具有高知名度、高美誉度、高忠诚度和高市场占有率等特征。两者的区别是经营的目的不同，学校品牌是以教育性为主的品牌，服务企业品牌是以经济效益为主的品牌；形成的过程不同，学校品牌的主要要素是由教师素质和师生关系决定的学校服务质量，具有高接触性、长周期性，而服务企业品牌的主要要素是产品的质量和服务营销手段，是产品与服务的有机结合，品牌形成的周期较短，学校品牌形成的周期要比企业服务品牌更长；在经营手段上，学校品牌经营的手段主要有师生关系、学校公关、广告；而服务企业品牌则采取价格、技术、广告、市场营销等手段。

表 3-1　学校品牌与服务企业品牌的区别

	学校品牌	服务企业品牌
构成要素	教育服务产品、学校形象、学校文化、学校承诺等	产品质量、企业形象、服务营销手段
基本功能	学校增值、可持续发展	企业可持续发展、满足消费者利益
形成过程	高接触性、长周期性	产品与服务结合、短周期性
主要经营目的	社会效益	企业经济效益
主要经营手段	师生关系、学校公关、广告	价格、技术、广告、营销

3. 学校品牌是一种具有教育服务市场竞争力和文化影响力的组织品牌

学校教育服务的市场竞争力和学校文化的影响力是学校品牌的社会效应的突出表现。学校品牌作为一种组织形态的品牌是在教育市场上竞争形成的，是教育竞争中的佼佼者。因此，与其他的一般学校相比，通过优质的教育服务，可以争取到更好的生源、教师，更多的财力支持。同时，学校品牌是一种"独特性资源"。学校核心竞争力主要由所拥有资源的独特性决定的，而品牌文化正是一种难以模仿的"独特性资源"。因为品牌精神和核心价值观是相对不变的，是长期积淀的结果，是个性化的产物。学校品牌传播的是一种特色的文化，学校消费本质上是一种文化消费，学校文化的影响力是学校品牌的突出特点。

4. 学校品牌经营是以教育消费者价值为导向、以校内外资源整合为基础、以自主创新为动力的学校整体发展的生态模式

学校品牌是现代学校发展或经营的一种战略模式。这种战略是一种以品牌思想为灵魂的纲领性体系，在内容上涵盖了学校资源、学校产品、学校文化、学校形象、学校营销、学校管理、学校与政府和社区的关系、学校与学校的关系等内容。它涉及"做什么、如何做、谁来做"这样几个层面的内容。学校品牌战略是学校追求卓越、实现社会效益和经济效益双赢的、整合的、整体的、生态系统。与一般学校发展模式相比，它具有以下特征：（1）以教育消费者价值为导向，包含了学校对教育消费者的服务承诺，一方面是在教育服务上的优质化，即具有明晰的教育目标、严格的学术标准、优良的教师团队和良好的课程组织。另一方面，希望借助这种优质服务达成每个个体的最优化发展。这里的教育消费者不仅包括教育的直接消费者——学生及其家长，还包括教育的潜在消费者——政府、企业和社会。而传统学校发展模式是以完成教育任务、实现教育目的为导向的，这实质是学校的科层行政管理的计划发展模式，典型的形式就是"重点学校"。（2）以整合校内外资源为基础。学校品牌是经营的结果，这种经营不仅包括学校已有资源的挖潜，提高教育服务的质量；还包括在教育市场上寻求自己的发展空间，特别是通过传播学校形象和文化，使学校获得更多的优质资源。一般学校发展强调学校管理，强调对有限资源的合理配置和使用，强调教育服务的生产环节，忽视教育服务过程中的关系建构及其学校形象、学校文化传播。（3）以自主创新为动力。学校品牌是在整合校内外资源基础上不断创新的结果，全面的自主创新是学校品牌发展的动力。包括学校教育服务产品的创新、学校教育服务手段和技术的创新、学校教育服务制度创新、学校教育服务经营方式方法的创新、学校文化的创新、学校教育服务市场的开拓等。一般学校的发展虽然也强调创新，但创新不是建立在自主基础上的，创新目标是固定的、外在的、形而上的，创新机制是僵化的。

学校品牌经营是学校整体发展的生态模式。表现在学校品牌发展的主体是全体教职员工，学校工作的各个阶段和各个环节都体现品牌意识，学校组织的各种行为都指向品牌发展。学校品牌所涉及的要素十分广泛，要形成学校品牌竞争优势，提高学校品牌竞争力，只有全面地、有效地对学校的资源进行整合。影响学校品牌竞争力的要素很多，但主要有教育服务产品、教育服务技术和教育服务的环境、学校文化、品牌本身设计、学校的营销活动和组织战略。按照一般营销学理论，初级产品及某些中间产品不容易在顾客或用户中出名，而一旦企业出名，则容易带动产品或服务出名。学校作为一个教育服务的组织，其服务的效果往往由多因素决定。因此，学校应当选择学校品牌竞争力发展战略。

二、学校品牌发展过程

(一)学校品牌发展的内涵

1. 学校品牌发展含义

学校品牌发展是指学校主动适应市场变化、形成优质教育服务产品、提升学校核心竞争力和建立完美的学校形象的过程。简单地说，就是学校创品牌的过程，包括学校品牌扩张、延伸的广度和深度。学校品牌发展与学校发展是两个不同的概念，学校品牌发展是在学校品牌理念指导下，在协调各种关系中，整合校内外资源，形成教育服务特色和良好的学校形象的实践过程，强调学校发展的主动性、创造性、整体性，学校与教育消费者的关系、学校与学校的生态关系；而学校发展，一般指学校规模的扩张、质量的提高或者学校的延续，它强调学校的教育服务生产规模、生产效率。因此，学校发展战略与学校品牌发展战略是两个不同层次的概念(见表 3-2)。学校品牌发展战略体现了现代学校发展的创新理念和生态理念。学校品牌发展是学校发展的最高层次。

表3-2　学校品牌发展战略与学校一般发展战略的区别

	学校品牌发展战略	学校一般发展战略
战略目的	追求卓越	学校生存
发展途径	提高教育服务质量、塑造学校良好形象、理顺各种学校关系	抓升学率、学校常规管理
发展方式	主动适应、自主创新、整体改革	被动适应、局部改革
发展结果	教育服务产品特色形成、质量明显提高(文化品位高、创新度)品牌资产增加(高知名度、高信誉度、高美誉度)品牌关系巩固(市场占有率)学校规模扩展(同地区或异地)	校园面积扩大师生人数增加教育服务产品质量有所提高

　　学校品牌的发展不同于"重点学校"、"示范学校"建设。"学校品牌"不等于传统意义上的"名校"和"重点学校"。从本意上讲,名校是名牌学校或者著名的品牌学校的简称,是品牌学校中的最优秀的部分。但日常生活中所指的"名校",是从学校知名度与美誉度的角度揭示学校的品位属性;这种"名校"通过经营可以发展成为教育品牌,但也可能随时间流逝而名不符实或徒有虚名。在人们的日常理解中,往往将"名牌"学校等同于"重点学校",而"重点学校"产生于我国特定历史时期,反映的是政府在教育资源配置格局中的地位,是一种典型的行政干预的结果,折射出教育领域的计划模式。因此,学校品牌相对日常生活中的"名牌"学校,具有更深层次的内涵和价值。从各自发挥的作用来讲,品牌学校比名牌学校的力量更强大、时间更持久、效果更明显。"学校品牌"反映的是学校在社会和受众中享有的品质地位,是市场和受众选择的结果,反映出市场经济条件下优质学校的本质特征。我国的"学校品牌",主要是在"重点学

校"的基础上发展、打造出来的；但从世界教育品牌的形成过程来看，学校品牌主要是伴随着教育市场的发育过程而产生的。

2. 学校品牌发展内容

学校品牌发展包括学校品牌产品的开发(课程类型扩展、教育教学服务质量提升)、学校组织形象的塑造与宣传、学校关系的理顺和创新。学校品牌产品或学校的产品品牌就是学校提供的各种优质课程教学服务，这种服务体现了学校品牌的功能性价值，是学校品牌形成的根本；学校的组织形象通过学校的各种景、物、人、事来体现，优质的品牌形象使消费者产生强烈的感知差异和体验差异，实现学校品牌的情感价值；学校关系包括学校内部关系和学校外部关系，学校内部关系包括学校内部校长和教师、校长和学生、教师和教师、教师与学生等关系；学校外部关系包括学校与企业、政府部门、家长、新闻媒体、同类学校等各种关系；各种学校关系的理顺，特别是与教育消费者(学生、家长)长久的、稳定的信赖关系建立，是实现学校社会价值的基础。

3. 学校品牌发展的方式方法

学校品牌发展的方式方法贯串在学校品牌经营的各个环节和阶段，包括学校品牌策划、学校品牌定位、学校品牌设计、学校品牌营销、学校品牌管理和学校品牌评估等。

(二)学校品牌发展阶段

学校品牌正如其他品牌一样有一个发生发展的过程。一般包括学校品牌建立期、学校品牌成长期、学校品牌成熟期。在每个阶段的价值理念、战略重点、组织关系和经营策略是不一样的(见表 3-3)。下面作具体分析：

表 3-3　学校品牌发展的基本阶段

	建立期	成长期	成熟期
价值理念	突出个性理念和明确的市场诉求	持续一致的价值承诺和强化品牌竞争优势	创新
战略重点	学校品牌的定位	塑造品牌形象，积累品牌资本	保持品牌的新鲜感和时代感
组织关系	教育消费者（主要是学生及其家长）	学校内部关系	利益相关者
经营策略	设计学校理念、学校品牌识别系统（BIS）	学校品牌内部营销、学校品牌公关和宣传	品牌保护、品牌扩张、品牌延伸

1. 学校品牌建立期

创立品牌是进行品牌经营，以获得品牌竞争优势的基础和前提。

（1）价值理念——突出个性理念和明确的市场诉求

学校品牌的创立必须首先确立品牌的理念，这种理念既体现特定教育消费者的价值需求，又体现与其他学校的区别，还体现了办学者教育理念的创新。学校品牌理念（Branding Idea）就是从学校品牌整体角度出发的设计的、对学校品牌精神和学校品牌文化的抽象，它被要求在学校品牌产品或学校形象设计中体现，通过重复、集合与时间累积强化，形成个性，与竞争品牌有效区分。品牌理念可以是阶段性的，但应该保证足够的时间周期。如成都五十中，锁定中等生，把广大中低等学生和中低收入家庭作为教育服务对象，提出"让中等生超常规发展"的办学思路，为学校品牌创建奠定了价值基础。而许多学校在价值理念上，没有品牌意识，缺乏个性，没有明确的市场目标。

（2）战略重点——学校品牌的定位

学校要进行有效的品牌经营，必须有明晰的办学目标和定位。学校办学目标和品牌定位的主要依据是学校的核心经营理念，以及学校所具有的某种或某些独特的竞争能力和办学优势。

101

(3)组织关系——教育消费者(主要是学生及其家长)

学校品牌的竞争力最终来自学生和家长的支持、肯定与欣赏。唯有与他们建立稳固的关系,获得他们对学校品牌的忠诚,才能获得品牌长久的竞争优势。每年学校的招生季节,热情的服务最能获得社会对学校信任和支持,感染家长和学生,稳定生源市场,让学校树立良好的社会形象。因此,创立学校品牌应该在达到国家的教育目的、遵循教育规律的前提下,以教育消费者为核心,聆听教育消费者心声,洞察教育消费者的需求,跟踪目标市场变化,确认并满足不同目标主体需求。

(4)经营策略——设计学校理念、学校品牌识别系统

学校品牌创立的根本任务就在于学校品牌主体价值的创造,建立一套独特、深具识别性的"值得消费者拥有的价值系统"。这个价值系统是通过学校理念、学校品牌识别系统来体现的。因此,创立品牌应该首先设计学校的理念,然后规划学校品牌识别系统(BIS),包括理念识别(MI)、视觉识别(VI)、行为识别(BI)和听觉识别(AI),并将学校品牌核心价值和理念体现在学校品牌符号结构之中。从学校品牌的长期战略来看,学校品牌精神内涵是比视觉设计更长久、更令人崇拜的生命要素。BIS确定了学校品牌未来的发展方向,使品牌具有长久优势,也使学校的所有员工对品牌产生共识,维护品牌的核心价值。如一个好的学校名称可以使品牌形象便于传播,而且会自然而然地将学校的文化理念或者价值追求传达给广大师生,并内化为师生员工的精神,让学校内部师生员工首先对办学目标定位以及校园文化、教育理念产生认同感,促进师生员工的价值追求和人格完善。

2. 学校品牌成长期

学校品牌的创立只是搭建了一个基本的框架,只有形成了学校教育服务的竞争优势,在教育消费者心中建立起品牌的整体形象,学校品牌才真正形成。

(1)价值理念——持续一致的价值承诺和品牌竞争优势强化

学校品牌就是对学生及其家长的承诺和保证，学校品牌的承诺建立起品牌与教育消费者的契约关系，承诺能让品牌进入消费者的心扉，并在那儿被接受、珍爱。学校承诺的稳定性和发展性是建立学校品牌关系，维护学校品牌忠诚永恒不变的主题，给予消费者持续一致的价值承诺是品牌逐步扩散的关键。当然，学校承诺不是一句口号，它是一个完整的价值体系，例如更优美的校园环境，更优越的办学条件，更优质的教育教学服务等。对给予消费者的承诺要非常慎重，一旦有承诺就一定要做到。如果不能确信做到，就不能轻易许诺。

品牌是竞争的工具，学校品牌经营要始终坚持竞争导向。学校品牌只有将教育服务的比较优势保持，并将其转化为竞争优势，才能为学校创造更多的价值财富。坚持品牌的竞争导向，除了要对学校品牌进行不断投资、升级之外，更重要的是必须使学校品牌具有独特性和优越性。它们是竞争对手难以效仿的资源，是强化竞争优势的根本，失去了这个根本，就只能成功一时，谋一时之利。

(2)战略重点——塑造品牌形象，积累品牌资本

学校品牌是教育消费者的全面感受，学校品牌资本价值储存在教育消费者的心里。所以在确定学校品牌目标之后，学校品牌建设的根本任务就是塑造学校品牌形象、积累学校品牌资本。其重要的实现手段是依靠传播学校品牌，包括在师生交往中传播、公关传播、新闻媒体传播、网络传播等。传播不仅是信息沟通，而且也是价值传达，让教育消费者感知到价值的存在。传播使学校品牌对教育消费者产生积极的心理意义。学校品牌的传播有两大核心任务，传达学校品牌定位与建立学校品牌个性。学校品牌定位决定学校品牌的市场位置，它执行学校品牌识别，积极地传播学校品牌形象。而学校品牌个性使消费者对学校品牌产生认同和崇拜，深深地影响品牌与消费者的互

动关系。学校品牌个性是应该不断发展的，但要循序渐进。

学校品牌资本包括知名度、美誉度、忠诚度、联想度等。通过广告、公关等手段，可以提高学校的知名度；通过学校品牌理念的设计和学校形象传播可以提高学校的联想度；通过学校教育服务质量和水平提高，可以提高学校的美誉度；但忠诚度作为保持品牌资本的主要指标，不是广告短期内所能提高的，除了完善的品牌规划和持续优良的产品品质确保顾客满意外，更需要品牌长期一致传播在教育消费者心中建立的优势效应。

(3)组织关系——学校内部关系

学校是品牌经营的主体。品牌经营需要学校在组织上予以保证，设立学校品牌管理系统，并配备品牌工作团队，全面负责品牌经营和管理的各项工作，如制定学校品牌的各项计划、负责组织课程和教学服务产品的设计开发、市场调查、协调教育教学服务和管理服务的关系等等。除了组织保证以外，更重要的是学校要树立"全方位品牌管理"的理念，把品牌战略与教育教学过程、管理过程紧密联系起来，学校广告、学校营销、学校集会、学校财务、学校人事，甚至包括学校后勤等，形成网状组织，以品牌战略为中心，共同接受品牌管理的信息，有机、协调地运转，在一致的"品牌即学校"的共同理念下，使学校品牌目标的执行得以全方位的落实。

(4)经营策略——学校品牌内部营销、学校品牌公关和宣传

在学校品牌的形成期，要不断提高学校的知名度、美誉度，就要全方位进行学校品牌的传播，其主要的策略是学校品牌内部营销和学校品牌外部公关宣传。学校品牌传播首先是在内部市场进行的。学校品牌内部营销就是通过各种各样的沟通活动，使教职员工树立责任心，其基本目标是建立学校内部教职员工对学校的认同感，让学校全体成员明确学校品牌理念、自觉维护学校品牌形象、宣传学校的先进理念、优秀的人和事。学校内部营销在把学校发展成以顾客为中心的组织方面相当重要，

它不仅是学校品牌传播的主渠道，还可以清除学校品牌经营活动中的功能性障碍。学校品牌还存在外部市场，在外部市场的传播主要通过公关和宣传来实现的。学校品牌的外部公关和宣传是指通过学校组织统一传播学校的品牌信息，主动向新闻媒体、生源学校、毕业生学校、社区介绍学校的发展状况和发展目标。

3. 学校品牌成熟期

为了谋取更强的品牌竞争优势，品牌一定要真正走出学校，走向更广阔的市场。因此，学校品牌的扩张、延伸就是需要重点考虑的问题。

(1)价值理念——创新

品牌有一定的生命周期，需要定期维护。要维护和发展学校品牌，就要在品牌的建设过程中不断为品牌注入创新的智慧。创新智慧体现在教育服务产品、教育教学技术、学校品牌传播及其通路、学校品牌组织管理等各方面。

(2)战略重点——保持品牌的新鲜感和时代感

为了学校品牌的持续发展，学校品牌需要不断改善，保持品牌的新鲜感和时代感。为此，学校要在研究开发教育服务产品的基础之上不断寻找新的利益点，通过改善营销组合，利用品牌杠杆进行品牌扩张、延伸，开拓新的市场等。如学校课程改革、学校管理创新等。但是，学校品牌的不断改善要维护学校品牌的核心价值——学生生动活泼的、主动的、全面的、创造性的发展。

(3)组织关系——利益关系者

品牌经营不仅是学校主体和消费者客体的互动过程，还是学校与其利益关系者共同运作、协力打造品牌的过程。如教职工、家长、宣传媒体、社区、高一级学校、企业、社会、政府，甚至同类学校竞争者等。在学校品牌成熟阶段，与这些利益关系者的关系状态，将直接影响到品牌决策的效力。而有效品牌经营手段正是要以品牌为载体，以利益为纽带，打造利益共同体，使"学校、消费者、利益关系者"均因为拥有品牌而获利。这也是构建长期有效的组织关系的唯一途径。

(4)经营策略——品牌保护、品牌扩张、品牌延伸

任何一个学校在其市场经营中都可能发生意想不到的事件，其中有些可能属于重大事件，会对学校造成威胁。学校的态度应该是，无论是大事件还是小事件，都要予以高度重视，学校必须居安思危，制定公关危机计划，以保证面对危机的爆发而有准备；出现危机不回避，并通过公共关系的手段正确、快速地处理。因此，在学校品牌成熟阶段，对学校而言，品牌的保护可以防止老化，品牌的扩张可以使学校资本升值，品牌延伸可以学校品牌创新，获得更大的市场。到底是运用资本经营去收购、兼并别人的品牌，还是将自己的品牌资本经营转让、有偿使用、特许经营出去，这要从学校的具体情况来确定。对政府而言，需要创造条件，发展各种类型的学校品牌，形成学校品牌生态，促进优质教育的均衡发展。

三、学校品牌价值

学校品牌价值是社会对学校品牌整体实力的全面反映，是与某一学校品牌相联系的品牌资产的总和。学校品牌价值研究为我们揭示了品牌背后的深刻内涵。学校品牌价值研究具有重要价值：(1)进行学校品牌诊断，研究学校自身及竞争学校优劣势，发现学校品牌形象需要转变或维持的方向。(2)为学校品牌建设、品牌定位、品牌管理和品牌战略提供基础依据。(3)测定办学计划的效率和有效性。(4)测定学校品牌忠诚度，更准确定位目标群体。(5)制定合理的办学和招生计划。

(一)学校品牌价值认识方法

到底什么是"学校品牌价值"(School Brand Value)呢？结合学术界对品牌价值的研究，从四个不同角度进行分析和阐述：第一种定义主要是从财务的角度来定义"学校品牌价值"；第二种定义把学校品牌成长和扩张与品牌资产联系起来解释品牌增值过程；第三种定义从消费者角度来看学校品牌资产(School Brand Equity)，则重于学校品牌能给消费者所带来的价值和利益；第四类定义是把学校品牌战略看成是政府有效发展教育、管理学校的效率和公平价值。

1. 基于学校财务的观点

从财务的观点来看，学校品牌价值就是学校品牌作为学校的无形资产的财务价值。用财务方法来评估学校品牌价值主要存在两个方面的原因：第一，对于学校来说，它必须对所有投资者负责。学校必须向投资者和教职工提供所有有关学校资产的准确信息，当然包括所有的有形资产与无形资产。品牌作为学校的财产之一，其市场价值也必须反映在学校的资产负债表上。第二，学校品牌兼并、收购和租赁的发生也要求为学校品牌赋予财务意义上的价值指标。目前，学校品牌兼并、收购和租赁案频频发生，为了确保交易的公正与公平，必须对学校品牌资产的价值进行正确评估。

如何计算和决定学校品牌的财务价值，目前还没有这方面的专门研究。不过，可以借鉴一般品牌的财务价值的计算方法，如成本法(所有投入在品牌建立与维护上的费用，如进行品牌经营节约学校生产成本、营销成本，节省消费者来的学校搜寻成本、与学校的摩擦成本等)、市场决定法(学校的总市场价值减去有形资产的部分)等。

2. 基于学校品牌成长的观点

品牌在财务方面的评估很重要，可以使学校知道在某一具体时刻品牌的价值，而且可以以学校品牌过去的表现来预测品牌未来的增长潜力。但是，学校品牌成长和扩张对于品牌资产可能更为重要。从学校品牌成长来看，学校品牌价值的大小应体现在学校品牌自身的成长与扩张能力上。研究学校品牌扩张、延伸与品牌资产的相互关系，可以考察学校品牌价值。总体上说，学校品牌扩张、延伸的启动成本要比引入全新品牌的成本低，促进学校品牌成长的贡献因素包括学校品牌名称、学校品牌形象、教育消费者对品牌的态度和忠诚度等等，这些因素可以看成品牌资产。如北京师范大学在各省办的附属中学都有较高的教育质量，许多名牌中小学在异地办分校也有较好的教育成效，都是学校品牌资产的扩充和增值。从学校品牌成长的角度来研究其价值是可行的，也是非常有意义的。

3. 基于教育消费者利益的观点

从理想角度而言，学校品牌价值是消费者愿意为某一学校品牌(相对于非品牌学校)所付的额外费用。但是这种溢价法没有彻底摆脱财务方法的影响，而且很难计量，所以，这种方法实际上是一种实验法。从现实的角度来看，学校品牌是教育消费者体验、评价和选择的结果，没有一定的消费者也就没有学校品牌，因此，学校品牌价值的核心是如何为消费者建立品牌的内涵。从学校品牌的价值形成和发展来看，学校品牌知名度、学校品牌的认知质量、学校品牌形象和学校品牌忠诚度等是最基本的要素。

4. 基于政府治理绩效的观点

学校品牌建设也是政府推进教育均衡发展的重要举措。政府之所以要实施学校品牌策略，就是为了扩大优质教育资源，促进基础教育整体水平的提高，满足广大人民群众对优质资源的迫切需要，促进教育的公平、提高教育的效率，促进基础教育与社会发展的和谐互动。政府推进"示范高中"建设，就是实现重点中学向品牌学校转向。以北京市为例，到 2004 年为止，北京市共先后三批向44所中学授予了"示范高中"的称号。去年北京市优质高中的招生人数已占普通高中招生总量的55%以上。根据北京市教委的计划，到2005年底，北京市的高中示范校将达到60所。到2010年，北京市70%以上普通高中在校生将就读示范高中。与以前的重点高中相比，示范校的数量虽然只有44所，与北京市原有的市区级重点校72所还有数量上的差距。但是，由于示范校的规模大、质量高、条件好、有特色，为学生提供了更多的优质学位。能进入优质高中学习的学生已经不再是"凤毛麟角"，优质高中正在朝着普及化的方向发展。①

总之，学校品牌的价值是一个集国家、学校组织和教育直接消费者利益于一体的价值链体系（见图3-2）。

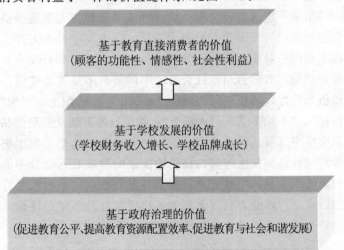

图3-2　学校品牌的价值体系

①　向秀清．从重点中学到示范高中——也谈高中教育均衡化、优质化发展[J]．中国科技信息，2005(15)：206－208页

（二）学校品牌价值来源

学校品牌的属性源于教育服务产品属性，学校品牌的承诺借助教育服务产品的性能、功能和价值来兑现，教育教学质量是学校教育服务产品的生命，它影响着学校品牌的竞争力。学校品牌的增值能力，决定于学校品牌经营各环节的联动和品牌经营学校的各职能部门的协调与整合。

1. 学校品牌价值来源于教育服务的生产者和经营者的劳动创造

在我国，教育部门的劳动一直沿用非商品经营方式，教师劳动产品——教育服务，在"生产"过程中不计成本，不讲效益，"生产"结束不进入市场交换，而且形式上表现为无偿地提供给社会各个部门，而不管它们是否需要，或者需求是否对路。这实际上是用一种超市场的不等价交换代替市场的等价交换。其结果必然是：教师劳动在社会劳动中的价格不是按其使用价值的价值来确定，而是以"长官意志"来确定，在分配上表现为"脑体倒挂"、"平均主义"、"大锅饭"；否定教师劳动及劳动产品在商品交换中具有的等价关系，把教师劳动和劳动产品的工资收入看成纯粹是物质生产部门提供给国家的财政收入总数中的一个财政开支项目；把教育部门看成是消费部门，不进行教育成本的回收，劳动能力只以无偿形式提供给社会各部门使用。这是学校生产效率低和效益差的深层次原因。

其实教育提供的非实物劳动成果也是一种产品——服务产品，这种产品具有非实物使用价值。只要它是为交换而生产的就是商品，也就具有使用价值和价值二重性。其价值是教育服务产品的生产者（教师）和经营者（校长和管理人员）的劳动力耗费的单纯凝结，是教育工作者劳动创造的，并非是从任何别的领域转移或再分配过来的。通过教师给学校提供高质量的教育教学，满足了学生的成长需要和国家培养高素质人才的需要；

通过学校管理人员精心设计学校的形象、广大教职工有效传播学校形象，满足了学校的情感需要，获得了消费者的忠诚；通过学校数代人对学校文化的创造、积累和传播，发挥了学校在促进整个社会的精神文明建设和和谐社会发展中的重要作用。

2. 学校品牌增值是品牌经营各环节联动的动态过程

学校品牌增值须借助品牌经营活动来实现。而学校品牌经营是一个过程，是品牌经营各项活动协同、联动直至使品牌增值的过程。首先要在学校品牌定位的基础上进行品牌设计；其次，在品牌定位后为实现品牌增值进行品牌经营活动，诸如学校品牌产品开发、学校品牌传播、学校品牌组合、学校品牌管理等，而且还需要前后环节协同、联动。每一项品牌经营活动都是立足不同的侧面，着眼于不同的直接目的，单一的品牌经营活动都具有一定的片面性。可以说，任何一项学校品牌经营活动(如品牌设计、品牌传播等)的单一运作都不可能打造出卓越品牌。然而，无论哪一项品牌经营活动都有助于品牌增值。当然，受市场需求以及影响需求的因素不断变化的制约，受学校努力程度不够或品牌经营策略不得当等主观原因的影响，学校的品牌经营效果常常不尽如人意，评估学校品牌经营效果、调整学校品牌经营策略是品牌增值过程中不可或缺的重要内容。学校品牌增值不可能一蹴而就，一劳永逸，而是动态的没有终点的过程。

3. 学校品牌增值是学校各部门有机协调和全体人员通力协作过程

品牌是学校间争夺市场的焦点、制高点，所以，学校品牌经营规定着学校的所有教育教学活动、管理活动的发展方向，即品牌是学校发展的灵魂。学校欲实现品牌增值的发展目标，要完成品牌经营过程各环节联动的使命，仅靠一个校长、几个部门或几个名牌教师是不可能如愿以偿的，它需要学校各部门的有机协调和全体人员的通力协作。如成立专门的品牌开发组织，对学校品牌进行协调和统一管理。每一个教师既是教育服务的生产者，也是学校教育服务产品的开发者、学校形象的代表者和维护者。

（三）基于教育消费者的学校品牌价值评估

用财务观点来定义学校品牌价值为学校品牌管理者提供了一个总体绩效指标。但是这种观点也存在不足之处：①容易将学校的经济利益放在中心地位，很可能导致学校为了追求短期利益最大化而牺牲的学校社会利益和长期利益；②财务方法的定义只是对学校无形资产的总体评价，没有明确学校品牌资产的构成及其内部运行机制，对于学校品牌管理没有任何实际帮助；③财务评估把品牌价值看作是一种货币财富并可以分割的，忽视了学校品牌作为一种社会资本的价值和学校品牌的精神价值。其他三种观点都是站在不同的立场上，都很有价值。但从目前学校主动发展的角度来看，作者认为基于学校品牌成长和基于教育消费者的学校品牌价值观可以作为评价学校品牌价值的基础。国家发展学校品牌的价值体现在学校品牌的顾客价值和学校价值之中。

学校品牌的核心价值是学校品牌的顾客价值，是品牌价值的主体部分，它使教育消费者准确、清晰地记住并识别品牌的利益点与个性，进而产生美好联想，培养忠诚感。学校品牌的核心价值包括：功能性价值，即学生在消费教育服务产品时获得的或教育消费者期望获得的实际利益，包括知识的获得、道德、能力、个性的发展；情感性价值，即学生在学校教育服务过程用中的情感满足；社会性价值，即通过消费教育服务，表达了教育消费者（学生）的个人价值观、财富、学识、个性、社会地位、审美品位（见图 3-3）。

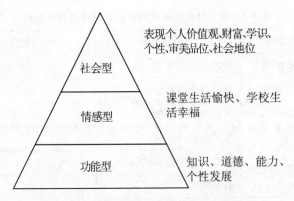

图 3-3　学校品牌顾客价值的金字塔模型

满足教育消费者功能性价值，就要学校提供的教育服务产品的类型多样而合理、教育服务产品的功能多样，符合学生全面发展和个性发展的需要，表现在科学地设置学校课程，教育教学服务态度受学生喜欢、服务能力强、服务水平高，给学生提供优质的教育教学服务，这是实现学校品牌价值的根本，也是实现情感型价值和社会性价值的基础。衡量功能性价值的指标有：特色的课程体系、优质的课堂教学、优秀的教师队伍、先进的教学设施、人性化的学校管理制度、高升学率。

满足教育消费者的情感价值，就要求学校教育服务的物质环境、文化环境和人际环境符合学生的心理特点，表现为学校、教育服务者的形象优美，师生关系融洽，教育教学活动有吸引力。衡量的具体指标有：独特的学校形象、融洽的师生关系、感人的教育教学活动。

满足教育消费者的社会价值，就要求学校形象具有个性、学校文化有特色并广为传播，表现为学校有较高的文化品位、较好的社会声誉、较高的知名度。具体指标有高知名度、高美誉度、高忠诚度、高学校文化影响力。

根据以上因素分析，借鉴人们对名牌学校已有的认识经验，设计出如下指标体系（见表 3-4）。

表 3-4　基于教育消费者的学校品牌价值评估指标

一级指标	二级指标	权重
功能性价值	特色的课程体系	
	优质的课堂教学	
	优秀的教师队伍	
	先进的教学设施	
	人性化的学校管理制度	
	高升学率	
情感性价值	独特学校形象	
	融洽师生关系	
	感人的教育教学活动	
社会性价值	高知名度	
	高美誉度	
	高忠诚度	
	高学校文化影响力	

　　实际上，基于教育消费者的学校品牌价值评价，这是一种主观评价，可能还有更多的指标，每项指标的权重大小也因评价者的价值标准而异。这里只是做了初步研究。根据需要层次学说，教育消费者的需要呈现从低到高的特征，即由功能性价值需要，逐步上升到情感性价值需要，到社会性价值需要。因此，初创品牌应特别注重功能性价值的创造；在学校品牌成长时期，要突出学生的情感性价值需要，在学校品牌成熟期，除了前两者以外，还要满足教育消费者社会性价值需要，但这也不是绝对的。

四、学校品牌经营模式

学校品牌是一种可以经营的重要的无形资产。学校品牌经营是微观领域的教育经营。实现学校品牌战略的有效之道，就是建立学校品牌经营模式。

(一)学校品牌经营模式含义

学校品牌经营模式是一个整体的系统，从学校品牌定位到策略制订、学校教育服务生产方式选择，到学校营销策略的实施，是一个联系紧密，层层相扣的系统。其中，学校品牌定位是基础，策略制订是方向，教育服务生产方式是保证，市场营销组合是手段，这四个方面共同构成了学校品牌经营的整体系统。学校品牌经营模式是指将学校精心提炼品牌的要素，并将它与市场要素和品牌管理要素融入学校品牌的运行之中，使学校品牌内涵更加饱满、丰富而有活力，以此创造学校品牌竞争的优势。

(二)影响学校品牌经营的因素

我们认为，学校知名度的因素也是影响学校品牌经营的因素，但这些因素不一定都是核心要素，只有在品牌的旗帜下，这些因素的内涵才赋予了品牌的意义，这些因素才成为学校品牌经营的必要组成部分。同时，影响学校品牌经营的因素也不等于学校品牌要素。学校品牌要素是学校品牌经营的结果。

我们认为，影响学校品牌经营的因素包括学校教育服务要素、市场要素、学校品牌经营行为要素。教育服务是学校品牌发展的基础，市场因素是学校品牌发展的核心，学校品牌经营的实践操作是关键。三者的关系如图 3-4。因素的具体分析如下：

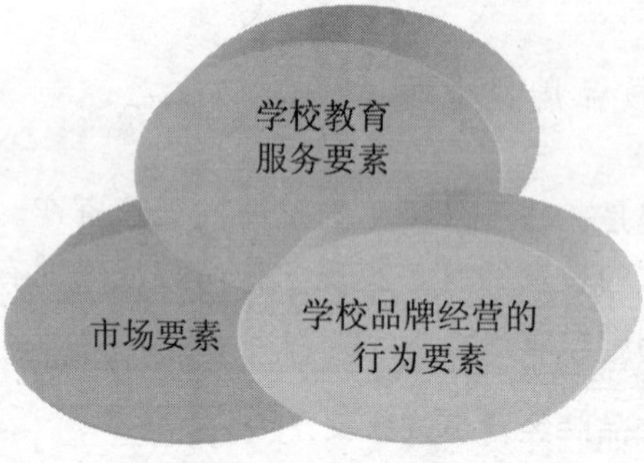

图 3-4 影响学校品牌经营的因素关系示意图

1. 影响学校品牌经营的本体要素——学校教育服务

学校品牌与其他品牌一样，产品的质量是根本。学校品牌的产品就是教育服务。教育服务是一种高接触的服务，教育服务作为一种产品具有整体性，由一系列服务因素构成。包括课程教学服务、环境服务、管理服务、后勤服务、心理服务。其中核心服务是课程教学服务。提高课程教学服务的质量和水平是学校品牌经营的基础。这个过程也就是教育服务的生产过程。由于教育服务的生产和消费具有同时性，教育服务的生产过程也就是教育服务价值传播的过程。

学校品牌发展的本体要素，表现为学校教育服务产品类型、产品品质、服务条件和环境。

（1）课程创新：学校品牌经营的产品类型创新

这是由基础教育阶段学校的性质和青少年成长的内在需要决定的。由于基础教育服务产品的公共性较强，中小学的课程类型具有规范的性质，但随着基础教育改革的深入，除国家课程外、地方课程、校本课程也占到一定的比例。国家课程一般提供公共知识，反映国家对中小学教育的普遍要求。地方课程和校本课程，既可以是国家课程的深化，但也可以是知识的地方化和个性化，更好地满足中小学生个性发展的需要。因此地方课程和校本课程多样化和结构的优化，将成为学校自主创新品牌的突破口。特色的课程或活动容易形成学校的特色文化，成为学校的竞争优势。

(2)教育教学服务创新：学校品牌经营的产品品质提升

教育教学服务的创新就是教育服务产品的品质和功能提升。在中小学课程类型基本相同的情况下，学校的比较优势就是提供高质量的课程服务，让学生的学科成绩、竞赛成绩超过其他的学校，让学生和家长感到满意。这就要求学校在整体提高教师素质的同时，要求教师树立为学生终身发展和个性发展服务的思想，改变服务态度，改进教育教学方法和技术，提高教育服务能力。如果一个学校能够集中精力，在产品的开发上不断推出新课程和新教育教学方法，它就可能成为教育市场上的领导者，就有能力向顾客承诺。创新将大幅度提升学校品牌价值和增强学校自身生命力。

同时，由于学校因素对学生发展的影响的不可分性、教育服务产品的整体性，即学校教育教学、后勤、管理等部门整体地给学生提供服务，学校课程教育教学服务的质量也受其他服务因素的影响，或者说，学校的教育教学服务的水平与校园环境服务、后勤服务、管理服务、心理服务密切相关。因此，学校的品牌建设必须将所有服务因素整合起来，通过优美校园环境服务、优质后勤服务、人本、高效的管理服务和专业的心理健康服务，给学生提供超值的享受，满足学生整体发展和主动发展的需要。学校品牌的产品品质，是学校向教育消费者承诺并赢得好感的必要条件，与课程服务相关的其他优质服务是学校向教育消费者承诺并赢得好感的充分条件。有了这一充分条件，会使学生在一种安全、轻松、愉快的氛围中进行教育服务消费，并无后顾之忧。因此，学校的相关服务是学校品牌在学校与顾客之间建立信任关系的纽带。

(3)社会服务的创新：学校品牌经营的产品延伸

品牌学校与一般学校的重要区别之一就是，学校品牌不仅极大地满足直接消费者的需要，而且充分发挥了它的社会服务功能，如对学生的人生辅导、对家长的教育、对社区的文化辐射和咨询服务，对薄弱学校的示范、带动、支援作用，对其他优质学校的优势互补作用，对学校发展的理论创新和经验推广作用等。加强对学校社会服务功能，这是学校品牌的延伸性基础，也是终身教育社会的迫切要求。

2. 影响学校品牌经营的核心要素——市场约束

学校品牌是市场竞争的结果。学校参与教育市场竞争，找到自己发展的市场空间，必须要建立起符合教育目标市场要求的价值链，建立起教育消费者对品牌的信任，并使教育消费者对学校品牌产生一种亲和力。因此，学校品牌经营的市场要素主要包含有：价值理念、信誉度和亲和力。这是学校参与教育市场竞争并进行品牌经营的核心，也是从市场需求的角度对学校品牌给予的约束。

（1）核心价值观：学校品牌经营的认知维度

学校品牌经营是一种基于教育消费者价值的经营。学校品牌的价值理念就是在教育市场竞争中，具有教育服务竞争优势的学校，依据市场需求而向目标顾客承诺并能够给顾客带来利益和效用的一系列价值，它包括优质的教育服务，多样化课程体系，合理的收费，良好的学校形象和优美的校园环境等一系列内涵，由此建立起教育消费者对学校品牌的信任，并对学校产生吸引力和文化影响力，形成学校的品牌价值。教育消费者价值是学校品牌核心价值。

学校的特征决定于学校生存的核心价值，学校与市场的交流取决于学校的核心价值。"没有一套清晰的核心价值，你的品牌构建的基础就岌岌可危，你也就很难以令人信服的方式于公司内部或外部人员进行品牌沟通。"①"一个公司长盛不衰的关键在于它能确定一些不依赖于当前环境、竞争条件或管理时尚的核心价值。"②无论是一个国家、还是一个城市、一个组织，要想成为品牌，都必须具有自己的核心价值。如美国具有"自由"、"平等"的核心价值，迪斯尼公司具有崇尚想象力和重视心理健康的核心价值，美国西点军校的核心价值是"荣誉、勇气和献身"，闸北八中的核心价值是"成功"。因此，为了使品牌的价值链得以更好地实现，学校首先要提炼自身品牌的核心价值，并通过一定的形式表达出来，让教育消费者充分感受到这种品牌的有用性、有效性、无限的遐想性以及可追求性。学校品牌核心价值通过内涵和外延来体现，教育消费者通过对学校品牌的内涵的理解和外延的把握来认识学校品牌的核心价值。

首先，一个好的学校理念能激发教育消费者对学校品牌的热情。这种理念基于学校品牌核心价值的内涵与外延。如"让中等生超常发展"的核心价值是让成绩中下等的学生获得最好发展的价值承诺，"让每个学生获得成功"则包含"积极体验、自信、成就"的价值观。当我们仔细分析这些学校品牌的核心价值时不难发现，他们均是站在学生的角度对品牌核心价值进行剖析，其中包含着学生选择学校的期望和在学校生活中的真实体验。

其次，教育消费者的参与和体验有利于学校品牌认知。学校品牌核心价值的内涵体现在学校品牌功能价值和情感价值两个方面。功能价值是通过可感知的学校教育服务的品质、性能、功效得以印证的，它通过学生对学校教育服务的满意度和学生的升学以及对终身发展的影响得以体现。这种功能价值带给学

---

① ［美］迈克·莫泽. 品牌路线图——打造具有凝聚力的品牌之五步曲. 于洪彦，赵小春译. 北京：商务印书馆，2005. 12 页

② James C. Collins and Jerry I. Porras, *Built to Last*. New York：Harper-Business, 1977. p. 223

生的是一种实用利益。情感价值是学校文化的一种移位。当一个学校确立的学校文化在自身的品牌内涵中得以体现时，就会形成一种文化氛围，这自然会给学生带来一种情感上的震荡，形成学校品牌情感价值。这种情感价值通过学校历史沿革、风貌特征、感知价值、文化表现、教育教学过程体验等内涵得以展示。她带给学生的是个人享受和精神利益；通过情感价值和功能价值的实现，学生会对品牌产生一种满足感和信赖感，从而认同并接纳该品牌。

再次，学校品牌的核心价值信息能传播扩大学校的知名度和美誉度。学校品牌核心价值的外延是学校品牌核心价值的扩展部分，反映了学校品牌内在价值的影响力和文化渗透力。它可以通过学校宣传手册、品牌广告、新闻报道、品牌促销和品牌公关等手段有效地提升品牌的核心价值得以实现。传播内容为校训、校歌、校徽、校旗、学校人物、学校故事、学校节日等。

(2)市场信誉度：学校品牌经营的伦理维度

信誉度是学校品牌形象的基础。学校品牌运行的信誉程度是在学校品牌价值链的基础上发展起来的一种标准。这种标准依赖于学校品牌所有者的行为指标和社会指标，最终以社会公众对品牌的信任程度和对品牌的倾向性与接纳的可能性得以表现。行为指标是通过学校的工作行为得以表现的，如学校的办事效率、服务水准和热心与细心程度、教育服务能力、管理水平、承诺兑现率等等。社会指标是通过学校对社会的贡献大小得以表现的，如毕业生的数量和质量、社会型公共关系活动等等。社会型公共关系活动是通过学校参与社会公益、社会福利活动，解决社会公害、社会灾难问题，丰富社区生活等项工作而给予的支持或赞助得以实现的。

(3)顾客亲和力：学校品牌经营的心理维度

学校品牌运行的亲和力是教育消费者对品牌所愿意接近的

程度。这种接近的程度表现为：第一，教育消费者对学校品牌的接近速率。它是通过学校品牌人际传播（相关群体的作用）、广告传播、公关传播、网络传播的速度和频率得以表现的。如果教育消费者能从多种途径，通过多种方式接近和接触到学校品牌的信息，他们就会知晓、认同该品牌。这是教育消费者接纳学校品牌的前提。因此，在学校品牌建立时，应让学校品牌的信息接近顾客，并唤起了他们对学校关注；在学校品牌的市场营销中，应继续加强品牌信息的传播，赢得顾客对学校品牌的认同与接纳。第二，教育消费者对学校品牌本身的接近距离和亲身感知。它通过学校品牌营销和品牌公关得以实现，如多渠道进行学校品牌传播，让家长来学校参观，让学生及其家长对学校教育服务的改进提出合理化建议等。第三，教育消费者对品牌亲和关系的建立。它通过学校与教育消费者之间关系的巩固与发展得以实现。由于教育消费者需求的动态变化和取得信息的机会不断增加，为他们提供个性化和多元化服务已经成为唯一途径。学校建立与教育消费者的亲和关系，不仅表现为学校与教育消费者保持良好的公共关系，更要求学校为目标顾客提供所需的服务，帮助解决学生发展中的问题，建立良好的师生关系，使学生成为学校品牌的忠诚者。

3. 影响学校品牌经营的管理约束——行为要素

学校品牌经营，要求学校在运用品牌的理念和思维对学校品牌的成长过程进行全方位指导和控制。包括进行学校品牌策划，科学进行品牌定位，制订学校品牌的经营计划，赋予学校品牌丰富的文化内涵，提出学校品牌的支撑框架，建立学校品牌的有效传播途径和推广方式，确立围绕学校品牌开展公关活动的准则与思想，进行学校品牌的培育、保护及扩张。这是一所学校对品牌进行全方位市场营销整合的战略思路。在学校品牌进入教育市场经营中，主要考察学校的行为速率、渠道展示和主动沟通。这三个方面是学校品牌营销整合中的核心性问题。

（1）管理行为速率：学校品牌经营的效率约束

学校在品牌管理运行中的行为速率是指学校在品牌市场营销中各项工作及行为的经营及各种问题的解决带给市场和顾客的速度与效率。可以用市场及顾客的满意度来进行衡量。在考察学校行为速率时，按学校运作品牌的行为速率排序主要有：产品开发、技术开发、市场开发、信息传输、问题处理等工作。产品开发的速率，就是新课程的建设速度和效率；技术开发的速率就是教师教育教学技能提高的速度和效率；市场开发速率就是学校新课程开设、教育教学质量提高后被公众知晓的速度和结果。信息传输速率是指学校广告传播、公关活动的开展等各项品牌促销工作的速度与效率。问题处理速率是指学校在发生问题时，制订解决问题方案和实际处理问题的速度与效率。

（2）品牌营销渠道：学校品牌经营的技术约束

学校在品牌管理运行中的营销渠道是指学校展示自己的品牌产品和形象，以传输学校的有效信息，使其品牌更接近顾客，更方便顾客的选择与进入学校的方法和手段。如学校人员营销、广告营销、公关营销、网络营销等。

（3）主动沟通行为：学校品牌经营的公关约束

学校在品牌管理运行中的主动沟通是指学校通过公共关系活动的开展，建立良好的品牌形象，赢得社会公众对品牌的信赖而形成的学校公关氛围。良好的公关氛围是学校培育品牌，扩展品牌所必不可少的重要条件。除了前文所述学校与家长、学生之间的关系外，还包括校长与教师的关系、学校与政府、媒介、社区、社团等公众关系。

学校公共关系活动的开展，对于学校品牌市场的扩大具有双重功效，一方面它可以为学校品牌的营销运作提供可行的服务方案，如策划公关活动，实施公关计划，传播品牌信息。因此，学校的公共关系活动是学校品牌营销的服务者。另一方面，公共关系活动有助于学校品牌知名度的扩大和品牌信誉度的提高，进而巩固和加强其品牌的市场地位，树立学校品牌的良好形象。因此，学校的公共关系活动又是学校品牌走向国内、国际市场的奠基者和推动者。在学校国际品牌的市场运行中，公共关系可以为学校铺平进军国际市场的道路，如开展宣传型的公共关系活动，可以引起媒体的高度重视并给予正面传播；开展征询性的公共关系活动，可以根据社会公众的意愿调整品牌运行方案；开展社会型的公共关系活动，可以为学校品牌树立良好的形象；开展维系型的公共关系活动，可以稳定学校与目标公众乃至目标市场的关系等等。在学校遇到危机事件时，公共关系工作还可以帮助学校解决问题、处理危机，使学校转危为安。一个学校的发展，必须要不断地创造条件，赢得环境的支持，争取社会公众的信任，才能使学校的品牌经营工作沿着理想的轨迹前进。因此，依据公关手段，创造学校和谐的内外环境，是学校品牌走向市场的必选之路。

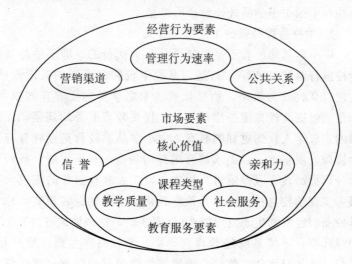

图 3-5 学校品牌经营因素及其关系模式

（三）学校品牌经营生态模式建构

学校品牌经营就是要在学校正确确立其经营理念的前提下，选择科学的品牌经营模式，去参与市场竞争。显然，由于学校的客观实际、经营理念、方针和经营目标各异，其品牌经营的模式也就有所不同。从 20 世纪 80 年代至今，经济学对品牌及品牌资产的关注与研究经历了 20 多年，在总结经验教训的基础上，理论界与咨询机构构建了一系列的模式（模型），如 3C 模式、战略计划模式、7F 模式等。虽然，从经营战略的角度来看这些模式对于指导企业品牌资产经营实践活动的作用还是显而易见的，对学校品牌经营也具有一定的启发价值，但还不是非常成熟，并不适合于学校。考虑到学校品牌经营目的的非营利性、学校品牌产品的整体性、学校品牌经营环境的复杂性、学校品牌建立的长期性，我们尝试提出学校品牌经营的生态模式，以期对中国中小学品牌建设有所裨益。

1. 学校品牌经营的生态模式含义

中小学品牌经营不是以牺牲公平为代价的，即不是与其他学校进行对抗性竞争，而是与其他学校和而不同的共同发展；不是以高收费为策略，牺牲低收入家庭享受优质教育的权利，而是通过提高教育服务质量、扩大优质教育服务的规模，让更多的未成年人收到更好的教育。中小学品牌经营是在教育与社会协调发展基础上，追求教育内部的均衡、和谐发展。我们把这种以提高教育服务质量为根本，以扩大教育服务的规模为手段，实现学校与社会、与其他学校协调发展的经营模式，称为学校品牌经营的生态发展模式（见图 3-6），这一模式分为五个阶段或环节：学校品牌经营理念确立、学校品牌生态环境分析、学校品牌状况评估、学校品牌发展战略规划和学校品牌增值方案的构建与实施。

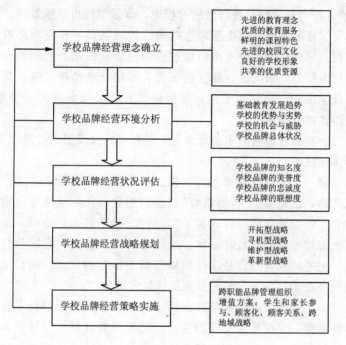

图 3-6　学校品牌经营生态模式

构造学校品牌经营的生态发展模式的意义在于系统总结现有的学校品牌经营模式，增强我国学校品牌经营的连续性与可控制性以及学校品牌资产管理的流程性与可操作性，通过理解学校与顾客之间传递价值的过程来分析如何通过增加为顾客提供的价值，避免现存的学校品牌经营的不足，真正提升学校品牌经营的绩效。

2. 学校品牌经营生态模式的基本阶段

(1)学校品牌经营生态理念确立

学校品牌经营的生态理念就是将学校品牌看成是一个自组织的生态组织系统，在塑造品牌的过程中，以生态学原理为基础，优化学校系统结构以提高组织运作和资源利用效率，建立与利益相关者群体建立一种和谐共生的关系以改善品牌"生态空间"，在实现学校品牌增值的过程中，促进学校可持续发展。

学校品牌经营的生态理念的确立过程就是学校经营决策的过程。学校经营是一连串决策过程所组合而成的，包括如何使学校为师生、家长提供最佳的服务，如何让老师提供最有效能的教学活动，使学生受益；如何使学校建立良好的公共关系，获得各种资源协助。

学校品牌经营的生态理念是对学校可持续发展的战略思考，具体包括：

第一，先进教育理念的引领。任何品牌都是先进理念指导的产物，正是有了"情境教育"理念的指导，江苏南通师范附小才有了情境教育的品牌，有了"合格加特长"理念的指导，才有了上海建平中学的教育品牌。学校品牌的灵魂是先进的教育理念。先进的教育理念是学校品牌经营者观念的创新。现代学校的使命在于让每一个学生得到最佳的发展。

第二，优质教育服务的保证。没有质量的保证也就不存在学校品牌。学校要视质量为生命，把提高教育教学质量作为打造学校品牌的出发点和归宿。这种质量不是通过传统的考试成绩评价标准来衡量的，评价的标准首先是家长和学生的满意，社会的认同，其次是这种质量经得起实践的考验，即学生具有可持续发展的潜力。

第三，鲜明课程特色的铸就。特色品牌是学校可持续发展的加速器和提升竞争能力的重要途径。学校品牌特色主要体现在课程特色上，不仅体现在课程产品与众不同，而且体现在课程品质超群。品牌学校必须在拥有较高质量和较高升学率的基础上，以更宽阔的视野和更豁达的气魄去发现、包容和造就有特长的学生和有风格的教师，从而打造学校鲜明的办学特色。

第四，先进校园文化的凝聚。校园文化是学校存在方式的总和，包括学校的制度文化、环境文化、教师文化、学生文化、课程文化等方面。校园文化的实质是一种价值观念和精神境界。

学校文化的精神追求形成一所学校与另一所学校的品质差异；它是名校与普通学校的分水岭。提炼文化特色，形成学校的文化品牌是学校品牌经营的核心任务。

第五，良好学校形象的支撑。在市场经济条件下，学校应运用教育策划手段，打造形象的丰满度，从而以良好的学校形象成就校内外广泛的品牌认同。

第六，优质教育资源的共享。对内部来说，学校品牌经营，不仅要合理配置资源，而且需要资源共享，教师之间要善于合作与沟通，学校成为真正的学习型组织；对外部而言，品牌学校与其他品牌学校也是资源共享的关系，学校之间的竞争是建立在平等的基础上的优势的竞争，而不是相互拆台。这种资源共享不仅是一种新的理念，而且需要一定的技术基础，即互联网的充分利用，学校网络平台的建立和网络的科学管理。

(2)学校品牌生态环境分析

学校品牌生态环境是指与特定学校品牌相关的各种利益主体之间的错综复杂的关系系统。与学校品牌利益相关者主要有：金融方面(政府、投资、捐资者等)、学校内部(教职工、分校等)、消费者(现有消费者、潜在消费者、竞争品牌消费者等)、决策影响者(教育行政部门及其决策者、教育研究者、学校自治组织等)、策略伙伴(新闻记者、合作学校、大学等)。学校可以根据品牌的定位、设计、形象、扩张、资产、传播、增值、运行等维度与学校品牌利益者的关系，来确定这些利益相关者的重要程度，通过分析找出品牌最重要的受众。当然，学校品牌的生态环境的发展性决定了各主体的相对重要性会随着时代的变化而变化，学校必须对环境进行监控并作出反应。

学校品牌状况评估的基本方法就是 SWOT 分析，具体指学校优势(Strength)、劣势(Weakness)、机会(Opportunity)和威胁(Threats)。这种分析方法实际上是对学校内外部条件方面进行综合和概括。其中，优劣势分析主要是着眼于学校与竞争对手的比较，而机会和威胁分析主要将注意力放在外部环境的变化及对学校的可能影响上。但是，外部环境的同一变化给具有不同资源和能力的学校带来的机会与威胁可能完全不同，因此，两者之间又有紧密的联系。

优势与劣势分析（SW）。当两个学校处在同一市场或者说它们都有能力向同一顾客群体提供产品和服务时，一个有更高的效益的学校比其他学校更具有竞争优势。学校竞争优势可以指消费者眼中一个学校或它的产品中有别于其竞争对手的任何有优越性的东西，学校的课程设置、学校的教育教学质量、学校的形象、学校的历史、学校的文化、教师的教育态度、学校的管理效率等。由于学校是一个整体，并且竞争优势来源广泛，所以，学校不仅要具有比较优势，还要具有综合竞争优势。学校在维持竞争优势的过程中，必须认识自身的资源和能力，采取适当的措施。因为一个学校一旦在某一方面具有竞争优势，势必会引起竞争对手的注意。一般来说，学校经过一段时期的努力建立起某种竞争优势；然后就会处于维持这种竞争优势的态势，竞争对手逐渐做出反应；最后，如果竞争对手直接挑战学校的优势所在，或采取其他更为有力的策略，就会使这种优势受到削弱。

机会与威胁分析（OT）。随着经济、社会、科技等方面的迅速发展，特别是世界经济全球化、一体化过程的加快，全球信息网络的建立和消费需求的多样化，使学校所处的环境更为开放和动荡。这种变化几乎对所有的学校都产生了深刻的影响。正因为如此环境分析成为一种日益重要的学校职能。环境发展趋势分为两大类：一类表示环境威胁；另一类表示环境机会。环境威胁指的是环境中一种不利的发展趋势所形成的挑战，如果不采取果断的战略行为，这种不利趋势将导致学校的竞争地位受到削弱。环境机会则是对学校行为富有吸引力的领域，在这一领域中，该学校将拥有竞争优势。

例如：A校地处上海市浦西某区，是直属教育部的上海市重点中学。在40多年的办学历程中逐渐形成了"追求卓越，勇争第一"的校园文化精神。该校拥有一支高效精干、在国内领先的师资队伍和优质充足的生源。其学生曾多次在国际奥林匹克竞赛中获奖，是名副其实的"金牌学校"（优势）。随着竞争的加剧和大众对优质教育资源需求的旺盛，A校在日渐拥挤的市区再也无法得到发展（劣势）。为了使A校成为在国际与国内中等教育皆有重要影响一流学校，并带动周边学校发展、辐射教改成果，成为全国示范性学校，教育主管部门决定将A校迁往浦东新区（机会）。该校园占地面积约为70亩，面积狭小；规划用地面积50亩；新区政府投资1.5亿元建设该项目，新校园将建成一所高标准、现代化的寄宿制学校（潜在优势）；学校经费来源将发生变化，由教育部包揽全部办学经费转为多方筹措（潜在劣势）；招生政策也随之向新区倾斜；同时，由于在新区已经有几所同A校实力相当的中学，对优质生源的争斗将不可避免（威胁）。

表 3-5　A 校的 SWOT 分析

	优势（S）	劣势（W）
内部条件	学校文化优越、教师队伍精干、历史悠久	规模受到限制经费自筹
	机会（O）	威胁（T）
外部条件	学校搬迁招生政策倾斜	优质生源争夺新的经营和管理模式

学校品牌的生态环境分析是为了在学校生存的宏观背景上，确定学校的市场目标和学校品牌的网络关系。学校品牌及其利益相关者构成了生态环境的主体，它们之间的网络关系对学校品牌的管理与发展具有重要作用；关系的协调与沟通成为学校品牌管理的重要内容，网络的维护成为学校品牌竞争的内容之一。未来的学校品牌竞争将走出学校的狭隘领域转移到更宏大

的网络之间，学校品牌的影响力逐步从区域性市场向国内国际性市场转移。

(3)学校品牌状况评估

学校品牌状况评估是在对学校进行品牌经营的有利和不利条件进行综合分析的基础上，评价学校品牌资产的多少。具体的评估方法可以根据需要参见本章中的有关内容。在评估的基础上，对品牌的各种情况与价值进行比较就可以找出学校品牌在社会中所处的位置。这将有助于学校制定正确的战略来管理与发展品牌资产。

(4)选择和规划学校品牌经营战略

根据学校经营的基本理念、学校品牌发展的生态环境、学校已有的品牌资产，可以选择和策划学校品牌经营的基本战略。由于学校品牌是多元化的，经营学校品牌的战略也有差异。根据学校品牌的 SWOT 分析，可以将学校品牌的战略归结为四类（见图 3-7）：

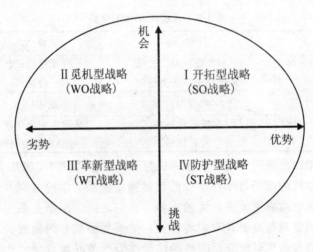

图 3-7 学校品牌经营战略选择图

开拓型战略是学校在竞争优势明显，面临发展的良好机遇时，选择创新手段，延伸学校品牌产品、扩大学校品牌市场的策略。如知名学校采取的扩展新校区、在异地办分校等。

寻机型战略是学校在优势不太明显，但发展好机遇时，选择主动出击，扩大学校优势，以形成学校品牌的战略。如处在新城区建设中的薄弱学校，面对学校体制改革的背景，可以实行转制的公办薄弱学校等，可以采取体制创新、特色建设等战略。

防护型战略是在学校优势正在被对手模仿，学校发展受到社会的政治、经济、文化、政策变化等的制约时，学校采取保持学校竞争优势的战略。如义务教育推行免费制度、区域教育均衡发展的推进、重点学校制度的取消，原有的重点学校的品牌发展受到来自政策调整带来的不利影响，还有来自民办学校的冲击，这些学校要保持原有的声誉，必须采取创新教育服务的战略。对那些有明显的艺术体育特色、学科特色的学校来说，同类学校的不断兴起，也使其生存受到严重威胁，学校如何通过提高服务的附加值来加强这些特色就是学校品牌发展的战略选择。

革新型战略是学校优势不明显、发展受到内部条件和外部环境的制约时，采取全面改革的战略，如品牌输入、学校改制等战略。

(5)学校品牌经营战略实施

学校品牌经营是在系统整合条件下，学校采取有效的经营策略，促进学校品牌资产增值的过程。

第一，组建跨职能品牌管理组织。学校品牌的管理组织是学校品牌经营的保障。学校必须建立合适的品牌管理组织形式，将品牌经营纳入一个系统的框架。一个规范的品牌管理部门应该承担广泛的职能。建议学校设立"学校品牌开发研究中心"，作为学校的常设机构，该中心的主要工作就是负责学校品牌策划与品牌管理。具体来说,这一机构的主要职能有:①规划职能。对学校品牌的结构、发展方向、现状分析、发展策略等方面进行系统的分析和规划,确定策略思想和策略目标,使各项工作都能有条不紊地开展。②执行职能。按照学校品牌的策略规划安排具体的实施工作,负责与相关部门沟通或下发指令,要求完成规定的品牌建设工作,并对实施效果承担责任。③监控职能。负责对学校品牌的发展状况进行跟踪评估,掌握品牌各项指标的具体表现和品牌的总体发展趋势,然后从中发现潜在的问题,及时加以解决,确保品牌的健康成长。④协调职能。学校品牌管理组织要与学校的产品开发部门、质量管理部门、信息部门、财务部门互动,以确保学校品牌经营信息准确和学校品牌创造活动的一致性。⑤研究职能。对学校品牌建设的各项方法进行分析研究,从创新的角度来挖掘品牌建设的机会点,包括品牌思想、品牌结构、品牌定位、品牌概念、品牌个性、品牌表现、品牌实践、品牌价值等。⑥宣传职能。组织负责学校品牌的宣传和推广。

第二,增值方案的选择与实施。从品牌价值的消费者定义来看,品牌价值在于向消费者提供满足其需求的价值。这种价值传递过程强化了消费者对品牌的认同与支持,强化了消费者对品牌的偏好与忠诚,从而能有助于强化品牌的内涵,增加品牌资产。因此,在现实的生产与消费关系中,学校必须不断为消费者提供价值,并比竞争对手提供更符合其需求的附加值。美国教授琼斯总结了关于附加值的讨论,例如有这样一些附加值:来自品牌的经验,由于熟悉、信誉或者特性等因素;来自使用品牌的不同人群;来自信念,认为这个品牌是好的,如化妆品;来自品牌的外观或特殊的包装。有四种途径可以增加提供给顾客的价值,即顾客参与、顾客化、建立关系和跨地区和国际化。这些策略的精神可以体现在学校的附加值增加策略中:

①通过学生和家长参与增加价值。传统观点认为,学校创

造价值战略的基础是设计最佳的课程体系，然后通过优质的教育教学服务把价值传递给学生。创造价值的新观点是参与，让消费者积极参与增加价值的活动，使所增加的价值能够更好地适应他们的需求。学校教育教学过程不仅是传递教育服务价值的过程，也是实现增值的过程。在这个过程中，教育服务的生产者与消费者（协作生产者）一起来共同创造价值。学校品牌管理的战略性任务是制订增值系统的规则，协调这些教育服务直接生产者和协作生产者、间接生产者（管理者）之间的关系。如学校提供给学生更多的课程消息，激发学生的学习兴趣和动机，让家长参与学校和班级的管理，使学校的管理更符合家长的需要。因此，学校必须善于调动学生和家长的积极性，让他们增加更多的体验，为自己创造更多的价值，从而将学校的品牌价值链转变为创造价值系统，增强学校的竞争优势。

②通过定制服务增加价值。学校可以根据每个学生及其家长的个别需要来专门为他们提供教育服务。这种定制服务带来的增值也许并不经济。但是，由于教育市场的细分，少量顾客化的品牌可以满足不同顾客群体的需要。通过或大或小程度的顾客化来增加价值，学校可以为顾客额外利益而付出的高成本与期望得到的回报之间恰当地做出平衡。如有的学校通过办特长班，提高了学校的知名度。定制服务的方法给学生提供可以选择的课程体系、班集体或教师；学校改革教育教学方法以适应学生的特点和需要；学校营造一种富有吸引力的文化氛围，让学生在学校受到潜移默化的影响。

③通过建立关系增加价值。学校要想生存，提高顾客的满意度，就必须努力与顾客建立良好的关系，在所提供的教育服务上增加更多的价值。良好的师生关系、学生与学校的关系、家长与学校的关系，使学生和家长感到学校生活的安全、舒适、愉悦，减少了摩擦，从而降低了学生和家长的成本（时间、精力），学校由此而增值。这种由于关系融洽带来的增值是由于学

校在生产教育服务时提供给学生的附加利而产生的额外价值。

④通过积极推进学校品牌的跨地区战略来增值。随着中国的属地化的户籍管理政策为自由流动的居民政策取代，随着中国经济的持续发展，大众的教育消费能力增强，我国的中小学的就近入学的政策也被打破，学校发展的地域性也被打破。建立在优质教育服务基础上的学校品牌与学校的所在地没有必然的联系。学校品牌的市场由一个地区辐射到周边地区甚至全国，区域性的学校品牌可以发展成为全国品牌，甚至是国际品牌。学校品牌的跨地区经营战略包括学校品牌输出与扩张、学校品牌的延伸等。

（四）学校品牌经营流程

1. 学校品牌定位

学校品牌定位是指学校建立一个与目标市场有关的学校品牌概念、品牌形象、品牌目标的过程和结果，是学校为了区别与其他学校和取得持续发展的动力而为自身确定一个在社会、家长、学生的心中的有利位置。学校品牌定位是教育市场竞争的必然产物。任何一所学校都不可能满足社会对教育的需求，不可能提供家长、学生所需要的各类教育服务，而只能根据自身的具体情况选择具有优势的细分市场。品牌定位是品牌经营的前提，也是学校进占市场（征服目标顾客）、拓展市场（征服更多的潜在顾客）的前提，是品牌传播的客观基础，它规定着品牌传播的方向。学校品牌定位作为教育市场定位的核心，就是帮助学校确定最有吸引力的、可以提供有效服务的目标，向社会实施信息有效传播，让广大家长、学生记住学校，记住学校所传达的核心价值信息。

学校品牌定位包括价值定位、市场定位（目标顾客市场）、产品定位三个方面。（1）学校品牌的价值定位是学校品牌背后的永恒一致性的价值观诉求，不应因社会经济文化的变化而轻易变化。(2)学校品牌的市场定位就是对学校品牌经营的目标顾客市场的选择,学校品牌定位须取得主流消费群体的认同。(3)学校品牌的产品定位就是对学校课程门类和特色、教育教学服务的水平层次的设计。

学校品牌定位是学校品牌经营的基本前提与直接结果。学校品牌定位应注重教育消费者的感受,以真正的优势为基础,凸显竞争优势,根据差异化优势、学生和家长特点、地域文化特点,为学校确定一以贯之的品牌个性。上海北郊学校是基于北郊学校三校合并的九年一贯制公办学校。学校所在区域学生家庭处于社会中上层。虹口教育改革氛围较好,贸易与服务业是虹口区支柱产业,虹口区的文化底蕴决定了教育的开放度和灵动之气;其品牌定义为"幸福温暖、大气活跃、开放自信"。

学校品牌定位是建立在市场调研基础上的STP(即 Segmenting, Targeting, Positioning)过程。(1)市场细分是品牌定位的基本前提。通过市场细分将学校面对的复杂的市场分成若干个具有不同特征的子市场或分市场,进而使学校发现市场机会,使学校设计、塑造自己的独特的品牌个性与形象有了客观依据。(2)目标市场是品牌定位的支点。依据市场细分结果,根据自身的资源、技术条件、管理水平和竞争状况,结合学校的营销目标,选择拟进入的对学校最有优势且最有吸引力的细分市场,这是学校营销活动的重要环节。也可以说,学校的一切市场营销活动都必须围绕目标市场展开。作为学校营销实践中重要活动内容的品牌定位也不能脱离目标市场,即在对品牌整体形象设计时必须考虑最终能使该形象或个性获得目标市场(顾客)的理解与认同,必须与目标市场的需求特征相一致。可以说,品牌定位是寻找品牌形象与目标市场最佳结合的过程。(3)品牌定位是市场定位的核心和集中表现。一旦选定了目标市场,就要设计并塑造自己的品牌形象,以争取目标顾客的认同。市场定位的根本目的就是使品牌的个性与形象在消费者心中留下深刻、可信的印记，并根植在消费者心中，以唤起顾客的购买欲望，拉动顾客需求。

2. 学校品牌设计

学校品牌设计是学校品牌经营的基础和学校品牌定位的具体化。学校品牌设计包括经营理念设计、学校品牌形象设计、学校品牌文化设计。

（1）学校品牌经营理念的设计

学校品牌理念的设计是以教育消费者的需要为基础的。教育消费者的需要可以分为以下三种。第一种是功能性的需要。它被定义为寻找产品的动机是为了解决与消费相关联的机能性问题，如升学、成长等。运用功能性概念指导的学校品牌设计被定义为：设计是用来解决学生功能性的消费需求问题。如"株洲二中——发明家的摇篮"。第二种是体验性的需要。它被定义为需要产品是为了追求感官愉快、体验多样化与认知的新奇刺激。运用体验性概念指导的品牌设计被定义为设计是为了满足这些由内部产生的为了追求刺激、多样化与新奇的需要，如"愉快学习"。第三种是社会性的需要。它被定义为需要产品是为了满足学生由内部产生的自我提高、角色地位、团队成员感或自我形象的需要。运用象征性概念指导的品牌设计被定义为：设计与个人理想的团体、角色或自我形象相联系的品牌。"今天我以学校为荣，明天学校以我为荣"、"做大写的中国人"。

除了上面所述的考虑教育消费者需要外，选择学校品牌概念也要适合教育发展的趋势和国家教育目的要求以及学校的现有条件。

（2）学校品牌形象设计

形象是指一定社会组织及其行为通过传播在公众心目中所确立的综合印象，即公众对一个社会组织的全部看法和总体评价；学校形象，则是学校的表现和特征在社会公众心目中的反映，是社会公众对学校的总体评价。从学校自身分析，学校形象的构成要素包括学校内在的和外显的精神文化。内在因素主要包括学校的教育质量、校风、学风、校园精神、管理水平等，显性的因素则主要包括校园环境、校园文化等。从公众评价的角度分析，学校形象要素包括学校的知名度和美誉度两个方面。知名度指一所学校为公众所知晓、了解的程度，它是衡量学校形象的量的指标；美誉度是学校获得公众信任、赞许的程度，它是衡量学校形象的质的指标。现代学校形象是学校在与现代社会、社会公众、竞争对手进行物质、能量和信息交流中形成的，并且是不断变化和流动发展的。现代学校形象虽是一个抽象概念，但通过各种物质的，社会的、精神的表征作用，形成公众对现代学校的形象感受，便可转化为一种客观存在的，具体的、有价值的东西，转化为现代学校存在与发展的一种外在力量，一种吸引力与竞争力。

良好的学校形象是学校品牌经营的主要内容，它在学校品牌经营中具有重要的作用。它可以得到社会公众的肯定和支持，赢得各社会组织，学生家长以及新闻媒介等部门和个人的理解信赖与好感，提高学校在社会上的地位，提高学校的知名度和美誉度；它有助于校际之间的良好合作，赢得上级教育行政部门的信赖，有利于搞好学校纵向和横向的交往与联合，使学校获得一个较好的外部社会环境与条件；良好的学校形象是无形的财富，也是学校育人事业兴旺发达的坚实基础，能为保留与吸引优秀教师、优秀学生创造一个良好条件，有利于培养包括学校各级管理者在内的全体教职员工的敬业精神，使学校具有优良的教风、学风、班风和管理者工作作风以及融洽的人际关系。

"CIS"（Corporate Identity System 的简称）可译为企业形象战略，或企业识别系统。它起源于美国。20 世纪 50 年代初，美国交通业迅速发展，私人车辆激增，高速公路网密布。聪明的美国人首先注意到，车辆在高速行驶中，驾驶员只能把注意力集中在前方，但对公路边的各种交通标志却一目了然。这些标志有一个共同的特点，没有过多的文字，只有简洁明了的图案。这种"瞬间识别"效应使美国的企业家受到很大的启发，于是在高速公路两旁设立各式各样的广告牌和企业招牌，用简单明了的图形、文字或符号作为识别标志，吸引驾驶员的注意力。这种由标准的字体、图形和色彩绘制的企业标识，获得了良好的宣传效果，受到了美国企业界的普遍重视。由此演变成为一种经营技法，也就是所谓的 CIS 策划。在"二战"后，由于同质产品出现，竞争日趋激烈，"CIS"发展成为企业打造品牌形象的有效策略。

"CIS"包括理念识别系统（Mind Identity System，简称MIS）、行为识别系统（Behavior Identity System，简称BIS）以及视觉识别系统（Visual Identity System，简称VIS）三个系统。理念识别系统是 CIS 的内核和灵魂，是企业精神的原动力，是企业运行和发展的"CPU"，是行为识别系统（BI）和视觉识别系统（VI）的基础和依据。BI 是通过一系列有目的的活动来表达理念，实现企业的使命和目标。VI 是通过一系列独特的色彩、图案以及声像文字来表达理念，使人们对企业能够印象深刻。三者构成了一个密不可分的有机整体。学校品牌，也有其特定的理念、行为和视觉识别系统。CIS 设计可以使学校品牌形象具有鲜明个性化、专有化的特征。学校的学校品牌可以利用 CIS技术和方法，根据学校特有的个性和内涵等形象要素来进行整体设计。

第一，学校理念识别系统的提炼。学校理念识别系统是学校品牌的核心和灵魂，通过办学理念、培养目标、校风、校规等表现，标示着学校的社会定位、办学特色和行为标准。它来源于办学者对教育活动的理性思考、对学校情况的全面诊断和对学校发展的正确定位。上海建平中学根据浦东社会经济发展的特点来规划教育改革，并考虑到 21 世纪对人才素质的要求，将学校的育人目标确立为"合格加特长"，并以此牵动学校全局改革，成为全国的特色名校。上海闸北八中原是一所基础比较差的薄弱学校，他们以"成功教育"为突破口，让每一个学生以成功者的姿态走出校门，为学生一生的发展打下成功的基础。理念识别体系，即学校个性化理念系统。它是 SIS 体系的抽象部分，是深层学校文化，属于学校的精神层面。是学校形象的灵魂部分，它囊括了学校形象发展所需的各种指导思想。具有导向性、渗透性和强化性作用，影响教职员工的思想与行为，形成学校文化底蕴，直接影响学校的精神面貌与发展。

第二，学校行为识别系统的建构。学校行为识别系统是学校品牌理念的外在的动态表现，包括学生的学习、生活和社会行为，教师的教育教学行为，校长和管理者的管理行为、学校的人际关系和学校组织的宣传、经营等行为。学校品牌的行为系统包括：学校章程建立，学校的办学行为规范；学生守则严格，学校人员的职责分明；学校的激励、规范、评价等制度健全；师生、生生、师师、学校领导与教师、学校与家长、校友、社区、政府、企业界、新闻界、同类学校、毕业生去向的学校以及招生对象所在的学校等的关系优化。为此，学校除了开展正常的教育教学和管理活动外，还必须有目的有计划地开展教育改革、教育科研活动，特别是专题型传播活动，如家长会、学校周年庆典活动、社区教育活动、捐赠仪式、运动会、艺术节、学校开放日、学校教育成果展等，主动创造机会，引导舆论，传播学校的良好品牌形象。学校行为识别体系，即学校个性化行为系统。学校行为识别是学校理念识别的动态显现，属于学校文化中的中层文化。学校理念不只是一面旗帜，或是一句响亮的口号，它应该充分渗透到学校全体教职员工及学生的行为中去；而且，社会公众往往把学校行为看成现实的学校理念，他们往往更多地从学校实际行为中分析、判断学校理念，而不是单纯停留在学校自身关于学校理念的表述上。

第三，学校视觉识别系统的设计。学校视觉识别系统是学校形象的可视化内容，主要包括学校名称、校徽、校门、校训、校服、用品(办公、通讯、宣传)规格与标志、学校建筑布局与主体色调、学校建筑和道路名称及式样、学校的文化设施、校园环境等。学校视觉识别系统生动地体现了办学理念、文化特质、行为规范等，静态地表象地展现学校独特的品牌形象。学校视觉识别系统的设计要注意承载理念、体现美感、展现个性。名牌学校一般给人以建筑布局和谐，秩序井然，人际和谐，教育教学活动规范、有特色，学校生活充满生机和活力的视觉印象。在清华大学的校徽上，有毛泽东亲笔题写的校名和英文校名，有"厚德载物，自强不息"的校训，有建校年代"1911"，集悠久历史、办学理念、伟人关怀于一体。见到它，就给人庄重、崇高的感觉。

视觉识别体系，即学校个性化视觉、听觉、嗅觉体系。学校视觉识别系统是指向外界传达的、反映学校理念与行为规范要求的学校全部外在形象的总和，它属于SIS体系的静态部分，是学校文化中的表层文化，属于物质文化层面。包括视觉识别体系、听觉识别体系、嗅觉识别体系，它们共同形成了学校的外在环境识别系统。

学校形象是学校理念识别系统、学校行为识别系统、学校视觉识别系统三大系统的整合。其中，学校理念识别系统是学校形象的核心，对学校形象起决定性作用，没有理念的学校形象，就如同没有大脑的人；学校行为识别系统是学校理念的动态表现，直接反映学校理念的人的行为；学校视觉识别系统是学校形象静态表现，是学校理念在物质环境方面的具体化。

3. 学校品牌制度安排

(1)成立学校品牌管理组织

学校品牌管理组织是管理学校品牌设计、传播、营销的职能机构。一般包括学校品牌开发组织，学校品牌预警小组等。

（2）学校组织再造

学校组织再造是学校品牌的组织保证。由于学校品牌产品的生产和品牌形象的传播、品牌关系的建立主要依靠教师，学校要达成教育目标，一切行政作为都需通过第一线的老师，经由教育教学活动的实施，使学生能实际受惠。为达此目标，行政作为其实就是一连串的授权行为和沟通行为，即校长将某种职权、职责或工作任务指定某位下属担负，使其协助主管从事管理或作业性的工作，将教育服务的生产、教育服务质量的评价的权力交给教师。这种组织是一种扁平的学习型组织。在这种组织中，成员分工明确，责任到位，有利于沟通和资源共享，容易建立组织共识、凝聚组织向心力、并充分了解组织的运作。一旦学校遭遇冲击或临时接受上级任务指派时，能立即动员、实时反应，顺利而有效率地完成上级交付的任务。

（3）建立学校教育服务承诺制度

"承诺"本身是一个法律概念，是指在合同的订立和履行过程中"受约人"向"要约人"作出的对合同完全同意的表示。承诺的内容必须与"要约"的内容一致，并且须在要约有效期限内完成。它既可以是一个组织对与之有密切关系的其他组织之间的契约关系，也可以是组织内部的部门之间或上下级之间的契约关系。服务承诺制是指承诺单位按照各自的职责，把自己应该承办的事情，以及应达到的标准，办事程序、办事时限和承担的责任，向社会公开作出承诺。以社会契约的方式把行业服务的一系列服务环节及其道德要求具体化为有章可循、有章必循、违章必究的办事制度。服务承诺制度主要包括三个方面的内容：一是界定服务承诺的主体资格，一般来说，中央政府和地方政府部门、司法系统、国有事业单位、国有企业尤其是垄断性国有企业必须实行服务。二是规定服务承诺的主要内容，例如制定明确、清晰的服务标准，说明服务的方式，公布服务的信息等。三是规定服务违诺的处理办法。

学校教育服务承诺制正是这种法律意义上的"承诺"的具体运用。学校服务承诺是学校作为教育服务的生产者与学生及其家长作为教育的消费者之间的契约关系。它把作为原则、规范的教师道德要求转变为准确、明白、具有可操作性的服务内容和程序，使教育服务内容细化，标准量化，奖罚措施硬化。具体包括学校对教师的承诺；学校对家长和学生的教育教学质量承诺、学校管理质量承诺、学校环境承诺；教师对学校、家长、学生的承诺等。承诺制度使学校全体教职工进一步明确了自己对学生应该履行的责任和义务，也产生了巨大的工作压力。为了兑现承诺，教育工作者就会自加压力，自我约束，努力提高教育服务水平和能力，加快工作节奏，提高工作效率。那些承诺内容充分，承诺兑现较好的学校，自然会取得学生和家长的信赖和好感，树立良好的形象，从而在激烈的教育竞争中赢得广阔市场，取得较好的办学效益，立于不败之地。

（4）建立学校品牌质量管理制度（质量保证制度）

学校品牌的质量就是教育教学质量，学校应制定学校质量的标准；将家长对学校和教师的评价，学生对教师的评价作为一个重要的质量指标；在加强已有的上级督导制度的基础上，建立教师同行的视导制度（相互听课与评价），教学临床视导制度（有经验的老师或行政人员，走入教室，协助老师发现问题症结，进而共同讨论提出解决方案）；校本教研和评价制度等。

4. 学校品牌形象传播

学校品牌传播就是将学校品牌形象反映于所有传播工具，从教育手段到学校广告、公关活动、公开展示，都是能够有效利用的学校品牌传播工具。将一个完善的学校品牌识别系统作为学校品牌传播资源的平台，通过学校品牌形象的传播，最终才能在社会上建立起学校的品牌形象。学校品牌传播的途径主要有：

（1）广告传播。即利用广播、电视、宣传广告牌、宣传橱窗宣传学校的办学目标、办学理念、课程内容及其特色等内容。

（2）人员传播。利用师生交往、生生交往等形式进行学校品牌传播。在中小学提供服务过程中，教育产品和服务的直接提供者（教师）与接受者（学生）关系是紧密的，并不断发展，这种互动效应使人员宣传在促销组合中起到中枢作用。学校应该意识到教师和学生是学校信息的直接传播者，并从两方面对其宣传加以约束一方面，学校可以对教师的宣传进行控制。通常，教师可以直接介绍学校情况，或在教学活动过程中树立校园文化形象来扩大宣传面、增进社会了解。这包括对在校学生所做的必要宣传及服务产品展示，对其他生源单位及社会团体所做的关于学校服务宗旨和办学特色的宣传。为此，学校应在教育素质要求之外，对教师和有关人员作相应的培训，使之树立学校形象促销的意识，提高宣传沟通的能力，真正成为学校信息的一线传播者，并鼓励他们变被动接受宣传邀请为主动联系，走出校门去自我宣传，或借助各种讲学机会加大宣传力度。另一方面，学生对学校的宣传则属于学校不可控制的因素，但通过对教育产品质量的控制和教师对学生的影响，可以树立学校预期的"口碑"效应。这种"口碑"效应的感染力在无形产品供应行业尤为强大。学生通过紧密参与教育过程，对教育产品会有相对公正的评价，他们既乐于给服务供应者提供意见，也愿意对潜在的购买者介绍经验。因此，学校应努力促成在校生和毕业生对学校进行正面的口头宣传。例如通过加强校园文化建设取得在校生对学校看法的一致性；组织校友会、同学会加强校友之间、学校与历届毕业生之间的联系；定期组织毕业生返校参观、座谈，加深他们对学校的影响和感情等，使学生成为学校对外宣传的窗口和树立形象的工具。

（3）公关传播。对中小学来说，公共关系是一种扩大中小学校社会影响力，树立学校良好的社会形象，增强市场竞争能力的有效手段。面对的主要公众团体包括历届毕业生、在校生、

143

拟招学生及其家庭、各类学术机构及用人单位、新闻媒介、教育当局、各类行政机关等，他们直接或间接地影响中小学的教学行为及发展方向。建立广泛的公共网络，加强与上述各公众团体的联系，是树立中小学形象和获取社会各界支持的必要保障。为此，中小学首先认真调查研究，了解社会公众心目中的中小学应是什么样的形象，学校在社会公众心目中的形象和地位，判断学校行为是否符合社会公众利益，并根据分析结果，调整学校行为，改善学校形象。其次要建立信息管理系统，保持与学生和家长的联络，积极听取他们的意见和建议并促成他们对学校的宣传；同时对社会上取得一定成绩的本校毕业生，积极总结并收录其事迹，以便在招生期间加以宣传，以此吸引目标生源。再次，学校应发挥知识中心的优势，同社会科研机构和用人单位建立紧密联系，积极参与科研立项、企业研发和社会研究工作，使各类机构和企业在与中小学的协作过程中了解中小学，产生认同感，为学生日后顺利就业创造良好外部环境。同时，中小学应加强与新闻界的联系，增加新闻界对中小学经营管理改革的重大事项、取得的各项成绩及经验的了解，以达到通过新闻界向社会进行广泛宣传的目的，利用新闻媒介的可信度获得特殊的宣传效果。最后，中小学还要扩大社会交往，采取积极姿态加强与社会和政府联系，如利用校庆活动，展示学校成就，通过媒体、咨询会、家长会、开放课堂、考察学生活动等多种途径来介绍、描述学校品牌特征与特色所在。扩大中小学校影响。积极组织参加各种大型科技、文化、体育活动，展示学校实力。资助贫困学生，赞助公共事业等，树立良好的社会形象，加强与政府联系，积极寻求包括办学经费、招生、科研立项等方面的支持，为学校发展营造良好的政策环境。

（4）网络传播。现代社会是网络社会，网络是学校与外界联系的主要媒介。因此学校要加强网络建设，让学校的品牌信息在校内迅速传播；同时要建立网站和各种网页，设立校长电子信箱，并由专人负责管理。

5. 学校品牌管理

（1）学校品牌管理任务

学校品牌管理既是对学校品牌资产的内部保护，又是确保学校品牌资产增值的有机运作的组织与协调。学校品牌管理的主要任务是使学校品牌形成自己独有的特征，区别于竞争对手，使消费者容易识别，并培育忠实的消费者，具体包括：监控学校品牌经营状况；设计或参与设计学校品牌；申请学校专利；管理学校品牌档案；管理学校品牌标签的印制、领用与销毁；处理学校品牌纠纷，维护品牌形象；负责学校品牌全员管理教育等。

（2）学校品牌管理过程

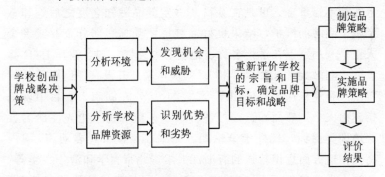

图 3-8　学校品牌管理过程

学校品牌管理过程是在学校进行创品牌决策后，在对学校品牌的战略规划的转型以及品牌运行系统的各环节进行行为规范化和调控的过程。

（3）学校品牌维护

学校品牌的维护是指已拥有的学校品牌的名称的保护、形象的维护及其相关产品质量的保证。名称的保护涉及知识产权问题，形象的维护和相关产品质量的保证涉及学校的教育教学创新和附加产品的质量问题。品牌维护包括自我维护和通过法律、宣传舆论等途径进行保护。

当前，我国正处于社会转型期，学校也随着社会的影响与发展由单一的、封闭的教育机构逐渐转变为面向社会的、服务于教育的社会窗口行业。学校直接面向社会，与社会产生各种关系，由此也给学校带来了诸多前所未有的联系与矛盾，这些矛盾演变或突发地形成了各类事件，在这些事件中也存在着多种法律关系，如何依法加强学校管理，如何防止与减少事件的发生，如何应对突发事件给学校声誉和学校品牌带来的影响，是学校尤其是寄宿制学校，对学生的管理要严格，要有学校危机事件处理的预警方案。

我国名牌学校的品牌保护意识普遍不强，在知名度的推广上往往不惜重金，可是在获得了一定的品牌知名度之后，却常常疏于品牌的维护，结果良好品牌形象受损。部分企业或者个人正是利用这点在学校名称、地址、办公楼、知名教师上打"算盘"，"湘潭大学"的简称"湘大"就被一家与其没有任何联系的饲料生产企业抢注，并使用至今。"湖大"，在湖南人心目中就是指湖南大学，然而，这一习惯称谓不久前却被人抢先注册为教育培训类商标，现处于争论期。此举在该校引起震动。① 国内高校在这方面意识较强的有浙江大学、北京大学和清华大学等。浙江大学花费 44 万元启动知识产权，保护申请注册了包括"浙大"、"浙江大学"等共 41 个类别的商标，涉及教育科研、水果蔬菜、钢筋水泥等类别。

学校品牌的保护除了通过法律注册相关商标、防止被别有用心的组织和个人盗用学校的名称、名义从事不法经营外，还

---

① "湖大"商标险遭抢注　高校品牌亟待保护[N]. 中国教育报，2004－05－24

要不断注意形象的创新。

6. 学校品牌扩张

学校品牌扩张指某一知名学校品牌或具有市场影响力的成功学校利用品牌的影响力进行低成本扩张，将品牌使用到其他学校或其他学校产品中，凭借现有成功学校品牌推出新学校或新产品的过程，迅速扩大教育服务规模，扩大产品的市场占有率，从而使品牌的知名度、忠诚度、美誉度更高。品牌扩张属于品牌兼容性经营，通过品牌繁殖，发挥知名品牌的放大效应。

一个学校的品牌在教育市场上取得成功后，该品牌就会赢得广大家长乃至社会对该学校的信任和好感。学校可以充分利用这些宝贵资源进行扩展，如果策划得当，人们对该学校品牌的原有的信任和好感就会逐步扩展到新学校或新产品中去。学校品牌扩张的实质就是通过学校品牌在其他学校或产品上的运用而提高其他学校或产品的市场影响力，进而使其他学校或产品获得相应的或增值的品牌含金量。

学校品牌扩张包括品牌联手、品牌延伸、品牌输出等策略。例如成都名校棠湖中学抢抓教育市场先机，利用自己的品牌和智力资源，融资两个多亿创办规模宏大的"棠湖中学外语实验学校"，就是采用品牌延伸战略的成功范例。当然，没有一种经营策略可以适用于全部的环境，策略的运用在于领导者与成员能形成良好的共识，当策略转换时大家都共同努力达成组织目标。

第四章　中小学品牌经营实践考察

　　学校可以品牌化吗？学校品牌化的过程与一般的学校管理过程有何区别？这是学校品牌经营实际中需要回答的首要问题。前面两章从理论的角度回答了学校品牌经营是什么和为什么要进行学校品牌经营，本章从现实的角度，继续论证学校品牌经营的实践条件，并总结国内外学校品牌建设的经验，并在此基础上抽象出中小学品牌经营的实践逻辑。

一、学校品牌经营的实践条件

（一）教育市场化环境

1. 教育服务买方市场形成

　　虽然教育市场化的理论还不足以使所有的人信服，但教育服务市场还是客观存在。因为教育服务具有商品属性，所以，围绕教育服务发生的供求双方的交换关系形成了教育服务市场；在教育服务市场中交换双方的主体是学校（作为生产的组织及其生产者的教职员工）和学生及其家长，学校是教育服务产品的生产者和供给者，学生、家长、企业、政府则是教育服务产品的消费者和需求者，学校和学生之间的关系从经济学角度看是围绕教育服务产品所发生的商品交换关系。在义务教育普及后，教育服务的需求从机会的需求转到质量的需求，优质的、特色的、个性化的教育服务供不应求，教育服务的买方市场的形成表现为优质教育服务的需求大于优质教育服务的供给。优质教育始终存在短缺，即使在普及义务教育较早的发达的资本主义国家，也是如此。目前在我国更明显。在国家的基础教育责任下降，对教育的管制放松时，教育消费者和生产者的行为、教育服务生产组织与教育服务生产者的关系发生了逆转，具体表现在：

（1）教育消费者（学生）从"就近入学"到"择校就读"。"就近入学"是在计划经济体制下，政府配置生源的一种模式，没有考虑到教育消费者的意愿。许多家长为了让孩子进入优质学校，不惜重金，在学校附近购置房产，但居民资格的时间限制，也限制了家长的选择。之后，在不少地方，实行"微机派位"的方式解决生源分配时的公平问题，但这种看似公平的方式随着大众对计算机的神秘感的打破而受到了普遍的质疑。"择校就读"成为许多家长的行为方式。私立学校的选择余地大；择校并不只限于私立学校。据调查，1993 年美国 3～12 年级 80％的学生进入指定的公立学校上学，其中 39％的学生就读的学校与居住地的选择有关（家长可通过选择居住地间接择校），3～12 年级学生 11％进入其家长选择的学校上学，3～12 年级 9％的学生进入私立学校学习。41％的家长不受择校的影响。①

（2）教育服务机构（学校）从择优录取到收费上学。1991 年以来，我国教育经费来源出现了一些变化（见表 4-1）。财政性教育支出仍是教育经费的主要来源，但 20 世纪 90 年代后则是一直下降的，而在教育经费总量中，明显增长的是学杂费的比例，从 1990 年的 4.96％增加到 2004 年的 18.06％。社会团体和公民个人办学经费所占比重虽然较小，但增长较快，体现了教育服务成本分担多元化趋势，个人教育投入增加趋势。

---

① 中国驻芝加哥总领事馆教育组. 美国公立、私立中小学的差异[J]. 基础教育参考，2004(10)

表4-1 1990～2004年我国教育经费各来源渠道所占比例变化(％)①

年份	预算内教育经费	教育税费	企业办学校经费	勤工俭学社会服务个人办学	社会团体捐资	社会捐资	学杂费	其他经费
1990	68.97	8.87	6.11	2.49		8.6	4.96	
1992	62.13	10.13	5.59	5.39		8.03	5.07	3.66
1994	59.38	8.92	5.99	4.08	0.72	6.55	9.87	4.49
1996	53.57	10.59	5.11	3.85	1.16	8.33	11.54	5.85
1998	53.09	9.46	4.37	2.00	1.63	4.81	12.54	12.1
2000	54.19	7.38	3.53	1.48	1.23	1.96	15.45	12.78
2001	54.19	7.38	3.53	1.48	2.23	0.96	15.45	0.86
2003	56.83	4.30	1.61	0.98	3.15	2.32	16.84	4.16
2004	55.63	3.94	1.58	0.87	4.17	1.68	18.06	4.38

通过分析，我们似乎可以得出如下结论：从教育投资来源看，我国近10年教育投资渠道逐渐变窄，政府教育投入相对量减少，教育税费、集资减少，企业教育投入减少，个人教育投资呈逐年上升趋势。

(3)教育服务生产者(教师)从优教优酬到优酬优教。从前教学优才可能给予一定的奖励，而现在只有较高的报酬才能吸引、留住优秀教师。目前，不仅存在学生对学校的选择，而且存在教师对学校的选择。条件好、薪酬高的学校成为中小学教师的首选，农村学校的优秀教师挤进城市学校，小城镇学校的优秀教师纷纷调入大城市，而大城市优秀教师向往全国名校。民办学校吸引优秀教师的最重要原因是高薪。因此，传统的教师劳动人事制度已被教师的相对自由流动所打破。在教师与学校的双向选择中，教师的经济地位有所提升。

(4)教育服务产品(课程教学)从优质等价到优价优质。传统的课程教学，无论好坏，只要完成工作量，课程价格基本一样。

---

① 资料来源：1991～2005年各个年度《中国教育经费统计年鉴》

但在市场化的条件下，教育服务质量高的班级(如实验班、培优班、奥赛班等)其收费价格不菲。从表面上看，教师的劳动价格是通过工资来体现的，但实际上工资只是教师的劳动的国家价格，工资只占到教师福利的一部分，甚至是少部分。优秀教师劳动的价值还通过奖金、带薪休假、免费参加进修和学术会议等来体现。而教学水平比较差的教师则随时面临扣发奖金、自费进修、下岗(辞退)的危险。一些民办学校，为了提升学校的档次，不惜高价聘请优秀教师，一些教学优秀的教师也往往待价而沽。

总之，从重点学校所遵循的学校对优秀学生的选择到私立学校所遵循的家长对学校的选择，从择优录取到择校上学、从优分优教到优费优教、从有学校上到上好学校，反映了我国基础教育市场从卖方市场向买方市场的转化，"择校"、"择师"、"择生"、"择教"、"生源大战"、"争夺优秀教师"等成为我国基础教育买方市场下的主流话语。

2. 市场机制在中小学教育领域的全面渗透

目前在世界范围内，教育与市场机制的结合已经成为不争的事实，在教育领域中引入市场机制已经成为世界教育发展的一个重要趋势。美国、英国、新西兰、澳大利亚、瑞典等国家在重建其公共教育的过程中都不同程度和不同方式地引入了市场机制。这种世界范围的教育民营化趋势，在强化国家对教育内容等领域的控制同时，一般的做法就是把市场机制引入教育领域，为教育创造一个更具竞争性的类似市场的环境；把教育朝着自由化方向推进。具体做法往往是，一方面要实现公共教育权力的转移(或称为放权)，即将教育的具体管理、运营权限进一步下放给学校，以使学校类似于市场竞争中的独立企业一样，拥有可以进行创造性活动的充分的自主权和独立性。另一方面是允许自由择校，即建立家长自由选校制度，扩大家长替子女自由选择学校的权利与机会，以使家长、学生如同市场上的顾客、消费者一样，成为教育的消费者，而不再仅仅是受教育者。

市场经济对教育的影响表现为教育市场化和学校企业化的趋向。① 教育从无偿到有偿，教育组织从非营利到营利，学校从公立到私立、民办，教师报酬从工资到奖金，学生从公费到缴费到自费，学校从管理到经营等等，无不反映了教育的市场化趋势。2000 年，我国教育经费总收入为 3627 亿元，其中财政资金占 61%。高等学校经费中，财政资金占 57%；义务教育经费中，财政资金占 66%②。我国公立学校的市场化程度，特别是义务教育的市场化程度，已经远远高于发达的市场经济国家。③ 这反映了教育服务的价值、服务的方式已经受到市场经济的影响。当然，教育服务与其他社会服务既有共同点，也有差异性。"教育作为一项特殊的服务具有自身的规律和特性"。④

---

① 通常理解为像经济改革那样的市场化，即把教育产品、教育服务生产提供制度的改革视同于私人物品的生产提供制度的改革，所有的教育服务都不由政府来提供，不由政府来出资，不是由政府来生产，把市场化理解为单纯靠价格信号的调节、决定所有的教育服务的供求，由市场提供所有的教育服务，这肯定是错误的。因为教育的准公共产品性质，它不能全部都像私人产品的生产提供的方式、制度那样的市场化，改革的目标决不是建立完全靠价格机制来调节所有教育服务的供求，依靠市场来提供所有的教育服务。我们认为，教育的市场化，一是指教育要与市场接轨，反映市场需求；二是教育可以引进某些市场机制和手段，如竞争机制、价格机制、激励机制，市场策划、市场营销等。学校的企业化不是套用企业的形式办学校，而是将企业理解为一系列契约或合约的集合体，学校也像企业一样，具有契约的性质。学校本质上是纳税人、政府、学校校长、学校管理者、教师、学生（教育服务的消费者）之间的一系列委托代理关系，学校像企业一样运行本质上应减少交易成本、节约交易费用，提高教育服务的生产和管理效应的过程。因此，教育市场化、学校企业化与经济组织的市场化、企业化既有共性，也有异质性。

② 教育部财政司，国家统计局社会与科技统计司，中国教育经费统计年鉴 2001[Z]. 北京：中国统计出版社，2001.32—33 页

③ 袁连生. 论教育的产品属性、学校的市场化运作及教育市场化[J]. 教育与经济，2003(01)

④ 郑杰. 教育服务是一项特殊的服务[J]. 全球教育展望，2003(01):70—73 页

它不仅具有商业性、有偿性、经济性等功利特征，更具有教育性、社会性、伦理性、审美性等非功利特征。

现代市场经济使学校教育服务生产要素全面商品化，把中小学直接推到市场的前沿。在市场经济时代，学校校长、教师的人身依附关系被打破，优秀的校长、教师待价而沽，随时可以流动；随着教育条件改善的呼声越来越大，中小学的基建投入和教学设备、教育技术条件在不断改善，与之相应的教育服务的生产资料的价格也在升高。与名校相关的教育房地产热，成为学校品牌延伸的非教育现象。近年来我国国家宏观教育政策层面已经初步形成了在教育领域引入市场机制的政策环境。特别是党的十六大报告中，强调要"放宽国内民间资本的市场准入领域"，"在更大程度上发挥市场在资源配置中的基础性作用"。市场机制对基础教育也产生了实质性影响。具体表现在：(1)现代市场经济的市场法则及其调节机制，渗透到中小学教育活动的各个方面。市场竞争规律成为调节教育运行的一个有力机制，为了获得资源、减少成本、提高质量、保证声誉、推销产品，中小学之间展开了生源、师资、教育质量等激烈竞争。从而使学校在招生和升学、提高学校实力和地位、进行改革等方面，都开始计算成本、讲求效益。(2)市场经济的价值规律和交换原则在某些方面支配着中小学学校和社会市场之间发生关系。中小学作为教育服务的独立生产与交换单位，它的价值需要在市场交换中确定。学校的教育服务价值开始通过价格来体现，突出的表现就是优教优酬。报酬机制也在左右着教育的内部运行。优质学校收费高、教师工资高，无论是政府的直接奖励、政府制定的学校收费政策，还是学校暗箱操作、收取的各种费用，或是教师的偷偷摸摸收取的补课费，都体现了这一特点。而较差的学校收费低，教师收入低。(3)市场经济的供求机制广泛存在于教育经营者和教育服务购买者之间。示范学校、重点中小学门庭若市，学生爆满；普通学校、薄弱学校门前冷清，生源严重不足。为了避免过度拥挤，许多优质学校不得不设置"择校费"门槛。

当然，中小学市场化过程中，也出现了一些不遵循教育规律，只遵循市场规律的情况。如20世纪90年代初，我国基础教育领域办了许多所谓贵族学校，普遍做法是，通过向家长一次性收取高额的学费，学生毕业时将学费退回，这样，利用时间差积累起大笔资金，将一部分资金存入银行，余下部分用于各类投资。由于当时银行利率较高，一些商人从中获取较大利润，但随着1996年以后国家相继连续调低利率，很多贵族学校已难以为继，纷纷破产。再如，有的地方卖掉中小学，将办中小学的责任完全交给市场，但这并不代表教育发展的主流。

3. 教育服务价格问题的凸现

在一般商品市场，调节供求关系的主要信号和机制是价格，市场通过价格的机制实现经济资源的优化配置。受市场经济体制影响，教育领域客观上存在着作为供给和需求的供求关系，以及相应的供求市场，也客观上存在着调节教育供求关系的价格和价格体系。因为在现实中教育服务生产客观上需要消耗一定的经济资源，包括生产一般商品的人财物资源，还要支付教育服务生产劳动力的工资，教育成本是客观存在的，特别是提供优质教育服务的成本更高。但由于教育产品的特殊双重性，使教育产品的价格也具有双重构成，即以政府教育经费支出为主体的公共教育成本结构和以非政府来源的教育经费（主要为学生及其家长的教育投入）为主体的私人教育成本结构。直到目前，我国经济学界和教育界并未对此进行专门研究，也没有可以参考的、统一约定的教育价格体系，以及相应的价格管理制度，教育服务价格问题是一个想说也没有说清楚的问题。由于教育产品的双重性使教育服务价格也被分割成相对独立的两个部分，即由政府公共教育经费支出形成的教育"公共成本价格"和由学生及其家长支付的学杂费所形成的"私人成本价格"，两

154

者在支付方式、教育价格形成中的相对独立和分割造成了无教育价格的假象。如果我们把这两个部分合起来作为教育的价格（当然，不同层次、不同类别的教育两者构成比例不同），那么，调节学校教育服务的价格机制就类似于调节一般商品的机制，两者的相似点与联系通过市场的价格枢纽连接起来。

从理论上讲，在卖方市场条件下，商品供不应求，价格上涨，从而引起该商品的扩大生产，或通过扩大生产规模、或通过建立新的生产单位，以满足社会对该商品的需求；由生产规模扩大和商品供给的增加而引起的供求平衡、甚至供过于求，又会引起价格的下降，卖方市场也就相应地变成了买方市场。

在优质教育资源短缺的前提下，由于政府对基础教育服务提供的垄断，教育服务生产的提供的市场准入受到限制，学校教育服务一直维持在较低的价格。结果，一方面造成学校对优质教育资源的扩充动力不足；另一方面，学校为了维持与市场相适应的价格水平，尽可能多地从预算外取得收入，在缺乏制度约束和社会约束的情况下，学校教育服务出现了多种价格，这些超出政府规定的价格，是在讨价还价中进行的，教育服务存在隐形的交易市场，教育服务的价格是混乱的。经济条件好、社会关系多的学生及其家长往往通过其他的途径，如非正规的补习课程、家庭辅导、钱权交易等来支出更多的教育费用，以满足家长和学生的教育需求；而家庭经济条件差的学生和家长则抑制他们的教育需求。可见教育的价格机制仍然在起作用。

随着基础教育的市场准入政策放宽，学校自主性增强，学校在自我发展的过程中的增值动机加强，明码标价，按教育成本计算优质教育服务的价格也就具有可能性。当然，这并不意味着政府财政责任的减少，政府在保障最基本的教育投入的前提下，还必须通过各种资助政策保证弱势群体的受教育权利。这样，政府的教育财政政策，就可以通过教育资源制度实行教育宏观调控的可行性，政府的财政调节手段不流于形式。教育行业的乱收费问题才可能得到彻底的治理。因此,科学地计算基础教育服务价格的成本,并按质论价,是学校品牌建立的一个重要条件。

4. 中小学之间从升学竞争到整体竞争

在"精英教育"和"重点学校"的制度安排下,升学竞争成为中小学竞争的主要标志。由于政府对教育资源的垄断和对学校的严格管制、对重点学校的倾斜制度,学校的政府等级定位,先天地决定了重点学校的竞争优势。无论是重点中小学还是薄弱中小学,都缺乏创新的动力。

随着我国教育管理体制对民办或其他非政府办学的壁垒打破,教育服务的"卖方市场"由公立中小学垄断的现象开始转向由"买方市场"下的公立学校之间、民办学校之间、公立学校和民办学校之间的激烈竞争,竞争的性质、内容、方式也发生了根本变化。学校的竞争性质从非对抗型的、被动的、单方面的竞争转化为对抗型的、主动的、全面的竞争。竞争的内容从升学竞争转化为教师素质、生源质量、学校管理、学校形象、学校文化、学校关系等方面的竞争。竞争的方式,从学校向政府争取更多的资源转向通过产品创新争取政府更多的支持、通过品牌扩张占有更多的市场份额和向学校内部要效率。具体表现在:

(1)学校与政府的关系。薄弱学校为了增强自身适应社会对高质量教育的需求,需要政府加大投入的同时,开放教育市场,从而有可能争取较多的高质量生源,并增加经费收入;民办学校则希望政府放松管制,取得与公立学校平等的"国民"身份;公立学校一方面强烈呼吁扩大学校的办学自主权,另一方面希望政府继续加大投入,保障自己的垄断地位,试图维持教育机会的相对紧张,以保证自己在竞争中的有利地位。

(2)学校与市场的关系。质量的竞争成为好学校和差学校的市场分水岭,同时,教师的全面流动、学生的择校,使所有的中小学面临严峻的市场挑战，学校不得不采取有效地吸引并留住优秀教师的措施，学校不得不改变传统的招生方式，如主动与生源家长联系。在学校内部，教师的调动、学生的转学、家长对学校管理的参与、社区对学校的评价和监督，使学校管理面临新的危机，学校管理质量和水平成为学校竞争的主要内容。

总之，现代教育的竞争不断升级，已从以办学规模、设施设备等为主的硬件竞争，逐步转向品牌、信誉、形象、服务等为主的软件竞争。学生是否乐意就读某校，家长能否放心地把子女放在某校，社会是否认可某校，其前提条件是学校的社会形象和美誉度、品牌价值和品牌形象、知名度和忠诚度、人文环境和学校文化。可以预见，随着中小学的全面竞争意识的觉醒，基于政府对教育的有效治理、教育市场秩序的建立，学校品牌竞争的时代就要到来。

(二)教育服务生产和提供适当分离的制度变革

学校要实现有效的品牌经营，其制度条件是政府主导、市场调节、学校自主办学、自主管理。随着教育服务生产和提供的适度分离，学校、政府、市场的关系开始进一步理顺。

1. 计划经济体制下教育服务提供和生产的一元模式及其弊端

在我国计划经济体制和传统学校管理体制中，政府与学校是直接的管理与被管理的关系。教育由政府出资举办，政府履行所有办教育的义务，也承担所有办教育的责任和权利，即政府扮演着投资者、管理者、办学者"三合一"的角色。教育服务的生产和提供是同一个过程。而学校虽然能独立地从事教育教学活动，但在很大程度上被视为是政府的附属机构，被动地执行政府决策，学校的办学只是一个简单的"上行下效"的线性过程。这种模式的弊端是：一方面，政府直接参与学校的内部管理，使学校完全没有办学自主权，缺乏办学的积极性和动力；

另一方面，学校封闭式办学，教育服务信息不对称，教育服务生产和提供的政府垄断，从而导致学校之间缺乏竞争、办学体制僵化和效率低下。此外，由政府单独负责提供教育服务，极大地加重了政府的负担，难以解决人们日益增长的教育服务需求和教育财政投入严重不足之间的矛盾。

图 4-1　教育服务生产和提供一元化模式下的政府和学校关系
（说明：实线表示显形的关系、虚线表示隐形的关系）

2. 转型时期公共教育服务提供与生产的二元模式及其弊端

计划经济体制向市场经济体制的转型过程中，市场的要素开始在公共教育服务的提供和生产中发挥作用，政府是公共教育服务的主要提供者。公立学校同时承受着来自政府和市场的双重压力。作为公共教育服务的生产机构，中小学的办学自主权和决策权仍然是相当有限的。政府与学校之间各自扮演的传统角色仍没有改变。随着教育市场的放开，民办教育的准入，公共教育服务的私人（民间）生产成为教育服务生产的主要形式之一。但政府民办（私立）中小学教育投资的缺位和管理的失位，公共教育服务的市场提供成为扩大教育服务供给的重要手段。于是出现了公共教育服务由私立（民办）中小学生产，由市场提供的模式。在这两种模式并存的情况下，教育服务的生产和提供出现了价格的竞争、质量和效率的竞争（见图4-2）。由于政府与市场之间缺乏联系，政府所作出的决策往往无法反映真实的市场信息，由于公立中小学主要受政府的控制，教育服务生产的效率低，对市场普遍缺乏回应。相反，民办（私立）学校是基于市场需要产生的，无论是在回应性，还是在生产效率上，都具有竞争优势。但中小学教育服务的生产需要持续不断的高投入，短时间内不能形成资金回流，产生利润。投资者的寻利本性使他们放弃了教育生产资料的必要投入和降低了教育服务生产者的价格，教育服务的生产质量受到一定影响。而公立学校则天然地具有政府资源优势和地理位置、历史传统优势。因此，民办的教育服务生产能力是相当有限的，市场提供教育服务的空间也受到限制，在与公立中小学的长期的竞争过程中，民办中小学处于不利地位。中小学教育服务二元模式将教育服务的消费者置于两个不同的市场中，也人为地将学校划分成性质不同的两类，加剧了教育的不平等。

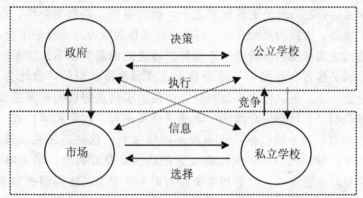

图 4-2　教育服务提供和生产二元模式中的政府、学校和市场的关系

3. 市场经济条件下公共教育服务提供与生产的适当分离

公共教育服务是一种公共产品或准公共产品，只有政府才有能力大量提供，市场提供的能力是有限的。但教育服务的生产可以是多元化的，既可以由政府指导生产，也可以由民间团体生产，还可以由私人生产。特别是优质的公共教育服务是一种私益性很强的公共产品，完全由政府提供和生产，有违基础教育的公平的价值准则。

公共教育服务生产和提供的适当分离，政府、市场、学校关系得到重新调整。首先，政府要改变过去"三合一"的角色，转换职能，不直接干涉学校的内部管理，成为为学校办学提供

159

宏观指导政策和制度的服务者，具体包括运用规划、拨款、评估等手段对学校进行宏观管理，加强制度环境建设，维护市场秩序，发挥市场机制的积极作用，保障教育市场的公平竞争；通过经济手段、法律手段及借助社会中介组织的作用，有效地执行教育督导评估的行政职能，通过教育督导机构和审计机构的审查，对学校的教育教学和经营公立活动进行视察、审查、监督、评价和指导，对学校的活动和学位进行调节、引导和监督，为学校发展提供高效能的服务。其次，学校成为独立的办学主体，在政府的宏观管理之下，面向市场，走自主办学、自主发展、自我约束的道路。再次，市场作为政府与学校的中介，通过为两者提供市场信息来保持三者之间的双向联系。这里的市场是指教育市场，是基于自由选择和价格机制的，为社会、企业、个人提供教育机会和教育产品供求信息的机构和渠道及其机制。如社会中介组织、学校选择机制等。政府和学校都以市场需求为办学依据，政府根据市场供求信息制定宏观政策，用于指导学校办学；学校则根据市场信息及时调整办学策略，以更好地适应市场需求和实施政府的办学意志。政府调控和市场机制对学校办学都是必要的，因为在教育发展过程中，市场和政府都会有"失灵"的情况，因此，二者的关系不是互相排斥的关系，而是一种互相补充和交替发挥作用的关系。①

2001 年 9 月，浙江省长兴县在全国率先进行针对民办学校、职业学校和贫困学生的三种"教育券"试验，在全国引起强烈反响，并引起了官方的高度关注，许多地区也开始进行试验。教育券的发放对象如果扩大到公立学校，这不仅使公立学校之间存在着竞争，同时公立学校还将面临与私立学校之间的竞争。

20 世纪 90 年代以来，我国中小学出现了多种办学体制，

---

① 劳凯声. 变革社会中的教育权与受教育权：教育法学基本问题研究[M].
北京：教育科学出版社，2003

如公办民助、民办学校、租赁学校、托管学校、教育集团等。学校竞争表现为办学体制的竞争，但体制的收益随着教育市场的开发已经达到最大化。近年来，公立学校的转制的探索、校中校的治理、民办学校的规范，学校竞争开始走向有序化，学校、政府、市场的关系开始理顺。随着我国教育改革不断向前推进，市场介入的程度会越来越深，学校的发展将越来越依赖于市场和家长的选择。政府的责任在于加强教育规划，扩大教育投资，制订教育标准，维护教育公平，将权力充分授予学校，以发挥其治理的积极性，强化它们的绩效责任和自我负责的态度。

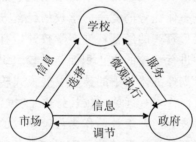

图 4-3　教育服务的生产和提供分离状态下的
政府、市场、学校三者的关系

　　总之，市场经济带给教育最大的变化就是，教育已经不能不直面市场，随着教育的市场介入和教育服务市场的形成，意味着现行公共教育体制的运行方式将发生深刻的变化，在传统的国家垄断的公共教育体制之外正在形成多元化的教育提供方式。教育服务的提供与生产的适度分离，使所有的中小学竞争在统一的市场中进行，这是学校品牌经营的教育体制背景。

(三)学校增值理念及其经营实践

　　随着世界范围内"市场化"的重新兴起和扩散，在非营利性的教育组织中引入企业精神和企业运营机制已成为一种现实趋势。一些西方国家认为教育改革是将有关的权利和利益向教育的终极消费者(end user)转移。其中的终极消费者,是指学生及家庭。① 学校教育为学生及家长服务的观念引导着学校为争取更多的消费者而进入教育市场展开竞争。在教育市场形成和学校、政府与市场关系的博弈过程中,学校要有所作为,走自主办学、自我发展、自我约束之路,必须在尊重教育规律的前提下,将教育服务看成是一种产品,将学校看成是教育服务生产的企业,用企业家精神对学校经营和管理,并取得良好的办学效益(包括经济效益和社会效益)。

在学校增值的实践理念指导下,学校竞争焦点由教育质量的竞争变成学校整体优势的竞争,学校的经营方式由有形资产的经营发展到无形资产的经营,许多学校开始有意识地塑造学校形象,自觉地进行学校的文化积淀与学校组织的创新。学校的发展模式由计划经济体制下的被动发展模式转化为面向市场的自主发展模式。许多有远见的校长打出了"以效益为中心"的旗号,并将取得较好的办学效益作为经营学校的基本原则。许多公办名校在保证教学质量的前提下,实行品牌扩张、品牌输出,不仅为社会提供更多的优质学校,盘活了优质的教育资源,而且实现了国有资产的增值。河南洛阳五中,从 1995 年开始实行学校品牌扩张,现已形成一个集高中、初中、小学于一体,拥有三所学校,一所控股学校和三家企业的教育产业集团。② 华南师大附中与合生创展集团有限公司合办的华南师大附中番禺学校,华南师大附中利用自己的老字号品牌,提供无形资产,房地产开发商投资 1.5 亿元,占地 9.4 公顷,学校分 10 年偿

---

① Caldwell, B. J. and Hayward, D. *The Future of schools*, *The Presentation at the Annual Conference of the BEMAS*, Cambridge: Cambridge University, 1997, p. 19—21

② 张铁明. 教育产业论. 广州: 广东高等教育出版社, 2002. 187—192 页

还。又如广州执信中学和广州宏富房地产有限公司合办的番禺执信中学，投资方是宏富房地产公司，他们投资 2 亿元，提供了 120 多亩土地，而执信中学也是利用自己的老字号品牌与房地产开发商合作的，时间为 50 年，执信中学以技术入股，占股份 49%，房地产开发商占股份 51%。这样，政府不花一分钱，就产生一批办学条件一流的学校。从国有资产角度而言，开发商出资建造的校舍最终属于国家，使国有资产有形部分增值。中山大学附中 8 年间向中山大学上缴 500 多万元；广州市海珠区的名校珠江中学和广州南武实验学校，2001 年共向教育局上缴 35.96 万元，教育局将这些资金再分配到其他薄弱学校。2001 年，广州市东山区政府只投入了 400 万元开办费，由广州市育才中学自筹资金投入 1000 万元，依托名校的社会声誉与房地产开发商创办了位于广州二沙岛的广州育才实验学校。目前，该校学科成绩在东山地区名列前茅，甚至超过了一些社会公认的名校；同时，该校接收了本应由东山区负责消化的 160 人，每年为东山区节约教育投入 230 多万元。广州市海珠区教育局局长透露，按照目前情况，办一所中学每年政府要投入 400 万元，第一年还要加上 200 万元的开办费，不吸引社会资金办学光靠财政拨款，政府显然承受不了。[①]

　　学校增值理念和经营实践促使向学校生态化方向发展，促进了优质教育服务质量提高、良好学校组织形象与和顺的学校关系建立；学校管理从学校组织内部的经营行为发展到学校与市场、社会互动；促进了学校品牌升值和产生较好的社会效益，并使学校的经济利益与社会效应互动。这些正是学校品牌经营的实践表现形式。

　　[①]　刘宝超．公办名校办"民校"的利弊剖析[J]．教育与职业，2003(01)：33—35 页

二、国外学校品牌经营及其启示

(一)西方国家中小学品牌发展的总体状况

20 世纪 70 年代以来，西方出现了以"有效学校"、"学校改进"和"学校重建"为代表的、以"提高教育质量，促进学校发展"为主旋律的优质学校改革运动。尽管从表面上看学校改革的名称各异，但它们共同的主旨是满足人们对优质教育的需要，发展优质的学校教育。① 我们认为国外的优质学校就是学校品牌经营的典型形式。因为优质学校是以提供优质教育服务和促进学校的可持续发展为宗旨的，为了达到目的，优质学校一方面进行教育教学改革，另一方面重视学校与社区、家长的关系处理。其主要特点是：

1. 追求优质、卓越的办学理念

优质学校的改革与发展在领导和管理、教师提高、学生发展、教与学、学校发展的外部支持、学校的内部发展机制建设等方面为我们提供了基本的借鉴，其重要启示是：学校要以学生为中心，要重视学校教师的发展，要重视以校为本，要重视学校发展的特色，也要重视学校发展的各种资源的优化组合。

2. 突出教育服务产品特色和功能②

美国《新闻周刊》曾经在广泛调查的基础上，评出全世界 10 所最好的学校和教育机构（其中 9 所学校，1 个教育行政部门）。这些学校和教育机构是新西兰特卡波湖学校、意大利迪亚纳学校、荷兰格雷达莫斯学校、日本东京四谷第六小学、荷兰埃克

---

① 林森，李朝辉．发达国家和地区优质学校发展的经验与启示[J]．东北师大学报（哲学社会科学版），2004(3)

② 朱永新．我的教育理想．南京：南京师大出版社，2000.4—8 页

纳顿学校、美国匹兹堡市威斯汀霍斯中学、德国安克库敦考勒中学、美国加利福尼亚理工学院、瑞典斯德歌尔摩职业培训中心以及德国科隆地区教育部。其中，前七个都是中小学品牌。其特点是打造学校特色的教育服务产品。新西兰特卡波湖学校的教育特色就是注重对学生阅读能力的培养。该校学生阅读写作能力一直在国际测验中名列榜首。意大利迪亚纳学校的特点是注重培养学生的个性，让学生从小就能自由地按照自己的意愿开展各种活动。荷兰格雷达莫斯学校数学教学出类拔萃，采用"实用数学"的教学方法。日本东京四谷第六小学注重在科学教育中培养学生创造性能力。学校的教育目标是培养学生能提出问题，形成独立的构思，并且发展成为创造性的智力。学校还强调在实践中发展学生的创造性能力，如让四年级的学生在学习电学、电路图以及发动机的基本知识时，自带零件，动手修理烤面包炉，让10岁的孩子用太阳能电池和汽车模型设法装配太阳能玩具汽车。荷兰埃克纳顿学校的特色是外语教学。学生当中没有人去过英、美等国家，但是学生掌握的词汇、流利程度和自信心，不亚于甚至还要超过许多美国十几岁的孩子。学生们常用英语辩论美国社会问题，以提高他们的表达技巧。该校学生学习英语的成功方式就是通过多练。美国匹慈堡市威斯汀霍斯中学成功之处是在实施"艺术推动"计划中取得巨大成功。该校把通常被认为是奢华的艺术科目作为该校教育的重要组成部分，其内容包括音乐、视觉艺术和写作，学生们学习用艺术来表现自己的情感和解决问题。这种教育模式极大地丰富了学生的精神生活。德国安克库敦考勒中学是崇尚工艺教育，该校对工艺教育予以特别的重视，不仅在课程中设置了专业教育课程，而且在星期一、二、五让学生到一些小型企业中去充当工程师的学徒，并要参加专门的毕业考试，学生在企业学习期间可以领取报酬，这就为学生进入职业技术学校奠定基础。这些学校之所以被认为是世界教育的成功典范，并不因为这些学校各个方面都很好，关键原因在于他们都能在学科、课程、实践等方面独树一帜，标新立异，使学校形成自己的教育服务产品特色，以特色赢得教育的成功。

3. 政府与学校的关系明晰

20 世纪 80 年代以来，美国的学校教育改革经历了传统意义上的改革、校本管理、磁石学校、学券制、特许学校等多种形式，契约学校是当前的制度以及前面所施行策略的"混合物"。合同制使政府与学校的关系变得更为明晰，并试图打破多年来美国公立教育中的民主控制制度；它把学校看作是一个管理的基本单元，一个真正的组织和共同体；它强调学校的绩效责任，赋予学校更多的自主权，以应对市场需求，促使学校自主发展，以满足公众日益增长的多样化需求。政府将逐渐退出微观管理，由以前的直接管理向间接管理转变，当然，这并不意味着政府的作用变得不太重要，而是促使政府向"有效政府"和"好政府"转变。契约学校如今在美国发展迅速，鼓励契约学校的成立并保护其存在与发展，也成为 ESEA 的特色。作为一种正在发展中的、全新的公立学校模式，我们也将这种学校发展模式看成是学校品牌发展模式。北欧国家芬兰不仅有伏特加和诺基亚，还有全世界最好的公立学校。自从经合组织于 2000 年首次组织国际教育评估以来，人口只有 500 万的芬兰在读写教育方面领先全球。该国 15 岁学生的数学问题解决能力也超过了其他所有国家，全国受过高等教育的人口占 60%，为世界之最。究其原因，就是政府对学校的干预少，学校完全根据学生的需要和兴趣来开设课程和开展教学活动。据介绍，"在今天的芬兰学校里，没有统考和学校排名，也没有满满当当的课时，学生们尽情享受着音乐、艺术和体育，以及免费的午餐和长达 10 周的暑假"。①

---

① 卧松编译. 在世界上最好的学校里[N]. 中国教师报，2005－11－2(16)

4."校本管理"制度的建立

从世界范围来看，欧美发达国家为了增强在全球化经济发展中的竞争力，愈来愈重视人的发展。在基础教育改革过程中，采取了两方面的策略。一方面是改变以往国家、中央政府不重视基础教育的倾向，加强对基础教育的领导，制订全国性的教育政策、教育目标和课程标准及框架。另一方面，在学校办学与学校管理中则重视校本管理，将许多原属于地方教育行政部门的权力下放到学校，给予学校更大的办学自主权。近些年来，一些国家推行学校管理地方化（Local Management of Schools）和以学校为基础的校本管理改革。校本管理是校本发展的核心部分，有的学者把它称之为学校本位管理（School－Based Management 简称 SBM）。英国 1988 年教育法案要求所有公立中小学在 1993 年 4 月（伦敦可延至 1995 年 4 月）之前实施学校自主管理制度。美国 1991 年有数以千计的学区试行各种形式的 SBM。法国、澳大利亚、西班牙、比利时、瑞典、土耳其、以色列等，也都推行学校本位管理，给学校更大的自主权。

美国"学校董事会"和韩国"学校运营委员会"是实现学校管理自治、进行民主化运营模式的领导机构。从宏观上来看，从美国基础教育的管理机构和决策过程看，政府注重从宏观上管理，而具体的管理权力主要下放给社会、基层和学校，因此学校董事会（或董事长）是学校的法人代表，对学校财产拥有法人所有权；职业校长由校董事会聘请，直接对校董事会负责，接受董事会的委托专职从事学校经营工作，拥有学校的经营权，政府不得干涉学校的具体工作。组成的州、郡、市和学区的教育董事会与当地教育局关系相对独立，它们负责社会与政府的联系，代表社会依法对本地教育进行决策，所作决策交由政府教育部门执行；同样，"学校运营委员会"也打破了韩国教育政府集中控制的局面，实现了学校所有权与经营权的分离，使其宪法规定的教育自治的目标迈出了实质性的一步。

(二)国外学校品牌经营的新趋向及其启示

综观各国教改现状,一方面政府加大对基础教育的投资和加强管理;另一方面学校经营已冲破了传统模式的束缚,开始向学校品牌经营模式转换。具体体现在:

1. 学校经营的独立自主性

校本发展是20世纪70年代以来逐步兴起并流行的一种教育理念和发展策略。它以学校为本位,以学校为基础,以学校为主体。国际21世纪教育委员会向联合国教科文组织提交的报告《教育:财富蕴藏其中》指出,"促进学校拥有真正的自主权","学校自主是开展地方一级行动的一个必不可少的因素,因为通过共同决策,可以打破一些老师与另外一些老师隔绝的现象。在一些国家里,'学校计划'这一要领清楚地表明共同实现有助于改善学校生活和提高教学质量的目标的愿望。"虽然学校经营与政府部门、事业单位等的管理有共同之处,并吸取了它们的管理经验和方法,但学校经营既不同于政府部门和事业单位的管理,又不同于商业、企业的经营;它具有自身独特的管理内容、对象以及独特的管理策略、方法及运行机制。据此,目前国外学校经营正在逐步摆脱对教育行政的干预程度,越来越突出自身的独立自主性。其表现就是教育行政当局逐渐改变对学校的直接控制,变指令性管理为指导性管理,逐步向学校放权,使学校有更多的自主权。无论从管理人员、教员的聘用到课程的安排、教材的选定,还是从行政管理到对外合作都充分体现了学校经营的独立自主性。正因如此,发达国家乃至一些发展中国家的学校都对管理人员提出了专业要求,使学校经营人员专业化。他们较一致的做法就是严格规定管理人员的任职资格。这种任职资格是"学历+资历+专业培训",并规定对入选者采取"先培训,后任职"的方法。为确保管理人员的专业化,有的国家(如美国)还规定,一般行政人员和教师未经专业培训不得直接充任学校管理人员更不能担任学校领导。

2. 促进校长的专业化

为了提高学校管理人员的管理水平和领导艺术，国外的学校管理专业培训已实现常规化。这种常规化主要体现在：一是培训机构的常规化，即近年来一些发达国家相继开办了从中央到地方的不同层次的教育管理培训机构，开设相应的教育管理专业课程。美国、加拿大负责培训的机构主要是各级教育行政部门、大学里的教育学院、学校领导者协会等。如美国纽约大学的教管系、哥伦比亚大学和斯坦福大学的教育学院等都开设校长培训课程。日本有校长中央研修会和校长都、道、县研修会等等。二是培训对象的常规化。各国都十分重视中小学的核心管理人物—校长的培训。美国和加拿大都通过立法，规定中小学校长接受培训是任职资格的必备条件。三是培训内容的系统化。各国不同层次培训机构的专业培训也已达到系统化。如美国一些大学的教育管理专业为中小学校长开设了硕士课程、博士课程和校长高级培训课程；芝加哥市教育局人事训练中心为中小学校长开设包括有必修课和选修课的两年制课程等。一些发展中国家紧随其后，近年来也加强了学校经营专业的训练。泰国于 80 年代就创建了教育管理发展学院，并在 12 个地区设立了培训中心，负责教育行政人员的培训，尤其是学校领导人员的培训。教科文组织亚太教育处自 1984 年起举办 20 多个亚太发展中国家参加的地区性培训班，专门培训这些国家的高级教育管理人员。

3. 学校经营社会化

传统的教育观视学校为教育的核心体，学校经营是封闭式的，主要管理学校内部事务。学校与社会的联系是以间接方式进行，即必须通过教育行政或一般行政手段获取社会的反馈，且联系面很窄。而现代教育则把学校与家庭、社会看作是教育的合成体，这使学校经营发生了巨大变化。与过去相比，出现学校经营社会化趋势。

首先表现在学校经营加强了与社会的直接联系。主要反映是：（1）学校经营职能在扩大。这表现为学校与社会的联系不仅以直接方式进行，而且联系的范围也极为广泛。这方面美国堪称典型。它的中小学全部向社会开放，在人力和设施方面均为社区提供无偿或有偿服务，并接受社区的直接支持。英国近年来也开始设立"社区学校"。（2）学校引入市场机制，重新确立学校与社会的联系，使以往那种"公学官办"的模式逐步淡化，而代之以互补合作和有偿服务。（3）学校与社会联合组成管理机构，共同管理学校。如前苏联的中小学出现了许多校企联合体，社区直辖市委员会；美国的中小学特别是高中阶段的合作教育制度。学校与社会的这些直接联系，使社会对学校经营的影响不断加深。因为，社会不仅自身办学，而且还通过多种途径，诸如政策、经费、审议评估等来影响学校经营。总之，学校的发展方向、培养目标、教育政策、教育师资、教育经费、人事任免等无不受到这种影响，从而学校经营的社会化程度越来越高。

其次，学校管理中重视家长的参与作用。家长参与学校管理，已成为一些发达国家学校经营的一大特征。他们视家长为学校群体的重要组成部分。国外家长参与学校管理的保障措施是：第一，设立全国性或地域性的家长组织。发达国家多数设有全国性的家长组织。有的称家长同盟，有的称家长代表委员会等等。如美国就设有家长同盟，其职责是呼吁并组织家长更多地参与学区教委的工作并进入校园，协助学校工作，改善教育教学环境。由于家长代表占委员会中的多数，故对学校行政的决策起着举足轻重的作用。因此，向家长报告学校的工作是美国中小学校经营工作的组成部分。学校与家长联系的方式多种多样，通常是：给家长发送学生成绩通知单、召开家长座谈会、致家长信等。通过这些方式向家长反映学生的综合情况，从而得到家长对学校经营工作和学生教育的积极配合。第二，把家长参与学校经营的权利用法律固定下来。这方面德国是最具典型性的国家之一。德国的法律中规定了家长代表参与学校最高决策机构的权利，规定家长既可参加学校管理，又可参加州一级教育行政委员会。有的州如黑森州，甚至将家长参与学校经营的权利列入了宪法，规定在没有家长和社区参与情况下制定的课程计划无效。学校每班还有五位家长被选为班级理事会成员，作为家长和教师的联系人。显然，这样做的目的就是强化家长参与学校经营的作用。

4. 学校经营的跨校性和国际化

近些年来，在区域性和世界性经济一体化的推动下，各国、各地区的政治、经济、文化教育交流与合作日益增强，于是非本地人创办学校和国际性学校随之产生，并成为一种世界性趋势，移民和难民的迁徙又加剧了这一趋势的发展，致使联合办学成为热潮。这就出现了学校经营的跨校性和国际化。

由于联合办学的形式多样，有层次和类型之分，因此学校经营也不尽相同，大致有以下几种情况：(1)同类学校间的联合办学。这是指由几个规模较小的同类学校联合组成学校理事会，共同管理合作学校的事务。这种管理方式在各国的农村地区较为普遍，是跨校性管理的一种。(2)不同层次、不同类型学校的联合办学有以下几种形式：首先是大学与中小学形成定向、定点联系。这种联系包括培训师资、修订课程、编写教材、参与管理、改善教育教学环境等内容。这是一种不同层次学校联合办学和管理的形式。这种形式在欧美国家已较普遍；另一种是先进学校与落后学校之间的合作，是一种属于扶助后进性质的办学和管理形式；第三是普通学校与职业学校之间的合作，如美国的合作教育、日本的产学合作等。(3)国际合作办学。近年来，国际学校不断涌现，于是出现了学校经营国际化。欧洲学校就是一个典型的例子。它是附属于欧共体的一种国际学校，

171

目前已有九所。它们是分布在卢林堡、德国和比利时等国的卢森堡学校、布鲁塞尔学校、摩尔学校、怀勒斯学校、卡洛斯罗尔学校、卑尔根学校、布鲁塞尔第二学校、慕尼黑学校卡哈姆学校。这些学校的课程依据欧洲中学毕业会考而定，其资格得到欧美各国政府和大学的认可。欧洲学校的管理分四个层次：其一，学校理事会。它由各加盟国负责学校教育的官员组成，是学校经营的最高决策机构，一年召开一次以上的理事会；其二，督学官会。督学官由理事会指定，其职责是对学校的教育教学水平和教学方法等问题发表意见，监督校长和教师改进工作，并向理事会提出有关建议和报告等；其三，学校经营会。由理事会的一名成员（任主席），校长，担负幼教、初等教育、中等教育的教师各 1 人，加盟国的代表各 2 人组成，其职责是负责学校的经费预算和财产管理等事项；其四，校长。校长全面负责和组织全校的教学活动，实施理事会的决定，管理教师，在管理会的监督下掌管经费收支事务。校长任期 7～11 年，同国籍者不能连任，教师由各加盟国派遣，流动性较大。

国外学校经营改革中呈现出的上述特点，已成为学校品牌经营发展的必然趋势。它们对我国学校品牌经营颇具启发和借鉴意义。首先，学校品牌经营必须有经营的自主权；其次学校品牌经营的实践者首先是校长，校长的办学思想和理念对学校发展起着关键的作用，所以提高校长的素质，促进其专业化水平提高是主要的举措；再次，学校品牌经营是在一定社区进行的，学校与社区的联系，特别是与家长的关系，成为学校品牌建立的社会基础；最后，学校品牌要成为世界一流的教育品牌，必须走国际化道路。

三、我国学校品牌经营现状以及经营误区

(一)我国学校品牌经营现状

我国在高等教育领域启动"211 工程",同时,在基础教育领域启动了一千所高中示范校,这一项由政府推动的优质学校的建设,虽然和学校品牌建设有很大的区别,但客观上也推动了品牌学校建设的进程,许多知名的老学校开始面对市场,打造自己的品牌;为了推动基础教育的均衡发展,改造薄弱学校,许多地方政府运用品牌战略,成功地进行了优质学校的品牌扩张;许多一般的中小学也开始大胆探索,逐步形成自己学校办学特色,得到社会的认同,在当地甚至国内产生一定的影响。特别是民办学校最早运用品牌策略,许多有特色的民办学校脱颖而出,逐渐发展成为品牌学校,尤以外语类学校、艺术类学校、体育类学校为最多。但大多数学校品牌经营的自觉意识不强,品牌经营的水平不高,教育发展的"品牌竞争"时代来临还有一段距离。总体来说,具有以下几个特点:

1. 学校品牌意识正在加强

学校的品牌意识集中体现为教育服务意识、学校的市场意识。因为既然是教育服务产业,就应该建立丰富的,优质的,适应社会、市场、教育消费需要的教育资源,包括校舍、设备、师资、管理等,并开展满意服务、放心服务。

根据笔者 2006 年 1~4 月对全国 163 所中小学校长问卷(绝大多数是知名学校)调查表明:认为自己的品牌意识很强、较强的校长占到 37%和 51%,而品牌意识一般或没有的分别只占10%和 2%;97%的校长认为自己都在致力于品牌建设;校长认为品牌战略对学校发展有很大作用、大作用、较大作用的分别为 36%、26%、32%(见图 4-4)。 如有些学校提出对每个

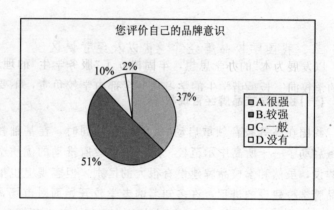

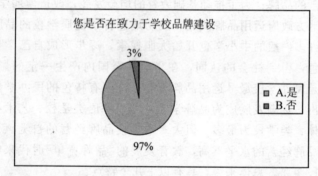

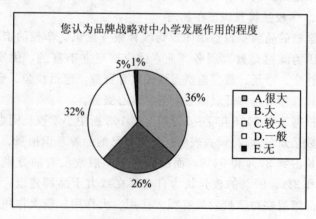

图 4-4　校长的品牌意识

174

学生负责、对每个家庭负责、让每一个学生合格、让每一位家长满意；有的学校提出"以学生为本、以教师为本、以教育为本、以发展为本"的办学思想，牢固树立了"服务学生"的理念；有的学校向家长承诺学生的学习任务全部由学校负责，不要家长让学生默生字、背书，以及检查作业等。这些举措受到社会普遍欢迎。实施优质的教育服务是学校的责任，是教育服务产业观的具体体现，服务质量提高了，就能赢得社会和市场的信赖，生源就会增加，经济效益就会提高，从而形成良性循环。①

学校的品牌意识还表现在学校的名称的变更和形象的自觉重塑。解放后，中国的中小学大多都以地名来命名的，少数也以名人人名来命名，一个地域的学校用数字区别，往往排序为第一、第二的就占有资源优势。随着中小学竞争意识增强，校名渐渐被赋予独特的含义，开始具有了品牌的功能，如重庆多所中学争相恢复旧校名。重庆市第七中学恢复"重庆中学"校名，还有重庆南开中学、育才中学、巴蜀中学、重庆清华中学、求精中学、兼善中学等学校，都恢复了原有校名，恢复后的校名也已经为社会所普遍接受。这种品牌效应对学校自身而言，意味着办学传统、教育思想的传承；对社会而言，意味着知名度、美誉度。因此，那些有着悠久传统的学校恢复校名的做法，得到不少业界人士的肯定，此类举动也被视为在竞争日益加剧的背景下，学校品牌意识加强的一个信号。恢复校名意味着对原有优秀教育思想的创造性继承。2006年东林高中恢复无锡第一女子中学。许多学校为了树立良好的形象，开始聘请专业人员重新规划新校区、改造学校整体布局、整修校门、绿化美化校园。

从校长对中小学品牌发展的因素的认识来看，排在第一位的是学校形象设计与维护，排在第二位的是学校发展定位，排在第三位的是校长的办学思想和经营能力，排在第四位的是师

---

① 杨德广. 树立教育服务产业观[J]. 教育发展研究，2004(03)：76－77页

生关系，其他较重要的因素是学校的管理水平、教师的素质、服务态度和能力、学校公关和宣传。这充分显示了校长的品牌意识明显加强。但比较遗憾的是学校文化因素排在第八位，对教育体制环境、政府支持、学校科研的认识还不够（见图4-5）。

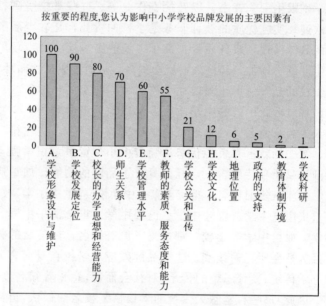

图 4-5　校长对影响学校品牌发展因素重要程度的认识

2. 教育策划悄然进入中小学校园

策划作为一门科学和艺术，是市场的产物，一些大胆的教育改革者勇敢地提出教育应主动与策划对接。据了解，北京、上海、江苏、河南等地也有一些学校在进行教育策划，特别是招生策划的实践探索。成都市棕北中学是1996年破土新建的一所新型城市学校。从建校起，学校就把市场摆在首位，把学生作为服务主体。该校校长李旭辉说，教育策划给学校带来的最大效益是学校发展步入了持续、快速、健康发展的快车道，学校取得的每一个成绩，似乎都在预料之中。办学三年，学校大胆输出品牌无形资产,成功创办了公办民助的新体制学校——棕北联合中学;办学五年,铸成一流名校,成为成都市城区第一所义务教育示范初中;五年融资3000多万元。成都市玉林小学组建起了教育策划室。该校校长胡晓东说:"我们之所以要把教育策划根植于学校之中,成为学校组织机构的一部分,主要在于我校尝到了教育策划带来的甜头,它不但让学校工作有序运行,而且我们还运用策划理论,进行市场运作,输出学校品牌,成功地创办了民办公助学校——成都市群星美术学校。"①

3. 部分学校开始自觉运用品牌策略

随着我国教育体制改革的深层次渗透和加入 WTO 所带来的域外教育的冲击,中小学教育供给方式多元化的竞争局面日益凸显。形形色色的公办学校、公办民助学校、民办学校、股份制学校以及"洋学校"等不断涌现,办学格局已明显由以国家办学为主体向多种办学模式并存的多元化体系突变,这客观上造成了当今中小学教育的供给市场日益扩大,需求市场相对缩小的实际,教育市场这种供给和需求关系的裂变,导致了各中小学间的生存竞争越来越激烈而复杂。

国内外教育市场的竞争,迫切要求学校采取品牌策略。调查表明,在创学校品牌过程中,35%的学校使用了文化策略,34%的学校使用了教育服务类型差异和质量策略,25%的学校使用了学校定位策略,还有少数学校使用了重新命名、品牌输入、品牌公关和宣传等策略(见图4-6)。

在学校创品牌的过程中,校长有意识使用的品牌策略及其分布比例分别为品牌定位(19%)、品牌设计(15%)、品牌延伸(16%)、品牌扩张(9%)、品牌保护(6%)、品牌管理(20%)、品牌宣传(15%)(见图4-7)。全国著名的学校品牌"清华附中"、"北大附中"、"北师大附中",分别在全国各地连锁办学,实行

---

① 刘仁富. 教育策划悄然进入中小学校园[N]. 中国教育报,2002-5-1

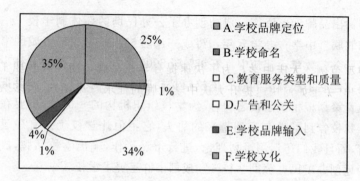

图 4-6　部分学校创立品牌使用的策略分布图

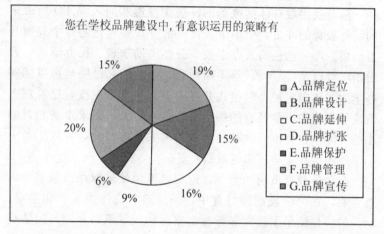

图 4-7　部分校长有意识使用的学校品牌策略分布图

学校品牌的扩张；而各地也输入品牌，壮大自己的实力。走过100 年历史的黄冈中学已成为全国基础教育的一面旗帜，是国际奥林匹克学科竞赛国手培养的摇篮。2005 年惠州市政府部门搭建平台，使"黄冈品牌"落户惠州，创立"黄冈中学惠州学校"。① 上海闸北八中的"成功教育"、北京二十二中凭借著名数

---

①　杨剑辉. 强化品牌建设创建优质名校　黄冈中学惠州学校落成[EB/OL]. http：//gd. news. sina. com. cn/huizhou/2005－09－02/1655567. html

学教师孙维刚支撑的"名师教育"等就是通过打造特色来塑造学校品牌,增强学校市场竞争力,为学校谋得生存和发展空间的典型范例。大庆中学,为了快速提升学校品牌,向广大教职工发出"关于如何快速提升大庆中学品牌的征求意见函",大多数教职工表现出对学校品牌的关注,提出了学校目前影响品牌的因素和如何提升学校品牌的策略。成都五十中于 2002 年加盟棕北教育集团。凭借集团优势,通过分析学校区域教育生态环境,立足于学校实际,运用策划理论,以"中等生超常规发展"为特色,着力打造学校品牌,在学校品牌特色创办、资源重组、教学与管理、教育科研及学校形象提升诸方面进行了一系列积极的探索与思考,取得了一定成效。

4. 少数政府和教育主管部门开始运用品牌战略,并取得了较好的品牌效应

为了缓解优质教育需求旺盛和优质教育资源供给短缺之间的矛盾,许多地方都实施名校扩张战略。如 2005 年,在政府的策动下,沈阳育才中学、省实验中学、沈阳二中、沈阳一二六中学等名校,实施了并扩校举措。沈阳市和平区抓住"金廊工程"重建九十一中与铁路学校划归地方两大契机,将九十一中和铁四中纳入一二六中统一管理,成为名校扩张的最大亮点;九十一中作为一二六中的南校区,铁四中作为一二六中的高中部,从而使一二六中成为拥有总校、高中部、分校及南校区四个校区、90 个教学班、近 5500 名学生的名校教育集团;该区还将一〇一中学、宇光中学纳入一三四中学的统一管理,形成了一三四中学教育集团。①

为了加强初中建设,上海市不少区县教育行政部门充分利用区域内重点高中的品牌,努力做大、做强初中学校。虹口高

---

① 李莉. 扩张缓解教育资源紧缺 名牌中学走品牌扩张之路[EB/OL].
http://news.sina.com.cn/c/2005-12-13/10017695428s.shtml

中、继光高中是虹口区的两所知名重点中学，区教育局盘活其富余的教育资源，新办了一所虹口初中，并对另一所普通初中实施"换牌"改建，建成继光初中。曹杨二中附属学校、晋元高中附属学校、光明初级中学的前身也是普通初中；新办的卢湾中学是原重点中学卢湾中学初高中分离后的初中部；原先办学条件较差，区教育局投入 3000 万元，在黄金地段将这所学校的品牌"放大"，建造新的教学楼，建筑面积达 1 万多平方米，新学期起开始启用。

5. 名校集团化趋势

为了充分利用优质教育资源，从 20 世纪 90 年代末期开始，各地纷纷成立以名校为基础的教育集团。如北京崇文区的"汇文集团"、"光明集团"等，上海的"南洋"、"建平"教育集团，浙江"万里"教育集团、"求是"教育集团也不断壮大，这些充分显示了教育品牌的规模优势和整体气势。2004 年 9 月，杭州市提出名校教育集团化战略。在这一战略的带动下，各个城区都先后以名校为龙头组建了教育集团，涵盖了从幼儿园、小学到中学各个阶段。到 2005 年初，杭州市已有基础教育阶段的教育集团 28 个，以 50 所有名的中小学为龙头，90 所学校成为成员单位。[①] 名校集团化，是优化基础教育资源配置的制度安排，是市场经济条件下促进基础教育发展的有效战略。

名校集团化具有其最突出的特点是：规模化办学。它具有强大的办学优势：(1)体制优势。教育集团办学最突出的优势是体制优势。教育集团产生并发展壮大于市场经济，因此它最了解社会的需要，对市场反应最敏感，它完全根据社会需求来培养所需人才，顺应时代的发展而变化，这是民办教育集团具有强大生命力的基础。教育集团内部条块结合的管理体制，按照一会(董事会)三系统(执行系统、监督系统、反馈系统)的模式

---

① 江南，翁迪凯．杭州：集团化共享名校资源[N]．人民日报，2005－7－18

进行科学管理，运行机制灵活，互补性强，形成以优促优、带优的良性循环，实现资金、师资、经验互补。[①]（2）融资优势。办学规模的扩大，实力的增强，可以获得贷款，可以通过上市融资，可以通过集团资金的统一管理和调配，既保证集团各校的均衡发展，又可实现一定时期内重点发展的需要。（3）国际化优势。教育集团凭借其办学规模和办学实力，更能赢得国外教育界的信赖，吸引更多的合作伙伴，如国外引进的师资，既可以办国际学校或国际班，还可以在国外办学。

　　名校集团化冲击了整个教育市场，成了社会关注的焦点，引发了社会各界广泛争议。赞同者认为，这是充分挖掘名校的师资、管理和品牌潜力，用好、用足、用活名校资源，使当地更多的老百姓享受到优质教育资源。反对者则称这是中国当代教育史上的一次圈地运动，导致的结果是，基础教育这一特殊的公共资源在经济利益的驱动下，加深了优质教育资源分配的不平等，有违教育公平性原则，与国家教育事业的基本宗旨相背离。

　　中国出现了一些教育集团，这不是一个偶然现象，也不是一种从众行为，是教育发展过程中优胜劣汰的结果，是生存的需要，是发展的必然，是社会和教育的发展促成了集团化办学格局的形成。教育集团能以其灵活的机制、多种办学形式，全方位满足社会对于优质教育的需求。同时，随着社会主义市场经济体制的逐步确立，市场在教育关系中的调节作用增强，而国家的教育政策存在滞后和不稳定现象，单一的教育形式不能及时适应政策的变化和教育需求变化，而教育集团却以其教育内容的多样，教育形式的多层，保证了生存和发展。正是如此，尽管政府下限令、媒体批评，但择校热不降反升，其发展态势已从小学、初中、高中，向下延伸到幼儿园，向上拓展至高等

---

　　① 于松岭. 办学新格局：教育集团化发展[N]. 中国教育报，2002-12-03

院校。

6. 学校品牌的国际化趋势开始出现

随着我国加入 WTO，教育服务贸易在观念领域的形成，我国基础教育经营市场也有国内扩展到国外。据 2004 年 9 月 15 日《新京报》报道，汇文中学等北京市六所示范中学正在筹备在加拿大开办中文学校。中国的基础教育一直在世界处于领先地位，这六所中学的加拿大校区将让国外孩子尝试中国教育。这也打开了北京中小学在国外办学的局面。许多中学还办有国际班，招收外国学生，这是一种主动迎接挑战的选择。上海中学国际部作为国内第一所由中国人自主管理的国际学校，自 1993 年创办至今，通过市场经营，取得了良好的教育效益：从开办时的 18 人发展到 2005 年初的 1350 人，学生来自 47 个国家和地区；外国学生报考北大的录取率超过 85%，近年来港澳台学生报考中国大学录取率 100%，国际部学生报考欧美大学录取率超过 90%，报考国外名牌大学的录取率达 70%，一批学生被哈佛大学、耶鲁大学、麻省理工学院、莱比锡大学、法国巴黎音乐学院、日本早稻田大学等世界一流大学录取，在全市和全国产生了很大的影响。[①] 这更体现了中国基础教育经营市场已超出国内。

(二)我国学校品牌经营的误区及其原因分析

1. 我国学校品牌经营误区

误区一：学校品牌理念的个性化缺失

学校品牌理念是学校品牌价值的集中体现。我国中小学在发展过程中，办学理念形式化、同质化，普遍缺乏特色，即缺乏核心的价值理念。据黄晓玲对北京市 34 所中小学调查表明，

---

① 李英. 论国际学校教育品牌的建构——以上海中学国际部的发展为研究个案[J]. 上海教育科研，2005.8 页

当前中小学办学理念和办学目标出现了以下问题[1]：（1）办学理念与办学目标不分。如"开拓进取，求真务实"、"一切为了孩子"主要是一种理念，比较笼统，缺乏激励性和引导性；有的把办学目标当成办学理念的，如把"全面发展、学有特长"作为办学理念；有的甚至把二者合而为一，如"面向全体、面向未来、提高素质、发展特长、争创一流"。（2）理念的设计或选择缺乏凝练的冲击力。如"平等、创新"、"改革促发展，在发展中创新高"，类似的理念，比较宽泛，缺乏对学校关键问题认识和追求的说明、指引，这种语句在任何时候、对任何学校都可以适用，与教育本质、学校实际、特色和优势等联系不紧。调查中 34 所学校的办学理念大多显得比较平实和一般，冲击力和凝聚力不够。（3）理念的设计或选择有一拥而上的倾向。大都集中在"以人为本"、"以学生发展为本"上，这既表明人本思想已深入教育领域并成为人们的共识，同时也表现出各学校对新观点、新理念一拥而上的倾向。先进、科学的教育或相关理论、理念要成为学校的办学理念，必须经过校本化的理论加工，要在理论、理念与学校实际之间找到适宜的切合点，以保证加工后的理念的有效性。（4）部分理念的设计或选择包括度过小。如"营造春天般的环境"、"开放、严谨、民主"，主要是突出学校管理、制度、精神环境的和谐以及良好的校风，虽然重点突出了一个方面，但以此统领学校办学则显得有些勉强，支持力和深度不够。（5）办学目标普遍缺乏区分度。目标是指引行动的预期效果，其在不同阶段针对不同内容有不同层次的区分。学校办学应有整体、长远的发展目标，这些目标是由动态发展的阶段性目标构成的。在拟订学校办学目标时，应形成目标系列，既有纵向上不同阶段的发展目标，又有横向上各项内容的层次区分，并逐

---

① 黄晓玲．从教育策划看部分中小学的办学理念和办学目标——以对北京市部分中小学的调查为例[J]．基础教育研究，2005（1）：7—9 页

步推进和适时调整。另外不同学校的办学实质上应有比较大的区分,但现实中很多学校都有类似的办学目标,如"学生个个合格,人人全面发展",这反映出基础教育中学校共性有余而个性不足的特点。(6)部分学校办学目标缺乏具体内容和指标。如"使学校成为社会评价好、家长信任度高的学校"、"学生喜欢、家长满意"、"创办高质量的小学",仅看表述,对目标的具体内容和具体标准都不甚清楚,这类目标显然无法检测,在实施中缺乏引领和激励作用。(7)部分学校办学理念和办学目标表述比较随意。如"以学生的发展为本,以满足社会发展需要为目标"、"为了全体的学生、服务全体学生、发展全体学生"等办学理念,"努力培养学生学习能力、实践能力,造就一个健康向上的学校"等办学目标,有的语句表述本身对术语的推敲和把握不准确,有的句与句之间缺乏内在逻辑联系或联系松散,这些势必影响办学理念和办学目标的科学性。

误区二:品牌传播意识淡漠

一个完整的学校品牌系统不仅包括学校建筑、设施、名称、标志、宣传口号等外在形象,还包括品牌理念、品牌内涵、品牌个性、品牌内容等更本质的东西。教育消费者对学校品牌的认识是从外到内、从感性到理性、从形式到内容的。学校只有形成完整的品牌印象,才能真正赢得教育消费者的认同与赞誉。而有些学校认为只要自己扎扎实实地提升学校质量,学校品牌就自然而然形成了,没有明确的学校品牌传播意识,忽视与外界沟通。

误区三:经营模式的形式化

许多学校为品牌而品牌,先从形式上按照一套市场调研、品牌定位、品牌概念、品牌形象、整合传播的流程建立品牌,而没有考虑到学校品牌的个性,以及品牌如何实现学校的效益增值。

误区四:经营重点外部化

许多学校将品牌经营的重点放在品牌的外在表现，如形象设计、公关策划，而忽略了品牌生存的基础和对品牌的内部管理(教育服务品质、组织、教职工、学生等)，最终造成品牌的萎缩。

误区五：经营主体窄化

大多数人认为品牌建设成为知名学校的专利，在实践中似乎只有知名学校才有实力开展品牌建设，其潜台词是品牌建设是项费钱的活，只有知名学校才有资金投入，可事实是如果没有品牌建设，薄弱学校永远成不了品牌学校。一些学校的品牌管理责任局限于校长和少数几个行政人员，大多数教职工是品牌建设的局外人或旁观者。

误区六：品牌管理静态化

学校将重点放在了品牌形象、个性、联想、描述等方面，也就是仅仅注重了品牌本身，而没有将品牌放在整个营销的过程中来考虑，同时品牌系统不具备操作性，对于品牌如何为学校创造价值没有有效的方法。

误区七：经营策略单一化

目前的学校品牌建设基本都是建立在传播的基础上，将经费主要花费在媒体宣传、公关上，形成了品牌是需要大投入的印象，这事实上是对品牌经营的道德投机。目前，有些民办学校大肆利用广告打造品牌，自我张扬过度，把品牌宣传变成自我表现、自我炫耀的过程，其负面效应是不言而喻的。其实，品牌经营的策略是多样的。广告是学校提高竞争力的有效手段，它不仅能提高品牌的知名度，扩大学校影响力，还能促进市场占有率的提高。但仅靠广告提高产品知名度、树立学校品牌形象是不够的。广告不等于质量，更不等于效益。品牌知名度可以在短期内达到，而品牌联想却是品牌建设的一项长期工程，是在品牌的长期经营中建立的资产。

误区八：重视树品牌，轻视保品牌

有些学校,特别是重点中学,在树立起品牌之后就认为可以一劳永逸、坐享其成了。其实,学校品牌有"生命周期",即有诞生、成长、鼎盛、衰亡的过程。好的学校品牌往往是竞争对手模仿、攻击的对象,如果不积极创新,进一步占领市场,那么,学校就很容易在竞争中处于劣势地位。由于学校内外部的环境会发生变化,如校长更替、名师离退、生源变化、政策变化、校长决策失误、学校对变化反应迟钝、发生危机事件等,所以,学校品牌的基础也会发生相应的变化,这就需要学校积极谋划,应对变化与挑战。学校品牌更新与维护策划就显得非常必要。

2. 我国学校品牌经营误区形成的主要原因分析

(1)品牌知识缺失及对品牌的误解

在学校品牌经营中,首先存在观念的障碍,表现为整个教育界品牌意识薄弱、学校品牌战略意识不强、学校品牌定位不明确、不准确等。学校品牌经营意识,一是来源于政府的引导,二是来源于市场竞争的实践。学校品牌作为一种文化,是随着品牌经济出现后才产生的。但是,在我国市场经济不完善的情况下,服务领域的品牌意识才刚刚开始萌发,服务品牌知识缺乏,品牌观念在服务领域并没有普及;同时中小学教育服务市场发育不成熟、有关教育服务的制度建构缺乏,人们仍然受计划经济体制下的"重点学校"建设的思维模式的影响,一些学校对实施品牌战略概念模糊,没有正确认识到品牌作为资产的巨大无形价值,缺乏实施品牌战略的紧迫感。一些学校由于实施品牌战略的理论缺乏,混淆产品生产与产品经营与品牌经营的实质,几乎不存在对学校品牌价值的准确定位,学校品牌核心价值不清晰、缺乏个性、品牌气质趋于雷同,将学校品牌等同于视觉形象,实施品牌战略、发展产品品牌的条件不足,在实施时茫然无措。

另外,我们传统文化中的商业道德意识淡漠,缺乏基于工业社会所形成的契约关系和商业道德意识，使得从计划经济进入市场经济的中国企业无法在短时间内完成商业道德的重新构建。契约与信用观念的空白，使得中国品牌从诞生之日起，就把承诺自觉不自觉地停留在政治意识形态宣传的思维框架中，品牌纯粹是企业牟取利润的一个工具。而在缺乏监督的环境下，学校缺少承诺；一部分转制学校或新建的民办学校经营走上纯企业化的道路，学校的文化行为在经营的理念下异化为经济行为。学校品牌经营被误认为是学校企业化，而学校品牌经营的目的也被想当然地看成是盈利。这也强化了人们的教育不能产业化的观念。

(2)学校品牌经营的价值定位不准确

现代学校品牌经营的核心价值体现为让更多的孩子受到优质的教育(公平)，让教师和校长充分发挥其聪明才智(效率)，让学校在竞争和合作中共同发展与提高(和谐)。这些核心的理念是由学校的文化本性决定的。学校是传播优秀文化和发展新文化的场所，学校经营就是用经营的思想和方法传播和发展先进文化，这体现了学校长远发展并兼顾社会进步的独立价值观。但由于基础教育办学的模式化，现在许多学校理念的设计背后的理论基础主要是人本理论和发展理论，普遍缺乏独特、深刻的理论支撑，办学理念平淡、不清晰、缺乏凝练冲击力、特色凸显不够。

(3)校长缺乏经营学校的必备素质

校长是学校的法人代表，是经营学校的主体。一个优秀的校长应该具备先进的教育理念，全面规划学校能力，还要具备统筹学校资源、组建教师团队、激发学校生产力的能力以及开拓学校产品市场的能力和给学校增值的理念和能力。但许多校长是政府部门任命的，习惯于科层制的校长管理模式，品牌经营意识薄弱和品牌经营能力差，造成学校在封闭条件下的低水平发展；有些校长忙于教学科研，埋头抓教育教学质量，没有正确认识学校形象塑造的价值，忽视品牌传播，学校品牌"养在深闺人未识"；还有的校长市场开拓能力和公关能力较强，将主要精力集中在创收和公关上，忽视学校品牌的本质，即具有特色的学校文化、教育教学和服务管理的高质量。

（4）学校品牌管理缺乏统一和长效机制

学校品牌塑造不是一日之功，学校需要建立统一、长效的品牌管理机制。一些学校急功近利，面对市场竞争压力与内外环境，轻率地运用一些仅有短期效果而会伤害品牌核心价值的战术。有些学校没有从学校产品的特殊性、学校的文化本性和学校资源的有限性的角度综合设计学校品牌发展战略思路，而是不顾条件地提出学校品牌建设的蓝图，具体表现为：品牌塑造策略如科研引领策略、特色构建策略、名师支撑策略、校长修炼策略、学校品牌传播策略等，没有统一的"主线"，分散零乱。有的学校盲目跟风，学校品牌理念与广告宣传前后不一，即在不同时期推出的品牌形象和品牌定位混乱或矛盾，没有长效的品牌策略，没有长期统一的品牌管理机制。学校品牌建设是一个长期的过程，涉及学校的方方面面，因此，应坚持长期一致、全面统一的品牌策划原则。①

（5）学校品牌经营缺乏适宜的环境

目前，虽然国家对基础教育的改革和发展提出了一些原则，如《国务院关于基础教育改革与发展的决定》（2001年）指出：加强对公办学校办学体制改革试验的领导和管理，公办学校体制改革要有利于改造薄弱学校，满足群众的教育需求，扩大优质教育资源，薄弱学校（国有企业所属中小学和政府新建的学校等）在保证国有资产不流失的前提下，可以进行按照民办学校机制运行的改革试验，但国家没有出台发展和保护学校品牌的政策法规，政府、企业等都在以不同的方式干扰着学校品牌建设，

---

① 陈丽. 学校品牌塑造策划中容易出现的问题[J]. 中小学管理，2005(05)

学校品牌经营存在不利的环境。主要表现在：首先，缺乏健康的市场环境，学校生产要素的商品性和学校经营的非自主性的矛盾非常尖锐。学校教师的引进、物资的采购、基建等都受到政府的过度干预。其次，缺乏有效的管理体制环境，学校品牌资产的评估机构缺乏。据调查了解，目前很多地方在公办学校转制之前对学校的国有资产并没有进行规范、科学的评估，也没有建立起相应的制度保证国有资产不流失。少数地方甚至根本就不进行评估，由领导说了算，特别是一些地方将优质学校进行转制，根本不考虑这些学校数十年甚至上百年累积形成的无形资产价值，这不仅造成大量国有资产的流失，而且滋生了许多腐败行为。再次，转制学校出现产权不清问题，进而产生矛盾和纠纷。① 保护学校品牌的法律还没有出台、中国知名学校缺乏法律保护意识，使得学校品牌资产流失、贬值，甚至从市场上消失。其实，保护学校品牌就是保护一种文化，学校品牌经营也具有文化产业经营的特性。

四、学校品牌经营的发展轨迹及其效应

(一)学校品牌经营的发展轨迹

1. 经营背景：从教育经营、学校经营到学校品牌经营

教育经营是指教育作为服务产业的筹划、谋划、营运活动，学校经营是教育经营的组织形态和主要的经营主体，学校品牌经营是学校经营的最高形式和理想状态。教育经营是市场经济催生的结果。市场化背景下的教育的产业地位和作用，迫切要求教育进入经营的轨道，用经营的先进思想来推动教育的发展，

---

① 朱卫国. 关于公办学校"转制"问题的思考[J]. 教育发展研究，2004(04)：61—64 页

讲教育的效率和效益；教育自身的分化、发展、改组的趋势，要求教育管理走向教育经营；投资渠道多元化，办学体制多样化，也要求教育纳入经营的轨道；教育要现代化、规范化，校长要具有强烈的服务意识和经济观念，在竞争中求发展，凭质量求效益。

学校是教育经营的主要机构，教育经营必然要求学校经营。这是由经营的本性决定的，因为凡是有资产以及人力资源活动的地方，都存在一个以最小的投入获得最大效益(包括经济效益和社会效益)的问题，即经营的问题，中小学校也不例外。教育投入严重不足，教育资源短缺与教育领域浪费现象普遍的矛盾，学校产品生产过程的营销性等，也决定了优化教育教学过程不仅仅是管理问题，也是经营问题。

学校品牌经营是在学校经营过程中产生的新理念。因为在教育投入有限的情况下，集中力量扩大优质教育资源比全面铺开改造所有的薄弱学校更有成效。第一，目前薄弱学校数量太多，有限的资金如果平均用力将无法取得明显效益，且并非所有的薄弱学校都值得改造；第二，既要重视学校硬件的均衡建设，更要推动学校内涵发展的同步进行，"扶弱"除了在经费、设备上倾斜外，还必须在内涵发展、质量提高上予以帮助；第三，学校品牌扩张可以降低成本，充分发挥学校的品牌效应。从教育经营，到学校经营，再到学校品牌经营，是教育管理实践发展的现实逻辑，也体现了学校发展的经济逻辑。

2. 经营目的：从经济效益到顾客利益、社会和经济效益兼顾

在学校品牌建立的初期，学校的经营目的主要是弥补政府教育投入的不足，经营的主要手段是收取择校费，这实际上是教育价格机制在起作用；但随着政府教育投入增加，特别是免费义务教育制度实施，教育乱收费问题的治理，促进学校增殖的"择校费"策略受到了限制。随着重点学校制度的废除，中小学的竞争更加公平，学校品牌经营目标不得不回到教育的起点，即满足教育消费者的利益，有利于学校的可持续发展和实现学校的社会功能。

3. 经营资源：从有形到有形与无形结合

传统的学校经营是对学校有形资源的利用，包括物力资本经营（教学条件的改善）、人力资本经营（优秀师资的引进、优秀生源的吸引）、货币资本的经营。特别是新建学校，更体现了这三个方面的策略的重要性。然而，在学校物质条件得到改善后，有形的资源的作用发挥到了一定程度。学校之间的竞争，演化成学校形象、学校文化、学校关系等无形资产的竞争。有形和无形资源的有机结合是学校品牌经营的客观基础。

4. 经营方式：从被动适应到主动创造

学校品牌经营是市场选择的结果。在市场经济不发达的条件下，学校特别是重点中小学一直徘徊在市场的边缘；当民办学校迅速发展，全国的知名的学校进行品牌扩张，争夺异地的教育市场时，这些学校才开始品牌觉醒，主动培育和保护自己的品牌；而许多薄弱学校，正是通过品牌输入，实现了学校发展的质的飞跃。许多新建的学校，开始主动运用教育策划手段，培育自己的教育品牌。

（二）学校品牌的实践效应

学校品牌经营具有多方面的效应，从学校品牌效应产生的方式、对象和范围、大小来看，大体包括磁力效应、扩散效应、持续效应、放大效应（乘数效应）、激励效应、应变效应、文化传播效应、增值效应。

1. 磁力效应

品牌的名气、声誉会对政府、社会、家长、学生及其他社会公众产生一种亲和力和认同感。家长、学生会慕名而来，容易得到政策支持和全社会关心，从而，吸引社会资金、优秀人才、管理经验，使品牌进一步稳固自己的实力，进一步扩大规模，不断发展壮大。世界名牌大学牛津、剑桥、哈佛，以及我国的清华、北大等都集中了全世界一流的学者、科学家和专家，吸引最优秀的生源，吸引世界许多有实力的财团投资，这就显现了名校品牌的磁力效应。

2. 扩散效应

教育质量信誉一旦树立起来，就会通过消费领域的传导和流通范围的展开，扩散学校的知名度、美誉度，不仅可以减少形象宣传的成本，而且可以无意识获得社会许多支持。例如，一提到黄冈中学，人们就自然地与人才高质量联系在一起；一提到湖南师范大学附中，就和奥林匹克金牌联系在一起。

3. 持续效应

品牌本身就是一笔重要无形资产，学校凭借自己拥有的品牌资源，可以很容易地进行融资，低成本扩张，扩大办学规模，增强教育实力，迅速变无形资产为有形资产。因此，只要学校不出现质量问题，质量信誉不受到损害，品牌不倒，它的影响力及其经济效果就会长期持续下去。

4. 放大效应（乘数效应）

由于消费传导和广告宣传的作用，质量信誉的影响力会超过实际的质量水平，学校品牌产品可以由一种产品放大到一组产品，可以对某一城市、地区的教育发展产生带动作用，也可以对相关的行业起带动作用，还可以对某一领域的经济发展产生带动作用，由此带来的社会效益和经济效果也起了乘数的作用。名校能对学校连锁经营、对薄弱学校的兼并、收购、托管等，就在于其积极的影响力。清华紫光，北大方正之所以能成为大学企业的品牌，实际上是清华、北大学校品牌价值的延伸。北京师范大学附中之所以在全国有许多分校，就是因为北京师范大学是中国的最高的师范学府。目前，多少带有一些炒作的教育房地产热，就是在利用名校品牌的放大效应。

5. 激励效应

学校品牌对外对内都可以产生激励作用。由于受质量信誉的扩散效应、持续效应和放大效应的影响，品牌会刺激市场需求，特别是刺激消费者的攀比心理和炫耀心态，而扩大学校对市场和消费者的影响力。学校品牌的形象会使员工产生自豪感和荣誉感，使员工的精神状态得到提升，使员工的积极性、主动性、创造性得到激发调动，使学校的各种资源实现优化组合，从而提高工作效率，维护学校形象。

6. 应变效应

强大的学校品牌资产增强了对教育竞争环境的适应性与应变力。如当面临教育经费短缺、教师流动大、学生和家长教育选择能力增强、教育人口的急剧变化、新竞争者的介入等环境变化时，有品牌资产强有力的支持，学校就有时间进行重新定位，教育教学改革，调整办学思路和管理策略，而立于不败之地。

7. 文化传播效应

品牌的魅力就在于它凝结的是一种具有时代精神的先进文化。剑桥大学成立于 1209 年，在 700 多年的发展中形成了"为教育、宗教、学术、研究服务"的先进教学理念，在世界学子的心中有着神圣的地位；"在北大听演讲"也传播北大的先进文化。重视学校品牌的价值，发挥品牌效应，有利于扩大优质教育资源的供给能力，满足教育消费者对优质教育的迫切需求；有利于促进教育公平竞争，引导教育的协调发展；有利于学校办学自主性充分发挥和可持续发展；有利于提高我国教育的整体实力和国际竞争力。

8. 增值效应

学校品牌作为一种无形资产，它若能充分发挥作用，就会给办学组织带来实质性的附加值，并形成品牌增值效应。例如，湖南省衡阳一中，不花国家一分钱，靠充分发掘自身的品牌价值，三年融资 3500 多万元，新建了两所学校，生源爆满。①
2000 年，成都市输出名校品牌，新建了 8 所颇具规模的民办学
校，融资达 7 个多亿，相当于成都市人民政府 12 年投入教育经
费总和。② 广东碧桂园楼盘在无人问津、奄奄一息情况下，经
高人策划，与北京景山学校合作，及时打出教育品牌，推出高
起点、高水平、现代化的碧桂园实验学校，不仅楼盘得以起死
回生，而且创利近 20 亿。③

---

　　① 李伦娥．衡阳市一中：充分挖掘品牌价值[N]．中国教育报，2002－01－
02②

　　② 李旭辉等．学校——你的品牌有多重[J]．四川教育，2002(2)、(3)

　　③ 张光义．论高中名校品牌扩张战略[J]．当代教育科学，2003(13)

第五章　薄弱中小学品牌经营策略

一提到"品牌"许多人立即想到诸如"北大附中"、"人大附中"、"景山学校"、"闸北八中"这样的知名学校，认为创立品牌是可望而不可及的事情。其实，这里有一个认识的误区。对于绝大多数学校而言，根据学校的实际条件，都可以形成自己某一方面的特色，从而产生一定的社会影响力，最终形成有一定知名度的品牌。

一、薄弱学校品牌经营环境

(一)薄弱学校内涵及其特点

薄弱学校是一个相对的概念，它是相对于优质学校而言，在办学条件、师资队伍、管理水平、教育教学质量等方面较差的学校；从市场地位来看，是在生源质量、师资、文化建设、品牌塑造等方面都处于竞争劣势的学校，薄弱学校招生录取分数偏低，学生质量较差，甚至生源严重不足。从消费者评价来看，是口碑差的学校。

任何一所薄弱学校在新建的时候都没有注定要成为薄弱学校，许多薄弱学校在历史上有过自己的辉煌。其薄弱的原因是多方面的，如区域政治、经济发展中心转移、生源减少、政府投入减少、优秀教师流失、学校管理混乱等。

从发展角度来看，薄弱学校往往存在着以下几对突出矛盾：全面提升教育教学质量与学生基础差和教师队伍不稳定且素质参差不齐的矛盾；从严管理与学生不良行为习惯偏差的矛盾；

195

让学生放开手脚发展特长与担心影响学习和出现安全事故的矛盾；学生成绩与家长期望值之间的矛盾；管理要求较高与管理者整体管理素质不高的矛盾；学校可持续发展的急切愿望与学生人数不足的矛盾。

(二)薄弱学校品牌建设的可行性

1. 从教育服务多样性和层次性来看，薄弱学校存在目标群体

教育服务需求的一个鲜明特征是层次性。消费者有不同的消费需求，有高档、中档、低档、消费层次之分。因此，我们的各类学校也应提供不同档次的教育服务，以满足不同家长、不同学习者的需求。比如中小学教育的办学条件不能千篇一律，既要满足大多数经济状况一般家庭的需求，还要满足经济状况富裕家庭的需求。有些学生需要有空调、热水的寝室，有些学生只需要有风扇的寝室，有些学生需要住单间，有些学生需要经济实惠的寝室等。作为教育服务的供给方，要有为不同收入、不同需求的受教育者提供不同层次、不同等级的教育服务，要因人而异，按需服务。① 薄弱学校只要存在自己的目标市场，就可以通过改造形成自己的办学特色和优势。

2. 从教育市场变化性看，薄弱学校存在发展成为品牌学校的空间

薄弱学校和优质学校是可以相互转化的。虽然薄弱学校转化为优质品牌学校，受许多条件的限制，转化过程也比较长，但从现实角度来看，不乏薄弱学校发展成为优质学校的典型。南京浦口区五里村的行知小学是一所农村小学，学校在杨瑞清校长的带领下，坚持"让农民的孩子也能受到最好的教育"的信念；采取"学陶师陶"的策略；从"让农民的孩子拥有自信"这一

---

① 杨德广. 树立教育服务产业观[J]. 教育发展研究，2004(03)：76—77 页

办学理念出发，倡导"能在这里快乐成长、成人、成才的教育"，"我们要让城市孩子羡慕我们乡村孩子所受的教育"的观念，推行"赏识教育"；推行赏识管理，"让教师在鼓励与分享中教、让学生在欢乐和入迷中学，让学校成为师生的精神家园"，为教师提供了更多的自主发展、创新和选择的条件；为解决生源问题，实行了幼儿园小学的一体化；为解决师资问题，依托晓庄师范成为晓庄师范第二附小，并建立了教师培训基地；为解决设施问题，与南京市中小学生科农活动基金会联合创办了全市第一家行知教育基地并获投资 200 多万元，为解决环境、信誉等外部问题，与当地成教、社区等方面合作，开办了五里村农民文化技术业余学校，并开设了小农场、小工厂等校办产业，从薄弱学校发展成为中国新型农村小学的典范。

3. 从学校比较优势看，薄弱学校品牌经营具有现实性

任何一所薄弱学校在新办时，总有其必要性，如学校布局调整、基础教育规模的扩展等。学校布局便体现了学校的地理位置的优势，教育规模扩大的基础就是教育需求增加。从消极角度而言，在学校发展过程中，学校历史和文化的积淀、学校在社会中的知名度（包括不好的声誉），甚至是学校的名称等，比起新建的学校来说，都是优势，都可能是学校品牌经营的基础。

4. 从政府治理教育角度看，薄弱学校存在发展机遇

基础教育的准公共产品性质，决定了政府在发展基础教育中的历史责任。薄弱学校形成，从制度安排的角度而言，主要是政府教育投入有限，将有限教育资源倾斜给重点中小学造成的。十六大以后，党和政府确定了科学发展观，加大了教育的投入和政府的主体作用，大力推进了基础教育均衡发展进程。薄弱学校产生的制度基础消亡了。随着重点学校制度取消，政府加大了对薄弱学校的治理力度，薄弱学校获得了难得的发展机遇。《国务院关于基础教育改革与发展的决定》明确指出，公

立学校办学体制改革要有利于改造薄弱学校，满足群众的教育需求，扩大优质教育资源。薄弱学校、国有企业所属中小学和政府新建的学校等，在保证国有资产不流失的前提下，可以进行按民办学校机制运行的改革试验。薄弱学校的品牌建设具有政策保障。

二、薄弱学校品牌经营战略设计与策略选择

（一）薄弱学校品牌经营的战略思路

学校品牌是由高质量教育和优质教育服务积淀而成的一笔宝贵的且可以经营的无形资产。树立学校品牌是学校进入市场、优化教育资源的必然选择。在纷纭复杂的市场环境中，品牌可能会保值，升值或贬值。薄弱学校只有自始至终将品牌作为第一位的要素来经营，一切要素的聚合都应围绕着树立品牌、创立名牌来运作，才能确保品牌健康发展。薄弱学校品牌经营战略就是要使学校面向市场、面向未来、面向社会来确定自己的整体优势和特色，通过特色课程及知名教师等因素不断开拓市场，讲究教育效益、经济效益，使学校的特色得到社会普遍认同。

1. 善于分析自身比较优势

与知名学校相比，薄弱学校缺乏综合优势，但与新建学校相比，也有自己的比较优势。如办学历史优势、学校知名度、学校地理位置优势、社区教育资源优势、某些学科特色、教师的敬业精神、学生的旺盛求知欲、家长对学校发展的关心等。善于利用现有的比较优势，是形成品牌的基础。

2. 善于集中力量形成特色

学校特色是学校品牌的构成性要素。这些特色主要通过学校教育服务产品的特色来体现。薄弱学校通过对自己的优势的

分析，并对市场进行准确定位，可以形成自己的教育特色。

3. 重视宣传效应

薄弱学校有一定的知名度，但美誉度不高，甚至名声不好。学校可以利用已有的传播渠道，宣传自己的特色，从而树立学校的稳定形象，积累学校的品牌资产。同时，学校还可以依靠公关、宣传、网络，来树立自己的良好的形象。

(二)薄弱学校品牌经营的战略模式

对于薄弱学校而言，不仅仅是办学条件的改善、师资的引进和一般的管理规范问题，学校名称、核心价值及其所代表的一切是他们最重要的无形资产，而且也是他们建立竞争优势和未来盈利的基础。因此，必须站在战略高度对薄弱学校进行品牌改造，通过逐渐积累品牌资产，而形成学校的竞争优势。我们把这种通过逐渐积累学校品牌资产的经营模式称为学校品牌经营的战略规划模式(见图 5-1)。这一模式有 5 个步骤：

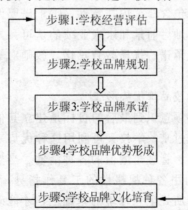

图 5-1　薄弱学校品牌经营的战略规划模式

第一步：学校经营评估

薄弱学校是否具有品牌建设的必要性和可能性，只有在事实和调查研究的基础上，对目前学校经营的情况进行概括和总结，才能找到学校品牌建设的突破口。评估的方法主要采取 SWOT 模型。

第二步：学校品牌规划

为保证薄弱学校品牌资产最大化，谨慎设计学校品牌标识的方法是至关重要的。学校品牌规划是指导创造、设计和传播特定学校品牌内涵而制订的详细实施方案。主要包括学校品牌理念、学校品牌形象规划。它应体现学校品牌的特性或风格基调，反映学校品牌承诺。

第三步：学校品牌承诺

与通常的商业经营相比，薄弱学校品牌经营要求独特的视角和方法，这种方法的关键在于学校品牌承诺。在薄弱学校品牌战略方针的实施过程中，学校品牌评估完成后，接着是制订学校品牌承诺。学校品牌承诺是薄弱学校品牌为顾客提供的产品或服务的一种保证，也是学校品牌能够卓尔不群的关键。学校品牌承诺主要包含 3 个内在特性：①承诺要做某事；②体现某种保证；③对灿烂前景和未来业绩的认可。具体包括学校对家长的学校安全承诺、优质教育承诺，教师对学生的尊重、关心、帮助承诺等。

第四步：学校品牌优势形成

薄弱学校必须意识到最后的目标是建立其他学校无法比拟的竞争优势。反过来，学校又可利用这种优势来进行相应的学校品牌资产建立、管理与增值的各种活动。当然在发现自身优势的过程中要利用各种战略性的工具作指导，如 SWOT 等模型。在充分分析所处生态环境的基础上，才能确定学校的品牌优势，从而实现学校品牌资产的经营管理和学校品牌资产良性循环运作，确保学校的可持续发展。

第五步：学校品牌文化培育

文化是品牌的集中表现。培育学校品牌文化的目标是要树立共同的品牌信念，并强化在这一信念指导下的行为，比如改变教师的教学态度、统一学校对外的宣传口径。薄弱学校应促使学校的所有员工和有关人员都遵从基于学校特定品牌的信念、行为和特色方式，不断提高他们兑现学校品牌承诺的能力。

(三)薄弱学校品牌培育策略

薄弱学校品牌培育主要是指创造性运用市场经济的某些规则，结合教育市场的特殊规律，来经营学校，创造品牌。其创立学校品牌的主要策略有：

1. 学校品牌定位策略

薄弱学校要获得生存和发展的主动权，必须进行学校品牌发展的正确定位。其定位的主要依据是学校的核心经营理念，以及学校所具有的某种或某些独特的竞争能力和办学优势。学校品牌定位包括市场定位和产品定位。市场定位就是在教育服务市场中学校所处的位置，产品定位就是学校提供的教育服务的类型及其特色。薄弱学校的市场定位就是家庭收入低下、学业成绩中下的学生。其产品组合，除了国家和地方规定的课程体系外，应根据市场需求状况并结合中小学自身特点与实力，确定有地方特色的、符合学生特点课程体系和培养方式。定位的策略主要有：

(1)档次领先定位

利用消费者先入为主的心理，确定"第一"，吸引目标顾客，创造"第一效应"。薄弱学校的"领先"可以从新课程、新服务、新的办学思路和条件入手。应尽可能避免提"升学第一"、"全国唯一"、"世界一流"。成都棕北中学 1996 年建校，短短七年就从八个班发展到一个办学集团，成功的重要因素就有对自身品牌的设计：品牌定位——全省一流的现代化初级中学。几年间学校不断发展，理念在传播中有多种不同的表述，却从来没有出现过偏离。

(2)功能优化定位

教育消费者首先选择学校的因素可能是教育服务产品的功能。从产品的功能优化的角度定位,可以满足教育消费者的功能型需要。薄弱学校可以根据学生的特点,进行教育服务功能的特色定位。上海市崇明中学是一所农村重点高中。学生纯朴、诚恳、勤奋,但理想不高,勇气不足,思想封闭,知识面较窄,创造力相对较差。根据基础教育面向学生未来发展的宗旨,针对农村高中学生的特点,学校确定了"让每个学生在健康成长、发展成才中获得成功"的目标,并通过《农村重点高中自主教育综合研究》等课题研究,将自主教育渗透到学校工作的方方面面。"自主教育"成为崇明中学特色。2004年,学校通过互联网向远在欧美攻读博士学位的多名校友调查:母校给你最大的影响是什么? 传来的答案竟然如此相似:自主教育。他们这样留言:感谢母校,是母校让我学会学习,学会做人;无论在大学学习还是在异域求学,母校的经历和体验使自己收获丰厚。学习游刃有余,处事得心应手,对自己充满信心。①

(3)市场空当定位

在市场调研的基础上,研究竞争者的定位,另辟蹊径,寻找市场空间,甚至创造新的市场空间,进行空挡定位。如提出"让中等生超常发展"。

(4)文化心理定位

利用教育消费者对未来的社会身份认同心理来进行定位,如有的农村学校明确提出"做地地道道的城市人"的办学理念,有的学校挖掘地方的文化艺术资源,提出将学校办成"培养艺术家的摇篮"。1989年,由侨港新会商会捐资360万元,原会城镇政府统筹,兴建的新会梁启超纪念中学,这个以先哲的名字

---

① 赵树利.让每一位学生获得成功——上海崇明中学教育改革聚焦[J].基础教育参考,2006(05):52页

命名的学校，因为地理位置偏僻、办学规模偏小、生源素质差及主观努力不足等原因，曾经是当地最差的学校。学校领导客观分析了学校的面临的问题，发展优势和发展机遇，制定了"低进高出"这一品牌发展战略，简单而明了，既符合学校的发展现状，也符合大众的期望。学校还及时提出"三年创建新会一级学校、五年创建江门市一级学校"的办学目标。在达到目标后，又进一步提出 2008 年成为"广东省绿色学校"、2009 年成为"广东省一级学校"的奋斗目标。这些目标引领学校向全省知名品牌发展。

（5）借势比附定位

以消费者熟知的品牌形象为对照，提升自己的市场地位和树立自己的特殊形象。如"诺贝尔实验学校"，广东省的"黄冈中学"。

当然，薄弱学校的品牌定位一定综合考虑学校现有的条件和基础、竞争者的定位、目标顾客的心理特征和达成定位的可能性。

2. 品牌输入策略

品牌输入是指借用知名品牌的名称和管理方法对薄弱学校进行组织改造和形象再塑，进而促进薄弱学校的可持续发展的一种策略。如成都七中成功改造薄弱的成都三十五中为七中育才中学，石室中学成功改造薄弱的成都十中为石室联中等，但这些改造模式都是借助学校的品牌。乌拉特前旗第五中学于1973 年建校，1997 年以前，该校残壁断垣，下雨泥泞难行，教学设施落后，教学思想陈旧。再加上师资薄弱，学生来源多为城郊居民子弟，文化基础较差，属于生源差、环境差、师资差学校。1997 年，李俊光校长上任后，明确地提出了"严谨务实，拼搏进取，励志勤学，遵纪健美，守一方教育热土，育一代英俊人才，让每一位学生都能合格"的办学思想和育人理念。走科研兴校之路，学习江苏洋思中学"先学后教，当堂训练"的教学经验，与此同时，加大了校园环境建设、师资队伍和学校管理校园网络建设的力度，为教研教改保驾护航。几年的辛勤耕耘，教育教学质量有了大幅度的提高，由一个薄弱校一跃成为全盟引人瞩目的教改名校。①

薄弱学校进行品牌输入具有成本低、见效快的特点，对输出学校来说，可以实现品牌的升值。但这种策略在使用时，要注意提炼自己的核心价值，在原品牌的价值理念指导下，形成自己的产品特色和文化特色，形成核心竞争力。

3. 特色产品策略

面对越来越惨烈的生源大战、升学大战，薄弱学校走出困境的必由之路是打造自己的特色产品。这个特色产品必然是围绕"学生"做文章，即建立有利于学生特别是差生全面快速发展的特色课程、特色活动体系。特色产品策略包括产品定位和产品组合两方面的工作。

在产品定位方面，薄弱中小学可以通过分析以往的主要学生来源，根据本校当前的总体发展方向和师资水平，以及竞争学校的情况来确定自己的目标市场，即招生的主要区域范围和学生层次，再通过对未来生源服务需求的调查，进行合理的教育产品定位，确定所提供教育产品的内容、质量和特色，力求使目标市场的学生和家长由于学校的服务内容和教育产品特色产生相应的购买偏好。薄弱学校要依赖于特殊的目标市场进行准确定位。例如徐州的管道中学，学生绝大多数是管道工程的职工子女，依据这一特殊的学生主体，管道中学走出了一条职工子女教育的成功之路。昆明女子中学，依据特殊的生源，开辟了女子高中教育的特色道路。

在产品组合方面，针对不同学生需求，制订不同的培养方

---

① 辛尔平，赵国忠，杨保霖. 新理念涌起改革潮 薄弱校三载变名校——记乌拉特前旗第五中学[J]. 内蒙古教育，2003(10)：37—38 页

案、课程体系以及教学过程，为学生提供个性化的教育服务。薄弱学校的一些学生学习成绩不尽如人意，主要是言语智力和数学—逻辑智力较差，但很多学生具有其他潜能，诸如身体运动智慧、音乐智慧、自然观察者智慧等。因此，薄弱学校不能单纯走升学之路，应设置体育、美术、音乐、综合社会实践、计算机等方面的课程，形成自己的特色产品。如震泽中学校园附近就是被誉为"学究天人"的明末清初天文学家王晓庵祠，学校充分利用这一得天独厚的条件。早在 20 世纪 70 年代末、80 年代初就成立了"晓庵天文小组"，并设立"晓庵天文台"，又专修了地磁房和气象站，在老师的指导下，学生们连续不断地进行重要天象的观测、地象测报和气象测候。近年来，震泽中学又多次抓住机遇，打造特色品牌。一是抓住扩校建设之机，投资近 30 万元修建了高标准的新天文观测台，并新辟天文活动室，学生可以在此遥望太空，探讨未知。二是抓住 80 周年校庆之机，在校园绿地上安置了日晷和司南，在实践大楼安放了浑天仪，并在实践大楼门厅装饰了我国古代"天象计时"浮雕。三是抓住数字校园建设之机，开辟"晓庵天文"小站，为天文科普和学生的科学探索提供新的支持。四是抓住课程改革之机，以天文观测和天文知识普及为主题的研究性学习课题活动得以蓬勃开展。独特魅力的天文活动，让学生得天地之灵，大大培养了学生的实践能力和探索精神。震泽中学在苏州市、江苏省乃至全国的中学生天文知识竞赛中频频获奖，中科院院士、南京大学天文系方成教授在看了震泽中学"晓庵天文小组"的课题研究成果后称赞道："你们在全国的中学天文教育中堪称模范。"①震泽中学从自身的传统优势出发，充分考虑社区文化、环境的特色，确定了天文活动这一具有独特性的科普教育特色建设项目，走出了一条"立足内源优势，融合现代科技，拓宽科普教

---

① 胡永昌．震泽中学打造天文特色品牌[N]．吴江日报，2005－6－7

育，凸显科学精神"的品牌发展之路。

4. 品牌形象塑造策略

一般来说，薄弱学校的形象比较差，通过系统构筑独特的、正面的和清晰的学校品牌形象，是薄弱学校走上品牌发展道路的主要策略。

（1）办学目标定位和设计。薄弱学校要进行有效的品牌经营，必须有明晰的办学目标和定位。其办学目标和品牌定位的主要依据是学校的核心经营理念，以及学校所具有的某种或某些独特的竞争能力和办学优势。薄弱学校要学习和借鉴其他名校的办学理念，但不能克隆名校的做法。要在发展中定位，根据自己的发展状况和社会的发展需要，及时调整办学目标。

（2）学校视觉形象的塑造。薄弱学校的品牌资产非常有限，要提高教育消费者对教育服务质量的感知，展示有形的校园环境、教育教学基础设施和条件是提高教育消费者信心的重要手段。薄弱学校要从校门、校牌、校服、校徽、校歌，到学校的建筑布局、整体色调等进行整体设计和规划，如对教室、图书馆、阅览室等知识传递中心加强改造力度；及时引进先进的教学仪器设备，连接快速的宽带网络设施，使之更加适合知识的传递和获取，并鼓励学生充分运用学校提供的现代化教学场馆和设备。通过这些有形设施的提供和展现，可以提升购买者对无形教育产品的感知度，获得对学校教育的信任和认可。学校视觉形象的塑造既体现学校的办学理念，也体现其差异性，提高了教育消费者的识别能力。

（3）学校组织行为和师生形象塑造。校长和教师的形象对学生的影响极为重要，校长和教师是学校形象的代言人，因此有必要对校长和教师的言行进行规范，树立敬业、乐业、专业的教师职业形象；同时学校应加强对学生的行为规范的教育，特别是礼仪教育，树立以遵守公德、团结乐群的学生形象。

（4）品牌内部认同。所谓内部认同就是让学校内部师生员工首先对办学目标定位以及校园文化、教育理念产生认同感，建立共同愿景，这是影响学校品牌形象的一个主要因素。为此，薄弱学校除了加强对学校品牌理念的宣传(印制宣传手册、张贴在学校的显眼位置)，应对教师进行学校品牌理念的培训，并组织教师研讨，最终内化为教师的教育教学行为。

(5)有效地传播学校形象。从目前的传播理论和操作实务看，"整合传播"最有威力、投入产出率最高。所谓"整合传播"就是利用所有必要的、可以到达消费者的传播媒体及工具，来传播同样一个主题和声音，包括口碑传播、公关传播、网络传播、广告传播等。薄弱学校要改变自己的形象，必须利用整合传播。既要注重在省、全国级的刊物上的宣传，也要注重在本地的有关媒介上的宣传。薄弱学校应充分利用现代信息技术，要加强学校网站的建设，把网站建成学校的信息中心、教师的研究中心、教学的资源中心、学生的学习中心，不仅吸引本校师生经常看学校的网站，也吸引本地乃至全国各地的人们关注，通过网站在人们面前塑造了良好的形象。2001年，成都市龙江路小学与新希望集团联合举办了龙江路锦官新城小学。通过一年多的努力，学校在教育领域里已经有了一定的知名度，品牌内涵也日渐丰厚。毕竟诞生的时日有限，对广大的社会人群来说，"龙江路锦官新城小学"还是一个非常陌生的名字。于是，如何拓宽宣传渠道、进行有效宣传，提高学校品牌知名度便成了学校领导班子时常考虑的问题。

5. "口碑"策略

"口碑"传播是学校形象传播的重要形式。它的显著特点就是利用已有的人际关系网络，不花成本，传播速度快而且效果好。不仅学校的教师是传播的主体，而且在校的学生、毕业的学生、学生家长、新闻媒体等也是传播的主体。

成都市武侯高中是在一所薄弱学校的基础上改造建立起来的高完中。1997年建校初，招收的学生大都是中低分的学生。

他们的厌学情绪相当严重，自认为是学校中的"另类"，在心底积淀起对老师、对学校的怨恨和不满，并经常在校外"犯事"。周围群众对学校的印象极为不好。面对如此尴尬的办学环境，学校专门成立了课题研究组进行专题研究。他们认识到生源虽然限制了学校的发展，但给学校的教育留下了相当大的空间。靠高升学率创品牌是不现实的，但如果能真正地改变一批学生、带出一批好学生，赢得社会对学校的好评，赢得老百姓口碑，同样可以塑造学校的品牌。而要教好这批学生，教师必须先和学生打成一片，用爱心去感化他们。于是，老师们重新调整心态，主动放下"老师"的架子，像朋友一样接近学生，和学生们一起聊天、一起娱乐、一起搞竞技比赛。涌现出了以王国贤教师为代表的一大批真正关心学生、爱护学生的好老师，渐渐地学生们有了改变。上课时间外出滋事的明显少了，主动向老师请教问题的多了，同学之间互相帮助、互相学习的良好风气开始形成。1999年10月5日，《教育导报》首次以"王国贤的育人艺术"为题在头版对学校老师的教育行为予以了报道。2000年2月18日，《成都商报》又以"问题少年变成了优生"为题，以滚动形式对学校的先进教育事迹进行了全面报道。随后社会对武侯高中的关注增多。人们对武侯高中的好评如潮。而每一次的报道、每一声的称赞都有效地推动了武侯高中的向前发展，推动着武侯高中教育品牌向外延伸。

利用口碑传播的关键，就是要讲究传播内容的真实性，同时，学校要主动出击，善于依靠媒体力量，甚至制造新闻。

三、薄弱学校品牌建设应避免的问题

(一)学校定位不当

调查表明，许多薄弱校长被升学压力所困，心中只有"升学

208

率"，甚至连学校的办学理念也不清晰，这实际上反映出了学校品牌属性定位的模糊。薄弱学校品牌定位不当主要表现在：没有定位；没有针对目标市场；定位个性不清晰，主体概念模糊；定位过宽或过窄；仅仅站在国家或学校的角度等。薄弱学校品牌定位模糊的原因主要是学校的目标市场不清晰、品牌核心价值缺失。

(二)核心价值模糊

品牌核心价值是整个品牌的灵魂，是统率学校所有品牌活动的纲领、中心和宗旨，是品牌资产的主体与立足点，是品牌战略规划的指针，它让消费者方便、清晰、明确地识别品牌的利益点和个性，并让其认同、喜爱、购买、联想、赞美。不少薄弱学校品牌往往缺乏核心价值理念意识，更多地停留在大众化的广告语、空洞的口号的层面，缺乏特色提炼和个性。如"勤勉、认真、严谨、求实、团结、创新"，"学校有特色、教师有特点、学生有特长"，"一切为了学生、为了一切学生、为了学生的一切"等。

(三)产品缺乏差异

薄弱学校缺乏市场竞争能力的根源在于缺乏差异化的品牌产品，在与优质学校的竞争中，产品类型少(除了国家规定的课程外，没有任何校本课程或传统活动项目)，同质化的产品功能性不足(学科教学缺乏特色)，家长和学生对教育教学质量不满意。其主要原因是办学条件差，创新动力不足，教学质量差与师资水平差恶性循环。薄弱学校要避免兼并和解体，就必须全力打造自己的特色产品。

(四)品牌个性化不足

在我国，许多成功学校都有自己的特色，如北京十一中学：

创造适合学生发展的教育体系；河北衡水中学：用师德与能力铸就学生终身幸福；北京实验二小："双主体育人"学生老师共同成长；湖北黄冈中学：创新＋实践成就"黄冈神话"；上海建平中学："合格＋特长"的特色管理；上海闸北八中："成功教育"；安徽省濉溪中学：建设校园文化促学校管理；广州市第一〇九中学：以美育人推动学校教育整体发展；江苏泰兴洋思中学：每个学生都能学好；辽宁省盘锦实验中学：由教学会到教会学。没有个性品牌不能长久。学校品牌的个性来自个性化的教育市场需求。前些年，由于教育市场还不成熟，没有出现大的个性化教育需求市场，千校一面，学校个性普遍缺失。随着薄弱学校发展的自主权扩展，必须重视学校品牌的个性塑造。

（五）品牌传播意识差

学校品牌资产积累主要靠品牌传播。薄弱学校由于发展的自信心不足，传播意识差，主要体现在很少主动宣传，表现形式单一，只有报纸、电视招生宣传广告。相反，人们对薄弱学校的低信任度，不利学校品牌的信息不胫而走，降低了学校正面宣传的效果。所以，薄弱学校更应该重视学校品牌传播。

四、案例分析

案例 1　成都市第五十中学——运用品牌输入战略，打造学校品牌

成都五十中于 2002 年加盟棕北教育集团，着手学校特色品牌建设。凭借集团优势，通过分析学校区域教育生态环境，立足于学校实际，运用策划理论，以"中等生超常规发展"为特色，着力打造学校品牌，在学校品牌特色创办、资源重组、教学与管理、教育科研及学校形象提升诸方面进行了一系列积极的探

索与思考，取得了一定的成效，成为品牌输入改造薄弱学校的典范①。

(一)学校品牌经营生态环境分析

从学校所处环境市场来看，这是一所具有 55 年办学历史，以高中为主的中学。学校地处具有丰厚历史文化积淀的武侯区，地理位置优越，东临美丽的府南河，北临四川大学，西临棕南、棕北等高档社区，南临国家级科技开发高新区。随着成都市城市建设向东向南发展规划的实施以及周边高档社区的日趋成熟，社区群众对高质量教育的渴求日益增强；而学校在加盟棕北教育集团之前的 50 多年的办学历程中，由于缺乏明确的特色定位，在自然性演绎进程中没能形成具有个性的特色品牌，市场竞争力越来越弱，已不能满足所处环境市场消费者对优质教育的需求。

从教育竞争市场分析，在距学校不足一公里的半径范围内，就聚集着成都七中，成都十二中等国家级、省级重点中学。这些学校基本上吸纳了区域内部及区域周边所有的特优生和优生，剩下的数量众多的中等生如选择这些高手如云的学校就读，客观上也就相对成了差生，往往会成为被忽略的对象，而发挥不出最大潜能，得不到应有的发展。

(二)学校品牌定位

根据学校在自身所处特定教育生态环境，为避免与身边教育强手的正面交锋，学校以"中等生超常规发展"作为学校角逐教育竞争市场的切入点，全力打造学校的品牌亮点。"中等生"是指因家庭、社会、学校和自身的原因所造成的在德、智、体、美、劳等智力和非智力方面表现平淡，又没有突出特长的初中

---

① 资料来源：棕北教育集团成都五十中"中小学品牌塑造"课题组．全国教育科学"十五"规划重点课题《中小学学校发展策划研究》一级子课题《中小学学校品牌策划研究》"依托中等生超常规发展塑造学校品牌研究"前期工作报告

毕业学生。其基本特点是有一定的学习基础和较强的自尊心，但对自身认识不足，缺乏足够的学习、活动的热情，没有与人竞争的勇气和兴趣，有精神欲求不足的心理特征。"超常规发展"是指立足于全面教育，着眼于个性发展，凭借各种积极教育教学方式的干预，使每一个中等生在智力和非智力方面得以长善补失，获得明显优于自然常态关照下的良性提升。

"中等生超常规发展"是手段，"塑造学校品牌"是目的。通过智力和非智力等方面的培养，使"中等生"得到全程化、全面化或特长化的发展，由此获得成功感、荣誉感。借此提升学校在教育消费群体中的认可度和信誉度，最终增强学校品牌的知名度和美誉度，进而从根本上提高学校品牌的市场竞争力。

(三)学校品牌规划

1. 转变教育教学管理和实施观念，构建起学校促进中等生超常规发展的德育、教学管理基本操作范式。

2. 营造中等生成材环境，建立学校、社区双向互动的中等生超常规发展的立体干预模式。

3. 以特色为支撑点塑造学校品牌。

(四)学校品牌经营过程

第一步：借石攻玉，巧用学校策划，框准品牌塑造内涵

1. 盘点和透视学校内外资源，寻找差异化，选择学校品牌塑造切入口

学校在 2002 年加入棕北教育集团之初，就着手对学校内外资源进行盘点和透视，以寻找到差异化。就内部而言，截至 2002 年，学校的生存空间已日渐紧缩；究其原因，在于过去几十年的办学历程中，学校的办学理念、管理思路、生源取向等基本上尚滞留于自然演进状态，缺乏明晰的市场定位，结果导致在日趋激烈的教育市场角逐中口碑日下。再从外部环境来看，学校毗邻的各个中学都拥有自己在教育竞争市场的特色品牌：成都四中以特优文科生为支撑的文科品牌，成都七中以特优理

科生为支撑的理科品牌，武侯高级中学立足于差等生的高中办学模式……通过对以上各毗邻学校品牌立足点的客观透视，发现在学校所处的教育生态环境中，唯独没有一所以中等生作为品牌支撑点的中学。这正是学校区别于各毗邻学校品牌特色的差异点，于是学校果断敲定了以中等生为吸纳对象来塑造学校品牌，填补区域教育生态环境的立校谋略。

2. 调研区域教育消费市场，找准相关化，锁定学校品牌的质量诉求点

敲定了以中等生作为学校品牌塑造的特色点之后，学校选择了学校区域消费市场中就读于上述各毗邻中学，现已毕业和尚未毕业的各 50 名中等生家长进行问卷调查，发现有近 70% 的家长对送孩子就读优生如云的中学流露出了悔意。他们认为，孩子就读那样的学校，学习压力过大，难以得到学校和老师充分的关照，孩子的发展特别是学业成绩与最初的期望值之间有着很大的落差。家长的高期望值使学校领导认识到，如果仅以具有差异化的中等生为支撑来塑造学校品牌，肯定还不能满足教育消费者的主欲求，还不足以让他们认可和信任。经过对学校师资、设备及管理的深度审视，学校面向区域教育消费群体响亮地提出了"超常规发展"的质量诉求。由此，依托中等生超常规发展塑造学校品牌的策划方案得以圈定。

3. 提炼学校办学理念，充溢学校品牌情感度，满足教育消费群体情感诉求

刚加盟棕北教育集团的学校，尚没有足够的教育教学实绩呈现给教育消费者，他们借鉴"统一鲜橙多"闪亮登陆果汁竞争市场的策略，避实就虚，绕道而行，对区域教育消费者施以情感诉求。在对相关的中等生这一教育消费群体进行调查后，获得了消费者选择学校的基本标准是"希望学校能提供成材的切实保障"的信息，于是，他们立足于学校历史和现实，着眼于学校未来，提炼出"为成功的人生做准备"的情感诉求内容，并以之

213

为校训，来满足区域教育消费者的情感诉求，向其推销一个就读学校的美丽人生希望，然后以"专业、高效、超值、热忱"的服务承诺将这一情感诉求落到了实处，从而使以"中等生超常规发展"为特色的学校品牌在消费者心中有了切实的印象。

第二步：搭梯乘船，巧借名校声誉，亮化学校品牌特色

2003 年学校与声震全省，名播全国的成都市棕北中学和棕北联合中学组建成棕北教育集团。为实现学校的可持续发展，学校抓住这一契机，巧借"棕北"这一强势品牌，凭借棕北优秀教育资源背景、一流的教学场地和设施以及先进的计算机网络，依托集团运作的方式，着手亮化学校"中等生超常规发展"的品牌特色。首先，以强势办学机制承诺于区域教育消费群体：引进并革新先进的教育理念和教育经营、管理模式，致力于实现高水准、高品位、市场化的优质教育服务；建立有利于师生自主发展的促动系统；实施以课堂变革为重点的教育科研与教改实验，形成独特的学科特色和课程特色。

同时，以学校可预测发展态势诉诸区域教育消费群体：学校依恃"棕北品牌"的经济势力，启动硬件建设，扩建美化校园，加快学校的发展，形成规模，力争用 3～5 年的时间达到 36 个高中教学班的规模，在"十五"期间，把学校塑造成省内名校，并且在全国有一定的知名度。硬件设施按照省级示范性高中标准配置，2003 年完成学校基建一期工程，即 16 400 平方米的综合大楼和学生公寓的建成并使用，2004 年完成学校基建二期工程，建筑面积达 25 000 平方米。建成高档次多功能的计算机室，理、化、生实验室以及音乐、美术、劳技、历史、地理等功能室和相关的园地；建立校园网和电子阅览室；图书馆藏书量达到省级示范校的要求；信息化建设达到省内先进水平。上述硬件诉求，为"中等生超常规发展"的特色品牌塑造铸就了形象外壳。

第三步：启动"名师工程"，为品牌塑造提供师资支撑

为了使学校"中等生超常规发展"的教育特色品牌塑造成功，学校策划启动了"名师工程"。

1. 学校努力为教职工营造一个能不断学习进步"虽然累并快乐"的工作环境。首先，用好现在的人才：做到情感留人，事业留人，待遇留人；发挥现有人才的积极性，努力做到人尽其才，物尽其用。其次，培养好未来的人才：鼓励教师在职进修和组织校本培训；抓住一切机会，推出教师，让他们尽快成为名师。再次，建立引进机制，引进补充优秀人才；学校今年面向全省引进了一批中青年骨干教师，使教师队伍结构明显优化。

2. 建立校级骨干教师滚动发展的有效机制。坚持以师风师德建设为核心，创造性教学能力的养成为重点，采取"择优选拔，严格要求，使用与培养并重，教学与科研同行"的原则，培养和建设了一支以校级骨干教师为后备人选主体的教师专业化队伍，并为推荐区级、市级、省级、国家级的骨干教师和学科带头人、特级教师储备人才。

3. 提升教师知识、技能和理论修养。鼓励教师参加研究生课程进修，提高教师队伍学历层次，大力推进校本培训、实施以教科室为核心的教师培训体系，邀请四川师大硕士生导师彭蜀晋等专家到校辅导。强化教师知识、技能训练，提高教师学术修养和师德修养，树立"一切为了学生的未来和发展"的教育理念，进行教师仪表仪态培训，培养高雅的气质。

4. 形成"杂交"优势。让多种教育个性和风格互相冲撞、互相交融，促使学校教育资源不断增大。探索群体带教模式和导师制，打破教研组局限，实行几个有经验的骨干教师集体带教几个青年教师的方法，互相探讨，各取其长，让青年教师在探索、比较、竞争中全面地健康地成长。

5. 搞好多媒体教育技术培训。采取多种措施，通过多种渠道，使教师树立现代教育理念，掌握现代化教育技术，从而达到提高课堂教学效率的目的。

通过"名师工程"的实施，学校教师结构明显改变，教师素质明显提升。90 名教师中，学历达标 100％，中、高级教师 62人，市、区、校骨干教师及学科带头人 21 人。这一优秀的教师群体为学校"中等生超常规发展"的品牌塑造提供了保障。

第四步：革新管理，优化措施，为品牌塑造构建保障机制

1. 教学管理机制构建

（1）引进先进的教育经营管理模式，开展"全员质量绩效管理"课题研究与实践，沟通不同层面的信息通道，建立有利于师生自主发展的评价机制，实现教育评价科学化。深化和完善评价与考试制度改革，结合课改，改革学生考试评价制度，建立学生综合素质的评价体系，加强对学生学习过程的关注和记录；全面推进素质教育，特别是高中素质教育。

（2）初步改革人事制度和工资制度，建立起优胜劣汰的用人机制，常规管理常抓常新。领导干部坚持发扬优良作风，全面更新知识结构，讲究领导艺术，整个班子团结务实，奋发上进，部分领导成员成为专家型人才。

（3）为全面提高教育教学质量，学校采用试验研究策略，结合学校实际，以学校行政系统为依托，从启动课题研究工作开始，通过宣传教育、建章立制、开展教育质量评价和诊断活动、分析利用评价结果、奖励质量成就，逐步将学校教育质量保障思想方法及体现教育质量保障思想的一系列措施引进学校管理系统，逐步建立学校的教育质量保障系统。

（4）建立骨干教师制度和青年教师导师制度，充分发挥优秀教师在质量活动中的作用。制定了《骨干教师(后备人选)认定和考核办法》、《青年教师导师制度》等具体政策措施。建立《见习期教师、入门期教师、胜任期教师考核评估》制度。

（5）建立以促进教师专业发展为目标的教师继续教育和进修培训制度。学校要求每一位教师制定个人专业发展规划，鼓励教师在专业领域不断提高。实行毕业班教师上岗培训制度和教

师教学技能、专业知识考试制度。

（6）成立由资深优秀教师组成的教学工作指导小组和聘请兼职教研员，通过各种方式评价课程质量，帮助教师诊断课程质量问题，并负责向学校和教师提出改进意见或建议。建立了教学工作指导小组和兼职教研员听课制度和学科教学同行评价制度；每位教师每学期至少要接受两位以上的同行教师评议。

（7）通过示范课、研究课和中青年教师赛课，开展精品课堂研究，实现学校全体课堂的全面开放。

（8）实行教考分离制度，切实做到客观评价学生学习情况，准确把握学校教学质量地位。

（9）在教学过程中，实施"三个控制、三个扩大"，高度重视学生对改进教学质量的意见和建议，确立学生在学校教学质量活动中的主体地位，建立学生评价教学等制度。

（10）建立集体备课制度和健全教师教学反思制度，鼓励、支持和帮助教师自觉反思自己的教学实践，激励教师通过自觉努力不断提高教学质量。

（11）鼓励教师结合教学实践和课程改革开展教学研究活动，支持教师将其研究成果运用于日常教学实践。以促进学生超常规、创造性发展为中心的教学科研课题研究和个案研究。

（12）实施对教师教学思想、对学生基础知识和基本技能掌握、对重点科目、对发展有差异学生和课堂教学以及考试质量的监控制度。

（13）建立质量认可与奖励制度。对于在教学研究和课程开发取得显著成果的教职工，学校予以表彰和奖励。

2. 德育管理机制构建

（1）突出一个主体——以学生为主体的德育。学校德育工作坚持以养成教育为本，通过制订和实行班级量化评比制度，逐步培养学生良好的行为习惯和自我导向能力。加强学校、家庭、社会三结合教育网络的建设，建立校外德育基地，定期组织学生参加社会实践等教育活动，建立家长学校，重视家庭教育方法的交流与指导。坚持面向全体学生，不断探索和实践转化后进生的有效途径和方法。加强团队建设和对学生业余团校的指导。强化德育科研、实现德育队伍从实干型向以理论为先导的骨干型的转变，德育工作从事务型向以调查研究为先导的系列探索型的转变。加强了德育主阵地建设，建立起了以年级组为核心的工作模式。加强了对年级组长和班主任的培训，充分发挥年级组长和班主任的骨干作用。以年级组为单位，开学之初扎实地开好了三个会：年级教师大会、年级学生大会、年级家长大会，形成了良好的开学局面。建立了家长学校，积极争取家长和社会的支持，重视家长对学校工作的意见和建议。认真贯彻学校德育工作方针，学习《中学德育大纲》，研究并实施了《五十中德育大纲实施规程》，提高了德育工作的预见性和科学性。

(2)狠抓学生德育规范管理，促进学生养成良好习惯，形成文明守纪风气。根据《中学生守则》和《中学生日常行为规范》以及学校的实际情况，制订出《棕北教育集团第五十中学学生德育量化手册》。手册具有统一性、灵活性、立体性、层次性等特点。在手册使用过程中，既有统一性，也有灵活性：从高三到高一，从科任老师到班主任，从生活老师到门卫，从学校到家庭，全方位，全时空地统一运用，形成良好的氛围，统一了思想。对学生进行德育量化是建立在尊重学生的基础上的，要求老师找学生谈话，要求班主任老师经常将学生的德育量化手册反馈给家长，允许学生的操行分一个学期内有三次不及格，奖惩结合。

(3)强化值周工作，加强班级量化评比，形成齐抓共管局面。值周组的构成：每一个值周组由一名值周领导、两名教师、一名体育教师和一个团支部校风值勤的十名同学组成。值周组的职责：值周组代表学校全体师生对本周(星期一到星期天)全校的教育教学工作进行安排、督查、考核、反馈、总结、评定。值周组直接对校长负责，值周常规工作由德育处安排。值周工作的特点：以齐抓共管为宗旨，以全时空管理为特色，以班级量化为主要内容。

(4)强化学生会、团支部职能，大力培养学生树立主人翁意识，提高学生参与学校管理的能力。成立了各年级学生分会和团总支。增强学生会和共青团的凝聚力，各年级的学生分会和团总支接受校学生会和团委的指导，同时又指导各班开展工作；成立团支部校风值勤岗，直接参与学校的值周；突出时代特色，积极开展丰富多彩、健康向上的校园文化活动；加强了学生社团建设，开展第二课堂活动，培育引导建立多种健康向上的学生社团组织，开展各种形式的社团活动，活跃校园的文化生活；依法治校，依法执教，维护好校园正常秩序，有针对性地开展法制教育，提高学生的法纪观念和遵纪守法意识。成立了护校队，加强与派出所和周边社区的联系，杜绝安全事故的发生。

第五步：打夯教学，强化科研，为品牌特色灌注质量内核

1. 扎实一块阵地——课堂教学

(1)狠抓课堂教学，提高教学质量。依据素质教育的要求，根据所教学生的实际情况，坚持面向全体、全面育人的要求抓好课堂教学四大环节的管理，充分发挥课堂教学的主渠道作用，切实提高课堂教学的质量。本学期继续加强了教研组、集体备课组建设，充分发挥每个月隔周一次教研组长会和三次备课组会的教研集体备课作用，充分发挥集体的智慧和力量，努力提高教师的理论水平和业务能力。

(2)加强听评课功能和课堂教学专题研究

坚持开展行政领导和教研员听课评课，积极主动的在教学常规、教学科研与教学改革实验中做到发言有依据、导向有基础。成立了学校教学工作指导小组，聘请了学校兼职教研员两名，加强常规课堂监控。

充分发挥教师群体听课评课活动的激励、教学诊断、沟通协调和评估考核的功能，形成浓郁的学术研究氛围，架设一座在教学实践和教学理论之间的桥梁。

树立课堂教学示范。继续开展了现代课堂教学优质课比赛和优质教案比赛，通过骨干教师示范课、中年教师展示课、青年教师汇报课(实践课、过关课)，组织教师集体观摩、讨论、评析、探讨现代课堂教学的基本模式。

进一步开展对高中分层教学的实施和研究。实施以年级组为单位的分层教学，在教研组活动中深入研究不同层次的教材内容及教法，初步构建班级教学、分层教学(活动课、选修课)和个别化辅导相结合的教学模式，教师针对学生实际采用以数、理、化、生、外五科为主的分层的策略组织教学，以更加灵活的方式，适应每个学生的发展。各层教师都制定具体的辅导计划，年级组确定有效人头，采用定人、定时、定地点、定内容的方式进行辅导。

2. 找准一个突破口——课程改革

强化必修课，固化选修课，优化活动课、劳技课和艺体课。以校本课程建设为基础，继续在非毕业年段开设计算机选修课程和学生自主选修课程，鼓励全体老师学习使用现代化手段开展教学工作，以提高授课的容量、激发学生的学习兴趣。改进教学方法，实行启发式、探究式、合作式教学，开展丰富多彩的课外活动，建立分年级、有层次的课外活动系列，尝试学生个性、特长申报制，努力营造学生个性生动、主动发展的天地，开拓好学生成长发展的智力背景。

认真实施"三个控制"、"三个扩大"，即控制课时，控制作业量、控制资料；扩大学生自主学习的时间、扩大学生的活动空间、扩大学生的信息量。

3. 抢占一个制高点——教学科研与信息化建设

建立健全了教学科研组织机构和教学科研网络；制定了学

220

校教学科研管理办法和教学科研奖励条例。重点进行学法指导课题的研究；对青年教师进行教学科研基本功培训。建成多媒体电化教室1个；多媒体课件制作室、打印服务室1个。建立健全学校教学科研档案库、资料库；组织教学科研骨干学习教育理论；开优秀教育教学论文发布会；在语文、政治等学科率先进行校本课程的开发与研究；组织教学科研骨干申报区、市级课题立项。开始筹建教学资源中心和教师备课系统。在学校内形成科研氛围，使教师人人参与教学科研活动，科科有科研课题；建成教务管理系统；学校人事管理系统；电子论坛服务系统；校园声频系统。70％的教师能运用多媒体和网络教学，现承担有区级课题1项、市级课题1项、省级子课题1项、国家级子课题1项。教师教学科研成果显著，区级以上成果达到115项。

进一步加强实验教学、电化教学的管理工作。以迎接成都市示范性普通高中检查验收为契机，更新建设实验、语音、电教、计算机等教学设施设备，建设IT网络和多媒体课件制作室，在多媒体教室增加了写字台，新购了多媒体电脑60多台，并与"成都市教育信息网络"联网，各班级装上了窗帘；新安装了一间教师电子备课室等，努力创造良好条件，不断提高设备利用率和教育信息化程度。确保理化生演示实验开出率达100％、分组实验开出率≥80％；实验管理认真做好实验开出率的表、卡登记工作。

第六步：事件营销，校区融合，拓展学校特色品牌的传播路径

学校以"中等生超常规发展"为主旨，打造艺体特色、法制教育这两个亮点。学校成功策划了一次宣传活动——"模拟法庭"，法庭所有人员由学生担任。当时，全国预防青少年违法犯罪工作经验交流会在成都举行，学校抓住这个契机，以"模拟法庭"为展示形式，向来自全国各省、自治区、直辖市出席这次会

议的领导、代表展示学校的宣传教育活动情况。国家教育部副部长张天保，全国"综治委"秘书长，甘肃省省长，青海省综合治理办公室主任，西藏政法委书记，全国人大的有关领导与组织这次活动的师生进行了亲切交谈，对这次活动给予了充分肯定。这一事件在全省乃至全国都产生了一定影响。这次活动为学校做了一次免费广告，吸引了各大媒体的注意力。成都各大报纸对此作了相应报道，中央电视台法制专栏作了《长治久安之路》的专题报道。正是由于成功策划了这次特色活动，社会对学校"中等生超常规发展"品牌的认知度在极短的时间内有了极大的提升。

为进一步拓展品牌的传播路径，学校还实施了"区校融合"的品牌塑造策划。

第一，以团队活动为主体，社区活动为载体，吸引社区群众广泛参与，开展形式多样的社区建设实践活动。慰问社区老人：主要由住在该社区的学生参加社区组织的"青年自愿者行动"，定时去慰问老人。协助社区管理：学校具有得天独厚的教育环境，由学校组织知识讲座，社区组织人员参加，既加强了区校联合，又推动了教育发展。学校团员参加社区团委组织生活：包括团员参加组织生活和非团员参加组织生活，以活动的形式加强团组织在社区的影响；成人预备期活动：高二或高三的学生在成人宣誓仪式前，自觉进行一定时段的义务劳动。

第二，实施《公民道德建设纲要》，结合社区家庭伦理道德的现状，由该校政治教研组集体编写出《中学生家庭伦理道德教育》读本，开设专门课堂对学生和社区居民进行家庭伦理道德教育。《中学生家庭伦理道德教育》读本的试行以及家庭伦理道德课堂的开设在成都市引起了较大的反响，《华西都市报》2002年6月10日，专门对此事进行了报道。此举扩大了学校的影响力，加强了学校品牌的宣传。

第三，在教育局和所属街道办事处的共同协调下，联合本辖区内的几所兄弟学校共同提出并研究《中等收入小区社区教育特色模式研究与实践》的科研课题，初步走出了一条"依靠科研，社区搭台，学校唱戏"的品牌塑造之路。

这些活动，使社区教育消费群体对学校"中等生超常规发展"的教育品牌有了最直接的感受和认识。

（五）品牌塑造的阶段性成果

1. 搭建起了以"中等生超常规发展"为质量诉求点的招生渠道。2003 年，学校以"中等生"为生源取向，直接面向区域教育消费群体进行学校品牌价值诉求，结果仅三天时间就使高一新生招满；这使学校以前整个暑期都为生源发愁的尴尬局面成了历史。

2. 形成了"一二三四五"的德育管理系统。即贯彻一种思想——以学生为主体的教育思想；抓住两条主线——一是养成教育，二是班级管理；实现三个转变——学校德育管理由规范型向科学型转变，教师由经验型向科研型转变，学生由被动型向主动型转变；搞好四个结合——德育活动与课堂教学相结合，德育过程与活动课型相结合，学校德育与家庭社会相结合，德育常规与德育科研相结合；学会五种能力——学会做人，学会求知，学会生活，学会健体，学会创造。

3. 构建起了"合格＋特长，规范＋选择"的"中等生超常规发展"教育模式。一批就读学校的中等生已得到了明显的发展，取得了理想的成效，如 2003 级的孙玫，以 423 分的中考成绩入读学校，最后考入了北京第二外国语学院。

4. 营造出了"区校互动，三管齐下"的中等生超常规发展立体干预模式。所谓"三管齐下"，即以"中等生超常规发展"为主旨，打造艺体特色、法制教育这两个亮点。

（六）主要启示

1. 核准学校品牌的相关度差异化，满足教育消费群体的情感需求，是品牌塑造成功策划的前提。要想取得策划的成功，要想让学校品牌在教育消费群体中有最佳的认可度和信誉度，要想让学校品牌保持持久的生命力，首要条件就是弄清自身品牌与消费者的需求有多少关联，与竞争品牌有没有差异点，然后据此为自身品牌的塑造找到准确的市场切入口，再针对教育对象是人的特殊性，对消费者施以情感诉求。只有这样，才能让学校品牌有足够的存在空间，这是成功策划的前提。

2. 巧借名校声誉，实施联动与整合，是品牌塑造成功的捷径。就处于激烈竞争环境中的弱势学校而言，运用"他山之石，可以攻玉"的思路，与强校结盟，借势长劲，则会急速提升自家身价，从而使得学校品牌的塑造迅速见效。学校在自身品牌的塑造过程中，就很好地抓住了加盟"棕北"这一契机，着力打造自身，使学校"中等生超常规发展"的品牌特色在短短一年的时间里就在区域教育消费群体中有了极好的口碑，美誉度得以大幅度提升。

3. 名师拉动，管理支撑，科研补劲，区校融合，是品牌塑造成功的保障。客观上讲，当今教育市场的竞争，其实质是师资和管理的竞争，因为教育消费者所关注的往往是学校的师资队伍和管理水平，这是不争的事实，因此，学校品牌的塑造应着力打好"名师立校"和"管理撑校"这两张牌，同时补上"科研兴校"这张牌。唯有如此，才能使教育消费者得到实实在在的好处，才能使学校品牌在其心中生根，进而枝繁叶茂，否则，将会是昙花一现的结局。

4. 学校主动与社区融合，增强学校品牌在社区教育消费群体中的知名度，也是学校品牌特别是城市学校品牌塑造得以成功的重要保障。

案例2　成都武侯祠大街小学——名校品牌输入战略分析

"龙江路小学分校"，原名"成都武侯祠大街小学"，是一所薄弱小学。该校运用品牌输入战略，在社会上树立了良好的形象，它先后获得"成都市校风示范校"、"成都市红领巾示范校"、"区优秀文明单位"、"成都市传统项目学校"等称号，现已跻身于市、区一流名校的行列。①

（一）学校品牌经营的背景分析

成都武侯祠大街小学，地处三国文化胜地武侯祠旁，是一所有多年办学历史的"老"字号学校。20世纪90年代以前，学校几乎成了四川省交通厅的"掌上明珠"；后来，由于学校经济基础薄弱，办学设施简陋，办学思路相对封闭，渐渐地跟不上时代的步伐了。虽然学校教师爱岗敬业，专业素质较好，但有限的办学条件限制了教师的发展空间，一些优秀教师开始另谋出路，就读该校的学生也纷纷转出，学校办学陷入困境。学校的社会知名度日益丧失，最后成了一所区内有点儿"名气"的薄弱学校。

1998年，武侯区教育局为了提升学校的综合办学水平，策划通过拆迁、合并、品牌输入等方式逐渐消除区内的几所薄弱中小学，武侯祠大街小学首当其冲成为整改对象。

（二）品牌输入战略决策

武侯祠大街小学怎么改？拆或并的办法明显不符合现实情况的需要，把公办薄弱学校变成挂上名校牌子的民办学校也行不通的。因为整改的目的就是要把它从公办薄弱学校变成公办名校，让它走上跨越式的发展道路，这是摆在领导面前的重大难题。教育局领导通过不断的探索和讨论，思维的火花不断碰撞，最终为武侯祠大街小学的发展找到了一条阳光大道——与龙江路小学"联姻"。龙江路小学是省、市知名、全国有较大影响的品牌学校，它依托70年沉积的教育优势，打造出了全国闻

---

① 根据李攀编著的《品牌塑造三步曲》改编，原载于中国教育学会教育管理分会教育策划学术委员会．教育策划概论与案例．北京：同心出版社，2005.341－346页

名的"愉快教育"特色。区教育局与教育策划专家几经探索、论证后，果断决定用武侯区内响当当的教育品牌——龙江路小学，凭借它的无形资产来盘活武侯祠大街小学。

（三）学校品牌经营策略

1. 通过品牌名称输入提高知名度

如何才能把龙江路小学极强的知名度、信誉度、美誉度输入到武侯祠大街小学？首先学校更名。对武侯祠大街小学改为"龙江路小学分校"。于是在区域性的教育策划中，武侯祠大街小学迎来了凤凰涅槃般的新建。其次招生宣传。在 1998 年 6 月的招生工作中，武侯祠大街小学首次对外打出了龙江路小学分校的招牌。1999 年 7 月招收新生，学校品牌效应凸显，一次性招生人数比上年增长了一倍。这印证了社会需要品牌学校，家长信赖品牌学校。龙江路小学品牌输入的策划是成功的，通过品牌输入，不仅挽救了武侯祠大街小学，同时也扩展了龙江路小校的办学空间，增强了"龙江路"品牌的社会影响力，实现了两校的共赢和发展。再次挂牌仪式。学校领导及时地邀请着著名教育策划专家，结合学校的实际情况，精心策划了挂牌仪式。1999 年 5 月，龙江路小学分校正式挂牌，在挂牌仪式上，小学邀请了市区教育局领导和兄弟小学领导、学生家长及多家媒体参加。这一活动，引起了较大的社会反响，扩大了龙江路学校分校在社会上的知名度。

2. 通过品牌管理的输入提升学校的形象

拥有了"龙江路"这块响亮的牌子，并不等于就有了永久的胜利。为了使这块牌子名副其实和不断升值，龙江路分校思考着如何在管理上创新、发展，让品牌发挥更大的效应，于是精心管理这一含金量很高的品牌，便成了龙江分校领导者的努力方向。

在管理上学校实行"两统一"，即两校统一管理，统一学校形象。1999 年 9 月，学校以龙江路小学为依托，引进先进的管理模式，以"乐学、尚美、自强、创新"为育人目标，艰苦创业，锐意进取。"一切为了孩子"成了龙江分校"创一流"、"做品牌"的动力源泉，并根据自身情况，制定了总体发展目标，即：分三个阶段，用15年的时间，把龙江分校建设成在省、市乃至全国有较高知名度、信誉度、美誉度、有一定影响力的、一流的品牌学校。学校在品牌标识系统的管理上沿用龙江路小学的校徽、校训，并将其彰显于校园内，还将校名、校徽制成徽章，让每一位龙江分校的师生都佩戴。这样，一方面使学校的品牌形象便于传播，另一方面，潜移默化地将学校的文化理念、价值追求传达给广大师生，并内化为师生的精神，让每位师生以是龙江分校人为自豪。

3. 通过提高教育服务质量赢得市场信誉

龙小分校的管理者清醒地认识到，竞争是靠服务来赢得市场的，品牌的稳固也是靠高质量的服务来维系的。因此，在品牌的管理上学校进一步加大了力度，树立了强烈的服务意识和质量意识，明白质量是信誉的保证、学校的命脉，一切工作都以学生为本，为学生的全面发展服务，努力为学生的发展提供空间。

他们还认识到，一个具有市场竞争力的教育品牌，还必须要有良好的师资作为支撑。为了进一步加强龙小分校的师资力量，龙江路小学前后总共派遣了18名骨干教师到分校，通过这些优秀教师传、帮、带和在观念、方法上的引领，使原来学校的教师在教育教学上有了质的飞跃，大大提高了教育教学质量。到2000年，学校先后培养出"市优秀青年教师"9名，"区学科带头人"3名；有2名教师参加全国赛课获一二等奖；4名教师参加四川省教学比赛获一等奖；在市区展示和获奖的课就有几十节，教师发表和获奖的论文有百余篇。

4. 通过塑造特色提升品牌内涵

在仅有品牌的前提下，品牌发挥的效应是有限的，因为品牌内涵不仅包含着知名度，还包含着信誉度和美誉度。知名度有了，但信誉度和美誉度如何打造呢？龙江路小学分校投入近百万资金对校舍进行高标准的装修，添置新型教学设备，美化校园环境。让每一位学生和家长走进龙小分校校园时，就油然而生一份亲切感、舒适感。

品牌的名称和学校的硬件只是品牌的外在表现形式，怎么让分校走出一条特色之路，让品牌来源于"龙江路"，又与之有所区别呢？龙小分校的管理者认识到，只有不断充实龙小分校的品牌内涵，才能让龙小分校这一品牌不断提升，才能更贴近消费者，更能满足消费者较高层次的需求。在传承龙江路小学的"愉快教育"办学思想中，分校形成了独具特色的"快乐教育"模式。其教育理念是："让每个孩子成为有用的人、快乐的人、幸福的人；让每位教师真情融入教育、倾心教育、享受教育"。在"快乐教育理念的引导下"，学校确定了"以活动促发展"原则，开展了一系列的快乐活动。学校通过深挖社区资源开展的"我读书，我快乐"的"快乐学习"活动，让学生通过了解学校紧临的资源信息库——成都市购书中心，培养学生爱看书、善用书的习惯，倡导学生选择读书学习这种健康的课余休闲方式，使学生成为适应时代的学习型组织的发源地。该活动从学生推广到了家庭，再由家庭推广到了社区，为社会主义精神文明建设创设了良好氛围，社会影响较大。

课间操改革是学校"快乐活动"的一大亮点。学校在对学生进行调查后，根据学生的心理需要，将课间操变成了节奏欢快、动感活泼、深受学生喜爱的 parapara 舞。这激发了学生主动锻炼的欲望，学生反应极好。同时，在学生跳的过程中，教师也加入其中，共同体验"快乐活动"。课间操的改革受到了师生的欢迎、教师和家长的好评及媒体的关注。先后有 15 家媒体到学校进行采访报道。其中中央电视台还专门制作了长达 20 分钟的专题片，播出后在全国引起了强烈反响，各地很多学校纷纷派人前来考察和学习。

（四）主要启示

1. 品牌输入是迅速改变薄弱学校的首选策略。品牌输入可以迅速建立学校的共同愿景，盘活薄弱学校的资源，实现薄弱学校的跨越式发展。

2. 品牌输入不仅是名称的输入，更是管理制度的输入、办学理念的输入、文化的输入。以名称的输入开始，移植原品牌学校的办学理念，本质上就是观念的更新。这也是成功的品牌输入的关键。

3. 品牌输入学校与原品牌学校之间应有差异。这种差异主要是通过品牌特色的打造和教育服务质量的提升来赢得自己的市场，从而逐渐形成自己的文化，打造学校品牌的核心竞争力。

案例3　成都金花中学——一所农村中学的品牌打造之路

成都南门外距双流县城四公里的川藏公路旁，一幢仅四层的普通校舍，一个不大却尘土飞扬的操场，一支极不稳定的师资队伍，一度面临学生、家长信任危机。这就是金花中学的现状，这个已有64年悠久历史的老牌学校，怎样在竞争激烈的教育市场中重新确立自己的位置？如何进行完善和发展？①

（一）学校品牌经营环境分析

1999年当李学会校长在公开招聘校长的竞争中脱颖而出，站在这个不足30亩，谈不上环境幽雅的校园里时，他内心是喜悦的，也是忧伤的。喜悦的是不仅仅是自己可以"书生意气，会斥方遒"，打造一个美丽的梦想了；更可喜的是，据调查发现金花镇地处工业开发区，镇内有数百家学校，具有巨大的消费市

---

①　根据赵雅丽、王延吉编著的《一所农村中学的品牌定位之路》改编，原载于中国教育学会教育管理分会教育策划学术委员会. 教育策划概论与案例. 北京：同心出版社，2005.324—329页

场。虽然镇内本地人口只有 1.8 万人，每年进入初中的适龄儿童仅有 100 多人，但镇内外来务工人员已接近 3 万人，每年正以迅猛速度增长，其子女就读的需求为金花中学的发展带来了新的机遇。忧虑的是，学校前几年进入了一个低估时期，社会影响不好，使学校损失了一大笔无形资产。而且南面相邻的双流中学、棠湖中学、东升一中，以及北面的区内中学扩大了教学规模，已具有一定的影响力，不断抢走生源，对金花中学的办学构成威胁。李学会校长带领学校班子经过周密分析，得出结论：金花中学虽然地处市郊，却是金花镇唯一一所中学，而且适龄学生多，生源比较充足。但学校毕竟是一所农村中学，不可能盲目跟风——争创实验学校、示范学校。因此，应把学校定位为"创本地区有竞争力和吸引力的初级中校"。目标明确后，学校便确定了自己的办学理念：本着"一切为学生"的办学指导思想，把"开展礼仪教育，弘扬民族精神"为办学特色，把"服务金花，诚心育人，让每个农村孩子获得成功"作为学校核心经营观念。于是，金花中学便走上了创建品牌之路。

（二）学校品牌创建过程

1. 树立信心，凝聚人心

由于各方面原因，学校正处于历史最低点，不仅社会对学校产生了信任危机，就连学校内部职工也对自己产生了信任危机，干部对自己信心不足，教师对自己信心不足，于是部分教师外流，教师队伍极不稳定。所以树立信心，稳定队伍是首要大事。首先，学校领导树立信心。在当时身陷困境的情况下，学校领导班子放眼未来，冷静思考，知难而进，宁折不屈，对学校未来充满了信心和希望。其次就是要树立教师的信心，稳定这支队伍。学校一方面加强教师职业道德的教育，使老师充分认识坚守阵地是忠诚的美德，默默无闻是生活的风格，善始善终是中华的传统，无私奉献是人生的精彩。另一方面学校在非常艰难的情况下，花大力气改善教师的工作环境，提高老师的待遇，解决老师的实际困难，如解决夫妻分居问题、子女入学问题等。老师们发现，在农村中学照样可以家庭幸福，生活快乐，事业有成。终于教师们又找回了自信，对未来充满了信心和希望。

2. 培养优质教师

金花中学以帮助教师获得成功为学校的天职，建立了一套完善的培养机制，从师德和业务两个方面培养教师，努力促进教师专业化发展。金花中学一直以"学高为师，身正为范"为标准来培养教师，并形成了一套完善的师资培养机制。以继续教育和教育科研为途径，以职业道德、职业意识、专业素养为重点推进教师队伍专业化，构建学习型队伍，学校尽量鼓励教师培训、进修、参加赛课、撰写论文等。

余蕾，一位青年教师，因在数学课件制作和教学业务上的优势，被推选参加第四届全国初中信息技术与课程整合赛课活动。学校在教学工作非常紧张的情况下，给她提供了充足的时间，并专门安排经验丰富的老师对她进行专门辅导。功夫不负有心人，余蕾老师在此次大赛中获得了一等奖，开全国农村初级中学之先河。一种团结奋斗、开拓进取、永不满足的学校精神影响着每一位教师，使每位教师都在不断提高自身素质。

3. 寻找突破口，改变学校形象

教育也是一种经营，面对的是特定的消费人群，学校核心竞争力是优质服务。谁的服务态度好，谁的教育质量高，谁就能赢得广阔的教育市场。金花中学明确提出：要以一流的教育教学设备，提供优质的学习环境，并以高素质的现代化的教师队伍，给学生提供成长的养分和心灵的关怀。

学校地处城郊结合部，社区环境较差，人员复杂，家长素质普遍不高，学生普遍存在爱说脏话、衣着邋遢、缺少礼貌等坏习惯。学校要塑造形象，提高办学质量，必须先从德育着手。金花中学选择了以礼仪教育和弘扬民族精神为办学特色，目的是培养"城市化"的农村学生。礼仪教育首先从小处着手，比如督促学生勤洗澡、勤换衣、使用文明用语等；再进行专门的礼仪教育，用浅显易懂的方式把一些基本礼仪教给学生。经过一段时间的努力，学校的礼仪教育取得了极大的成功，没有人乱扔垃圾，也没有人在下课时追打，见到老师都知道主动问好，能主动与家长沟通，家长普遍认为孩子懂事多了。

4. 逐步改善办学条件，提高教育质量

金花中学从 1999 年开始，便通过多种渠道筹集资金，多方面优化校园环境。现在的金花中学，已经成为拥有四个多媒体教室、三个设备一流的实验室和一个标准环形跑道操场，绿树成荫、校舍整洁的"花园式"学校。教学质量和办学水平连年上新台阶，在校人数也从 1999 年的 278 人发展到现在的近千人。从 1999 年起，学校每年都受到市、区教育局的表彰和奖励。

(三)主要启示

1. 农村薄弱学校的准确定位是打造品牌的前提条件。"创本地区有竞争力和吸引力的初级中校"的定位十分准确。

2. 农村学校的品牌打造要充分利用教育消费者的期待效应，培养"城市化"的农村学生，满足教育消费者的心理和社会需求；如果将培养目标定为"培养面向未来的现代人"，就可能脱离了农村教育消费者的有效需求。

3. 农村学校品牌产品也是教育服务质量，但这种质量的提高不能照搬重点学校的做法，应选准自己的切入口，一般可以从学生的日常行为习惯和心理素质抓起。

4. 只要选准了目标市场，进行品牌的准确定位，采取有效的品牌策略，任何一所薄弱学校都有可能成为品牌学校。

第六章　知名中小学品牌经营策略

一、知名中小学品牌经营环境

(一)我国知名中小学形成及其特点

知名中小学主要是学校的知名度、美誉度比较高的学校。知名中小学的形成具有历史性和时代特点。影响学校知名的因素很多，台湾学者陈玉君对高中教育人员(校长、主任和教师)的学校品牌知名度的影响因素调查显示：影响学校品牌知名度的主要因素有教育教学质量(升学率高、学生竞赛成绩突出、学校社团表现优异等)、学校的历史文化和校友、优异的师资、优秀的校长等(见表 6-1)。

表 6-1　学校品牌知名度影响因素[1]

品牌知名度影响因素(N=334)		
升学率高、校友成就高、学生入学分数高、学生竞赛成绩突出、校风被社会大众认可	创校历史悠久、师资优异、学校设备充实、学校社团表现优异、校长办学高绩效、学校地点交通便利	学校环境优美、学费合理、提供多元的升学管道、拥有特殊的班级资源、学校常用媒体广告
50％以上	20％～50％	20％以下

---

[1]　叶连祺．中小学品牌管理意涵和模式之分析．教育研究月刊(台湾)，2003(10)：107 页

以南洋模范中学为例，分析影响知名中小学的形成，其因素主要有①，②。

1. 鲜明的办学理念

一所知名学校不在于它的规模大小、条件优劣，而在于它是否有明确而独特的办学思想。帕夫雷什中学校舍面积不足 50 亩，在校学生不足 700 人，是前苏联普通的乡村中学，然而中外教育史无不谈起它，因为该校校长苏霍姆林斯基有其独特的教育思想。因此学校要能根据自己学校的实际、特点大胆地提出自己的办学主张，找到办学的优势和突破口，从而扬长避短，创造出学校的特色。

当时的南洋公学或是南洋附小的领导和教师，都是着眼于为国家、为社会培养一批掌握现代科学知识而能为国家振兴服务、为社会造福的人才。这个目标使他们竭尽心力把学校办好，把学生教育好。他们关心学生，以赤诚之心对待赤诚之事。从南模学生精英辈出，爱国心、事业心强等方面可以看出，南模的办学理念，从一开始就是非常明确的。

2. 宽松的外部环境

历史上的知名学校主要是私立学校，现在的知名学校主要是公立学校。他们形成的主要条件之一就是环境的支持。在中国各类现代学校中，南开的成立不是最早的（1904 年），但她却能够迅速地脱颖而出、后来居上、声名鹊起，这实在是一系列条件促成的结果。可以说因为有了这些条件才产生了南开。而在这些条件中最重要的是两条：一个宽松的外部环境和一位好校长。当时的名校不是私立的就是教会的，公立学校（包括国立、省立、市立）中很少出现名校，可见好的学校绝不是靠行政

---

① 徐仲安．名牌学校形成与发展对现代教育的启示——名牌学校个案研究报告[J]．荆州师范学院学报，社科版，2000(1)：118－120 页

② 徐仲安．论教育品牌——名牌学校个案研究报告[J]．中学教育，2003(09)

力量"管"出来的。管得太多，控制得太严，足以扼杀学校的生机。而南开正是在这种比较宽松的大环境中不断发展壮大，并逐渐形成了自己办学风格和传统。

3. 优秀的校长

一个好校长，意味着一所好学校。校长的影响力是在办学的过程中显示校长个人的人格、学识、能力、作风的魄力和魅力。它对学校师生有着直接的影响作用。南模中学创办于1901年，三位老校长从1903年开始到80年代初，相继在南模校长位置上累计工作了近80年之久。这三位名校长在创建名牌学校，在形成学校优良传统方面发挥了关键作用。

沈叔逵作为南模历史上的第一位有影响的校长，任校长17年，坚毅果敢，敢于任事，治校严格而又和蔼可亲，治学严谨而又多才多艺，办事有魄力，重金聘名教师来校任教，在国内首开音乐课，十分重视学校体育运动和课外活动，提倡学生走出校门，参与社会实践，为南模早期形成良好的校风、教风、学风打下了基础。著名人士黄炎培称他是一位精明干练的教育家，为南模发展奠定了基础。

沈同一先生，从1928年私立南洋中小学开始到1966年，在校长任内共38年；他在继沈叔逵担任南模校长之前，已在该校任教15年，深受沈叔逵校长的影响，与其前任在教育思想与个人作风、事业心等方面有极其相似之处。因此接任后，基本上按原先的办学路子继续发展，在学校管理和教学上进一步体现南模"严"、"实"、"活"的特点，即要求要严、教学要活、学习要实，而且形诸文字，归纳为"学习扎实、生活朴实、工作踏实"的校风。于1930年增设高中，1934年开办初级小学，学校成为十二年一贯制学校，1938年又开设女中部，学校不断扩大。由于沈同一校长对学校情况熟悉并驾驭有方，虽时局动荡，仍保持学校稳定和发展。

赵宪初先生，从1956年担任南模副校长到1984年改任名誉校长，在任 28 年，尔后担任名誉校长亦有 12 年，累计有 40 多年之久。赵宪初校长则以淳朴敦厚的工作之风，出色的教学艺术，高质量高水平的教学成果，对学校起到无声的教育促进作用。赵校长是数学教学的行家，他几十年没有脱离教学实践。由于他在数学教学上的突出成就，被评为上海市首批特级教师。赵校长幽默、开朗、和蔼、亲切，但要求严格，办事认真，一丝不苟。赵校长十分推崇他的两位前任，是他们为学校奠定了良好的基础，即良好的校风和由此形成的、相沿几十年的学校优良传统，并与时俱进地不断有所革新。他在 1981 年概括的"四实"校风（即在过去"学习扎实、生活朴实、工作踏实"的基础上，赵校长又加上了"身体结实"，是为"四实"）就是对南模传统的科学总结。

上述三位校长在树立南模名校品牌上起了关键的作用。他们虽然所学业务专长不一，分别具有文、理、技能之学，但他们在教育理想、治校方略、人格力量及行为作风上，可谓一脉相承，对学校师生产生巨大影响，并凝聚成学校的优良传统与学校独特风格与特色。

4. 一流的师资队伍

名校是由名师而来的，没有名师无所谓名校。名校长必须有名教师支持，当然也只有名校长才能培养、招揽名师，才能把学校办好。南模从创办开始，有一批学识根底扎实而且责任心极强的、稳定的名教师，是他们在校长的带领下奠定了南模成为名牌学校的基石。名教师在教学上有其独特的风格，他不仅自己教的学科出色，而且带动同学科的一批教师，使教育质量整体提高。从南洋附小开始，就对好教师重金礼聘。南模教师的一个共同的特点是：学识渊博，讲解精辟、治学严谨、谦和朴实，且循循善诱，深入浅出。如语文教师沈永瘭、英文老师张蓓蘅，数学教师吴叔厘、王秀梅、吴宗初、刘叔安，物理教师俞大年、贾如冰，化学教师王可田、徐宗骏，地理教师吴采人，历史教师汤贻兹等等都是非常杰出的教师。其中不少都是自编教材进行教学的学有专攻的名家。不少教师在南模任教数十年，安身立命，以校为家，在南模的教育岗位上终其一生。即使社会动荡，学校几经迁移，又经八年抗战，也没有打散这支优良的教师队伍。这是创造学校特色，突出学校个性，构建学校品牌的重要因素。

5. 成绩卓著的毕业生

有记者在上海浦东新区社会发展局和欧盟中欧教育研究基金会合作举办的"首届国际名中学校长论坛"期间作过一个小调查：究竟什么是名中学？统计后发现，中国校长的回答依次是办学的社会认可度、学校在一定范围内有影响力、校长在教育决策中有一定的发言权、历史文化积淀及毕业生质量。而所有被采访的外方校长几乎众口一词："学生是学校的骄傲。"圣保罗女中校长 Elizabeth Diggory 在会上特别强调，学校是否出名是相对的，只有我们的学生为学校争得了荣誉才能使学校出名。

6. 优良的校风、教风和学风

好的校风、教风、学风，是名牌学校的标志，是学校整体良好素质的外在表现。校风（包括教风与学风）是一所名牌学校之所以成为名牌的灵魂所在和精神依托。校风是在长期的教育实践中形成的一种稳定的教育氛围、环境氛围，它是一种潜在的教育力量，它对学校一切工作都具有深刻的长远的影响力。

南模创办之初系南洋公学附属学校，当时南洋公学校长唐文治先生对之提出"勤、俭、敬、信"四字校训，学校以四字校训为主旨制定相关的规章制度，以体现、贯彻、实践校训精神，同时以校长、教师的躬身实践，言传身教，影响学生，逐渐深化，以至蔚然成风。南模的精神在于管理从"严"，教学重"实"。从沈叔逵校长的"实心实力求实学，实心实力务实业"，到沈同一校长时发展为"学业扎实，生活朴实，工作踏实"，再到赵宪初校长加上的"身体结实"，从而形成完整的"四实"校风，成为南模的特色。就学业扎实而言，南模聘用教师有两个要求，一是教学认真，二是学识丰富。前者是工作态度，后者是业务功底，这就保证了学生的学业扎实，基础牢固。就生活朴实而言，包括勤俭与朴素。所谓"工作踏实"，首先是教师的榜样作用、示范作用，言必信，行必果。教育学生认真踏实，不仅在学习上，也应在作风上做到。总的来说，南模在教育教学上的特点，不论其指导思想或是具体实施，都是围绕一个"实"字展开的，"实"就实在基础上，即打好学习的基础，能力的基础，身体的基础，做人的基础。直到今天，南模还在教育教学工作中一再强调"基础教育要回归基础"。因此，南模的毕业生，不论继续升学或参加工作，都感到过去学过的东西需要时都用得上，印象深，不遗忘，这就是基础扎实。

7. 不断改革与创新

在办学上敢为人先，紧跟时代步伐，不断改革和创新，是使学校不断发展、壮大并富有成果的又一重要方面。教育是社会的产物，必须要随着社会的进步而进步。只有这样，教育出来的学生才能适应社会、推动社会进步。南洋附小的创办，处在一个特定的历史时期。当时就世界范围而言，科技不断进步，正在逐步进入科学昌明的时代；但当时中国正是清朝末年，腐朽、落后、愚昧，弥漫着整个旧中国，但西方文明、现代科学已通过各种渠道渗入中国，这既带来希望，也使我们吃了不少苦头。当时中国文化似乎是处在文明与落后、科学与愚昧的交叉中，革新与保守两种思想斗争十分激烈，所以那时的学校有点不伦不类，一方面继续尊孔读经，另一方面在教声、光、化、电。但南洋附小以及后来的私立南模中小学，虽然还脱离不了某些旧的束缚，但在许多方面有大胆的革新。如开办不久，设置唱歌课，重视体育，开设手工课（工艺），提倡课外活动，组织学生上街义演。早在辛亥革命后不久，南洋附小就引进童子军这一课外活动内容。后来在学科设置上不断改革，开设过法文、俄文、日文、伦理、财会等课。解放后，则在各方面进行了较大的改革。因此南模在当时是许多学校效仿的对象。南模的体育活动就是"超前"的，很早就创造特色，足球则是当时国内许多名将的摇篮。篮球也名冠当时，直到今天仍是市内体育特色学校。1945年南模学生篮球队曾打败美国胜强斯球队而名噪一时。音乐方面，早在20世纪40年代，南模的铜管乐队在市内就颇有名气，在宣传推进高雅艺术方面起到积极作用。1994年8月开展的"94中国青少年管弦乐之夏"，南模乐队力压群芳，获最好成绩。南模在教学、管理诸方面敢为人先，努力革新，是促使学校不断向前发展的动力，在培养人方面起到了良好的作用。许多校友后来回忆中都提到当时在南模学习时，往往感到人无我有，人旧我新，感到学习内容与学习生活活泼多彩。对他们的个性特长的发展产生了不小影响。

（二）知名中小学品牌经营的必要性

我国的知名中小学，一般都是重点中小学，向"优质学校品牌"转型是知名中小学历史使命。

1. 知名中小学赖以生存的制度基础开始动摇

产生于特定历史时期的重点中小学制度，已暴露出明显的历史局限性：(1)少数"重点学校"一枝独秀的格局满足不了社会对优质教育资源的需求；(2)教育资源配置上的倾斜政策加剧了学校的不均衡发展，公民享受社会教育资源的平等待遇受到了挑战。(3)强化了"选拔"与"应试"功能，障碍了现代教育制度及其功能的转换。

2. 教育竞争使知名中小学面临新的危机

从学校自身发展而言，随着社会的发展，教育竞争加剧，许多老牌名校也面临着一些危机与阻碍：相对优势逐渐消失，学校格局狭小，教育管理趋于程式化，教育创新动力不足。从外部环境看，目前，民办学校的兴起和政府促进教育均衡发展策略的实施，特别是人事和身份制度的打破、教师的流动、家长和学生的选择性提高，"重点学校"生存和发展的社会基础已经发生动摇。

3. 中小学培养目标的时代要求

重点学校制度是一种人才选拔制度，重点中小学的办学目的主要是为高一级的学校输送合格人才，评价学校好坏的标准主要是升学率。在高等教育大众化、基础教育普及化的条件下，中小学的教育目标是培养学生的整体素质，特别是公民素质和创新素质。一所具有个性光彩的名校，不仅能够帮助学生较好地掌握知识，考上较为理想的大学，而且更重要的是，它具有一种精神的魅力，甚至成为学生在精神上崇拜的偶像和心灵的家园。它的学生终生以自己是这所学校的一员而感到骄傲和自豪。这样的学校不仅能够帮助青少年张扬自己的个性，而且鼓舞他们确立精神上的自尊和自信，发现自己、认识自己、改正缺陷，完善自己的思想和品格。[①] 实施品牌战略，可以将中小学从条件和结果的竞争转化为办学过程和教育教学过程的竞争，使重点中小学从单一升学的办学模式中解脱出来。

4. 基础教育制度的创新需要

从公共治理的角度而言，名校实施学校品牌扩张战略是教育制度创新的需要。实施名校品牌扩张战略，扩大办学能力，有利于解决优质教育资源供求矛盾，使更多的学子享受到优质教育；借助名校学校品牌的知名度、美誉度和忠诚度，可以减少教育发展的社会成本，从而，优化教育资源配置，促进优质教育资源的合理运用，促进各级教育的健康发展；增强社会各界对教育的信心，刺激社会各界的办学积极性，扩大优质教育资源的规模，并有利于形成正常的教育竞争局面，提高办学效率。

---

① 徐葆耕．名校应该有个性[J]．北京教育，2003(10)

事实上，为了促进大学和高中阶段教育的快速发展，一系列鼓励支持地方高校、高中优质教育资源扩张的政策已出台①，以名校为依托的教育集团纷纷成立，名校优质教育资源扩张的局面开始形成。历史需要名校在新的时代里作出更大的贡献：创设宽广的空间，让每一位学生的个性得到自由的张扬，让每一位学生的潜能得到充分的发挥。创造更多的机会让学生体验丰富的人生。让教师成为学生人格发展的促进者，把学校建设成学习型组织。②

(三)知名中小学品牌经营的比较优势

同一般的中小学相比，知名学校具有天然的优势：

1. 办学条件优势

现在的知名中小学，一般都是多年来政府重点投资的对象，无论是硬件还是软件建设都是一个地区内最好的。

2. 师资优势

知名中小学集中了本地区甚至全国最优秀的教师，许多教师都是所在省、区的学科专家；教师的学历水平和教学水平普遍较高。

3. 地理优势

知名中小学一般都是在城市。由于城市人口比较集中，城市发展速度很快，学校具有品牌扩张的地域优势。

4. 文化优势

(1)校名优势。从 2005 年评出的全国 100 所著名中学的校名情况来看，以"一中"命名的有 26 所，以"二中"命名的 6 所，以大学"附属中学"命名的有 17 所，与大学名称相关的中学命名

---

① 赖红英. 广州鼓励"品牌扩张"加快普通高中发展[N]. 中国教育报，2003-07-06①

② 尹后庆. 21 世纪历史名校的使命[J]. 教育发展研究，2002(11)

2 所，以"实验中学"命名的有 6 所。可见，名牌学校的校名反映出"序号"优势、层次优势和特色优势。

(2)历史悠久

知名中小学的发展历史一般比较长。从调查的情况来看，绝大多数知名中小学都有 50 年以上的历史。据考证，四川成都的石室中学有 2140 多年的历史。在学校的历史变迁中，学校的人、事、物等发生了许多变化，涌现出许多名校长、名教师和名学生，也积累了许多文化故事，这一切都可以作为一种文化资产纳入学校品牌之中。

知名中小学的这些优势是在生产教育服务的过程中自然形成的，这些优势是相对于薄弱学校而言的。这些优势除了文化优势外，都容易被其他的学校模仿。这些比较优势只有经过转化，集中在品牌的旗帜下，并继续保持，才能成为竞争优势。现实中，不少重点中小学因为故步自封，管理松懈，名师流失，而丧失了自己的比较优势，最后被教育行政管理部门摘掉了"重点"的牌子，学校的美誉度急剧下降，学校面临发展的危机。

二、知名学校品牌战略设计与策略选择

(一)知名学校品牌战略设计

知名学校处于品牌发展阶段的成熟期，如果不注意创新，就可能产生品牌老化，进入品牌衰退期。因此，知名学校应居安思危，从消极角度来说，就是不断进行品牌的维护与管理；从积极角度而言，就是进行品牌扩张和延伸。

1. 品牌维护与管理

(1)品牌维护与管理的含义

所谓学校品牌的维护与管理，是指学校管理者在具体的学校品牌经营活动中所采取的一系列维护品牌形象、保持市场地

位的活动。学校品牌是一个市场概念，随着教育市场环境的变化、教育消费者需求的变化以及学校本身的变化，学校品牌的内涵和价值都会不断发生变化。这必然要求在学校品牌经营管理上，不能放任自流，顺其自然，必须审时度势，整体规划，进行精心策划和管理。

学校品牌维护与管理的四个要素：第一个要素是建立卓越的品牌信誉。信誉是学校品牌的基础。没有信誉的学校品牌几乎没有办法参与竞争。第二个要素是争取广泛的社会支持。学校品牌必须依靠品牌价值链上所有层面的全力支持，才能实现长足的发展，没有支撑的学校品牌是难以维持的。学校品牌的支持因素中，除了学生、家长支持外，来自政府、媒体、专家、权威人士及同行等的支持也是同样重要的。第三个要素是建立亲密的忠诚关系。由于教育消费需求的动态变化和取得信息的机会不断增加，为学生提供个性化和多元化的服务已成为学校品牌持续创新发展的重要途径。第四个要素：增加亲身体验的机会。目前仅靠教育广告上的招生信息选择学校的人越来越少了。"耳听为虚，眼见为实"，正逐渐成为越来越多的学生和家长选择学校的基本标准。所以，学校品牌的维持和推广，就变成了如何让学生、家长在最方便的环境中，不需要花费太多时间和精力就可以充分了解、体验学校的服务质量和服务功能。这种让人们满意的体验可以增强学生、家长对学校品牌的信任并产生入学的愿望。

(2)管理、维护学校品牌战略措施

第一，以教育市场为中心，全面满足教育消费者的需求。以学生为代表的教育消费者是学校品牌经营的"上帝"。以市场为中心，也就是以组合学生、家长、社会的教育需求为中心。学校品牌的管理维护与教育消费者的兴趣、偏好密切相关，教育消费者的"口味"是不断变化的，这就要求学校品牌的内容也要随之作出相应的调整。否则，学校品牌就会被教育市场无情地淘汰出局。以市场为中心，充分满足教育消费者的需求，就是要求学校建立完善的市场监察系统，随时了解学生、家长和社会的教育需求状况，及时地进行教育调整，使学校品牌在教育市场竞争中获胜，顺利完成学校品牌保护的工作。

第二，严格管理，锻造强势品牌。学校品牌的经营保护最强势要素就是学校对品牌进行全方位的严格管理，以便保持和提升品牌竞争力，使学校品牌更具活力和生命力，在教育市场竞争中获胜，顺利完成学校品牌变化的工作。

第三，坚持全面质量管理和全员质量管理。"以质取胜"是任何品牌制胜市场竞争的基本法则。学校要牢固树立"质量是学校生命"的观念，并把它贯彻到学校的一切活动和全部过程之中。学校要制定切实可行的质量发展目标，积极采用国际标准和国外先进标准，培养一批高质量、高档次的学生和教师，提高学校品牌的市场美誉度。要借鉴国外学校科学的质量管理办法，深入开展全面质量管理、质量改进活动，认真反思教育教学的不足，积极推进质量考评工作，提高学校质量管理水平。

第四，坚持成本控制和成本管理。最低成本优势是学校品牌保护的一大法宝。任何一所学校都包括有形资产和无形资产两大部分，因此，有设施设备的投入成本、人员工资的投入成本、学校的管理运行成本、资产的运作成本等。现代学校领导，应该是学校的经营者，要有成本意识，要计算运行成本，提高办学效益。在学校无形资产的运作中，风险成本更应该引起高度重视。随着学校知名度的提高，品牌形象的提升，学校遭遇风险的几率也在增大。个别学校管理者认为"成本"难以量化，甚至在工作中回避"风险成本"。在今天的社会环境下，这种回避风险的行为应该得到纠正。学校应该加强风险管理，强化自律意识，尽量减少与家长、社会等方面的冲突，才能避免学校在社会公众中造成不良影响，从而降低或化解办学的风险成本。

第五，不断创新，提高学校活力。创新是一个系统工程，

244

包括许多方面的内容，主要有观念创新、技术创新、质量创新、管理创新、服务创新、市场创新、组织创新、制度创新等。

第六，保持品牌的独立性。所谓品牌的独立性是指学校品牌占有权的排他性、使用权的自主性以及转让权的合理性等内容。保持学校品牌独立性是因为品牌是学校的无形资产。在教育市场享有较高的知名度和美誉度的品牌，能给学校带来巨大的经济效益、社会效益和教育效益，只有保持学校品牌的独立性，才能保持学校品牌形象，使学校品牌不断壮大发展。

学校要保持品牌的独立性，实施有效的品牌保护策略，根本的办法和出路归纳起来有两条：一是"强身壮骨"，二是"联合抗衡"。所谓"强身壮骨"就是千方百计发展自己，壮大自己。首先要扩大规模，走规模发展之路。其次要从教育教学质量、服务种类、管理成本、融资渠道上下工夫，开拓市场、占领市场，提高学校品牌的知名度和美誉度。所谓"联合抗衡"就是多所学校联合起来，以知名度为学校的中心，以教育质量为依托，携手组织跨地区、跨行业的教育集团，捍卫共同利益。

第七，实施学校品牌的危机管理。所谓危机管理，就是指在正常情况下预计不到，而且往往是突然发生又会对学校造成严重影响的事件进行处理。学校危机有很多种，包括经营危机、信用危机和品牌危机等。在学校正常的运行过程中，学校品牌管理的差别并不明显，只有在危机中才可能显示出与众不同的管理能力。因此，在日常管理过程中建立危机管理程序，培训管理人员应对危机的方法，培养消除危机的各种关系网络；要建立健全危机反应机制，尽一切可能将危机扼杀在摇篮之中，避免危机扩散；要加强学校文化建设，提高学校品牌的文化内涵，让学校树立良好的社会形象，增强防御危机的能力。

2. 学校品牌扩张与延伸

（1）品牌扩张

学校品牌扩张是指利用品牌的影响力迅速扩大教育服务规

模，增加产品的市场占有率，从而使品牌的知名度更高。品牌扩张属于品牌兼容性经营，通过品牌繁殖，发挥知名品牌的放大效应。本质上就是学校的品牌资本经营，学校组织的产权经营。

实施品牌扩张战略是重点中学向"优质教育品牌"转型的历史抉择。从学校自身发展而言，随着社会的发展，教育竞争加剧，许多老牌名校也面临着一些危机与障碍：相对优势逐渐消失，学校格局狭小，教育管理趋于程式化，教育创新动力不足。从外部环境看，目前，民办学校的兴起和政府促进教育均衡发展策略的实施，特别是人事和身份制度的打破，教师的流动，家长和学生的选择性提高，"重点学校"生存和发展的社会和制度基础已经发生动摇。因此，知名中小学只有与时俱进，才能永葆品牌的青春。知名中小学品牌的扩张需要凝聚理念，整体设计，抓住时机，稳步推进。

(2)品牌延伸

所谓品牌延伸是指一个品牌从原有的业务或产品延伸到新业务或产品上，多项业务或产品共享原有的品牌资源；[1] 或者说利用消费者对现有成功品牌的信赖和忠诚，推动副品牌或其他品牌产品的销售。品牌延伸策略包括副品牌策略和多品牌策略。引申到中小学学校，一是利用学校品牌的影响力开发出新产品，如利用高中的影响力办初中，将某学科的优势扩展到其他学科，或开发新课程。二是将具有市场影响力的成功学校品牌产品使用到其他学校，如北大附中在各地联办"网校"。

中小学学校品牌延伸具有重大作用，如：原学校品牌的知名度有助于提高品牌延伸或其他产品的市场认知率，减少学生与家长的漠视感；原学校品牌的良好声誉和影响，就能对延伸

---

① 国际品牌标准工程组织．国际品牌标准化手册[S]．北京：人民出版社，2005.284 页

校或其他产品产生辐射作用，从而有助于学生与家长对延伸校或其他延伸产品产生好感；采用品牌延伸策略，借助成功品牌推出新产品(如新建分校或其他)，使后者的定位更方便；如果品牌延伸获得成功，还有利于进一步扩大原品牌的影响与声誉等等。

中小学学校品牌延伸有一定的风险，其延伸应有一定的条件，如应与品牌联想相适应等，北京四中是高质量的典范，不能延伸到基础薄弱校，但可以延伸到高水平新建校，如果要延伸到基础薄弱校，必须输出管理与教学队伍等支撑系统，否则延伸失败；再如原品牌应给延伸学校提供一种附加价值(所谓附加价值，就是在品牌延伸情况下学生与家长感受到的利益与好处)。如果只是借助原品牌的影响，提高学校的知名度，而学生与家长感受不到好处的话，那么，这种品牌延伸即使一开始获得成功，从长期看还是会失败的。

(二)知名学校品牌策略选择

1. 品牌文化策略

(1)学校品牌文化策略的含义

学校文化是一所学校在长期的教育实践中积淀和创造出来的，并为其成员认同和遵循的价值观念体系、行为规范准则和物化环境风貌的一种整合和结晶。它是以学校整体价值观为核心的行为规范的总和，反映着一个学校长期的为社会所公认的品格、素质、精神、作风以及公众形象等文化积淀。它表现为学校的"综合个性"，以一种"润物细无声"的方式影响着人的成长。每一所学校在打造品牌的过程中，必然生成其独特的文化，从而构成学校品牌的内核与灵魂。在广大中小学的教学技术手段和硬件设施日益同质化的今天，校际竞争必将由物质层面转向非物质层面—发展规划、学校特色、品牌形象等。只有以此才能形成"区别"，创造"差异"，各谋优势。所以文化力必然上升为决定学校前途的最重要的因素，因而学校有必要确立以竞争为特征、以创造为实质的文化发展战略，以学校文化打造学校核心竞争力。1899 年，杭州知府林启创办养正书塾，即今天杭州四中的前身。作为一所具有悠久历史的学校，杭州四中从只有几个学生的小学堂成长为目前的省级重点中学，其发展得益于一代代办学者和师生员工们的共同努力，更得益于学校文化对学校发展的强大的推动力。[①]

公办学校是在有限教育市场中形成核心竞争力的。学校的核心竞争力不在质量、品牌、资金、设施设备、人才等有形的资源和优势，而是学校文化。正是无形的文化持续影响和支撑，调动了质量、品牌、资金、设施设备、人才，从而在教育市场上形成竞争力。一名关注学校可持续发展的校长，不应仅仅关注一般的竞争优势，而应重视学校文化对学校资源的引导和整合力量，持之以恒地精心塑造学校文化。

传统的学校文化必须重塑，是因为这种学校文化阻碍着学校参与市场竞争，已不完全适应现代社会历史潮流。有学者认为，重建学校文化是优质学校建构的主要任务。[②] 新型的现代学校文化是具有开放开拓性、宽容性、个性化等特征。这种文化的价值观核心是"人"，将人的幸福置于第一位，不是去替人创造幸福，而是消除导致人不幸福的种种"人"加之其上的限制，充分尊重"人性"，充分保障人权。

(2)运用 SIS，提升学校的文化品位

学校识别系统（School Indentity System，简记为 SIS），它所具有的属性正可以帮助学校在观念更新、品牌创立、资源整

---

① 申屠永庆.学校文化创新——名校发展的推动力[J].中小学管理，2004(07)

② 谢翌，马云鹏.重建学校文化：优质学校建构的主要任务[J].华东师范大学学报(教育科学版)，2005(03)：7—15页

合、市场开拓、可持续发展等方面重新进行战略定位并统筹推行，从而更有效、更圆满地实现自己的综合目标，带来丰厚的效益。从本质上说，SIS 的作用机制就是创造差异、提升优势。它可以充分开发利用学校的优势资源，或者针对学校现状提炼整合自己不同于同业的差异，以"异"形成"优势"，以"优势"谋取成功。

近年来学校文化建设正成为一些学校管理与发展的积极追求，并且这些学校在实践中多已触及 SIS 的一些内容要素。然而通过比较也发现，自发意义上的学校文化建设毕竟与导入 SIS 的学校文化建设有所不同，突出地表现于这几点：第一，SIS 在学校文化发展方面更具有整合性。它通过审视学校的历史底蕴、现实形态和未来规划，审视教育行业形势、学校个性和内外部环境，提炼出具有校本性质的若干要素，整合成新的办学理念系统；它还体现出"一体两翼"的鲜明特征，即以学校理念为主体，以行为与制度识别为一翼，以视觉与听觉表达为另一翼，有机、协调、整体地展开。第二，SIS 在学校文化的传达方面更具有系统性。SIS 的重要任务就是帮助学校制定、完善或有效实施发展战略，它要求学校在理念系统确立之后，相应的对组织结构的调整、规章制度的健全、视听觉系统的设计、公共关系策略的确定、传播时机的选择与传播方案的策划、教师培训的导入、校园外观的改建、设计绩效的评估等方面进行全面统筹、有序推进，而不是零星地、孤立地、随心所欲地实施。第三，SIS 在操作运用方面更具有法定性。它对各子系统的使用规范都有界定，尤其是视觉要素的使用必须严格依"法"行事，以保证学校形象传播的一致性并内在地体现学校管理的规范与高效。

一些教育管理和学校组织文化研究的专家对 SIS 的理念和建设成果表示了充分的肯定，认为如果广大学校都能有意识地用 SIS 战略来对学校文化进行科学整合、设计，将势必使办学理念更先进、发展思路更清晰、管理职能更分明、校本特色更彰显、社会形象更突出。

（3）积累和创造学校文化

名校是文化积淀、创新的产物。名校的创立与发展具有很深的文化渊源。学校的创立与发展，随着时光飞速流逝，社会沧桑剧变，学校的校址可几经迁徙，教师也可代代更替，惟有学校教育文化传统代代相传，依旧发挥着深远的影响。学校的终极魅力在于它所蕴含着的文化价值。因此，名校要有意识地进行文化的建设和积累。开发具有特色的课程体系和具有个性色彩的教育教学方法，形成优良的校风、教风和学风。

表6-2　学校文化的基本成分

基本成分	具体内容	主要特点
显性成分	1. 做事方式（待客方式；学校成员内部的互动方式；与上级部门互动方式；处理问题的自动化行为） 2. 学校图腾、标语等 3. 学校建筑与布置 4. 典礼与仪式 5. 榜样与故事 6. 学校制度与规范（包括课堂规则） 7. 课堂教学行为	可观察和测量的
灰色地带	学校传统	半显半隐的
隐性成分	1. 学校成员共享的价值观与信念 2. 学校成员行为和价值观的前提和假设，它往往比价值隐藏得更深，需要作更细致和深入的挖掘 3. 制度化行为的动机	需要长期共同生活方可把握的

（4）在管理机制中丰富文化含量

一流学校的管理，不是机械的工艺流程式的管理。它总是闪耀着文化的灵气，这灵气来自于学校文化的内涵。名校的管理着眼于升华为文化层次的教育机制。它具有卓尔不群的办学目标、奋发进取的竞争机制、宽松活泼的学术氛围、和谐健康的人际环境和科学严密的教育教学秩序；名校有一种大气，能容纳不同学术见解，鼓励相互竞争而少文人相轻之现象；名校将远大的办学目标、科学的教育思想和健全的管理制度，内化为师生员工的使命感和责任心。总之，名校的管理制度已成为一种文化的存在。

现代学校文化塑造应优化学校制度，其要义是将教师的教学自主权还给教师，解放和发展教师的教育服务生产力。第一，完备学校契约制度。这一制度将教师定位于职业人，与学校间通过契约建立平等的关系，互为权利义务，学校各部门、工作岗位责权利相统一。第二，学校治理方式。在人力资源配置方面建立"校内人才市场"，在行政力量、学术力量、市场力量共同作用下完成最佳配置，并实施教师自我管理。第三，学校组织结构。加强对学校强势力量的监督，实现同心圆式的组织结构。第四，学校管理制度。以质量为轴心，以人性化为主要方式，以契约性为主要手段，以团队合作为风格。

(5)提升校长和教师的文化品位

校长和教师的文化品位，决定着学校的文化品位，决定着学校的办学质量以及学生的综合素质。首先，名校长应当是教育专家和教育文化的精英。陶行知说，校长是学校的灵魂。作为文化精英的教育家。南开校长张伯苓先生，早年就读于北洋水师学堂，所受的教育是中西合璧，而以西学为主。甲午以后投身教育，立志以教育救国。从接办严氏家塾开始，数十年间，锲而不舍，孜孜以求，为办南开穷尽了毕生精力。为了办好学校，他数度出国考察，了解世界教育发展大势，从而建立起以人为本的教育理念。他学识丰富、德高望重，不仅自己能教多门课程，更重要的是能挑选和培养出一个高水准的教师队伍和一个精干、高效率的办学班子(当时南开有"四大金刚",即喻传鉴、伉乃如、孟琴襄、华午晴四位先生,他们都是张校长的得力助手)。①

校长高文化素质包括:具有科学的办学理念。善于使自己的教育思想转化为师生的共识与行动,并且始终不渝地贯彻到学校的一切活动中;具有高尚的人格。校长治校所依靠的持久深层的东西,是校长的人格力量;具有优秀的管理风范。科学的理念、高尚的人格与很强的治校能力相结合,就会形成校长的管理风范。校长要具有驾驭全局、协调群体、推进目标、提高质量的综合能力。如果说学校是文化场,那么,校长就是学校文化动力的辐射源。

其次,建设高文化品位的教师队伍。所谓高文化品位,是对教师优良的科学素质、人文素质和教育教学能力素质的总体概括。这是一个完整的教师素质结构,偏废其中的任何一点,都会影响教师成为文化意义上的教育者。在当前,教师队伍中存在的诸如职业道德和人文素质等问题,很大程度上是由于其文化的缺失或文化的贫困所造成的。教师对待学校文化的态度应该是积极认同、主动融入、自主创新。学校应建立教师与学校文化的互动机制。

2. 产品更新策略

(1)产品更新的基本含义

品牌产品更新是依据对品牌的重新定位,重新设计品牌,塑造品牌新形象的过程,其实质是对品牌类型的扩展和品牌功能的提升。

随着时间推移和市场环境变化,品牌也需要重新定位。当然,若最初的品牌定位不理想,就更应该及时进行品牌更新。

---

① 尉天纵. 南开昔日辉煌能否再现?——以一个实例论名校成因[J]. 社会科学论坛,2004(08)

学校品牌更新是指品牌学校在学校原有品牌的基础上，通过将已有品牌进一步提升或者扩展原有品牌的种类，来提高学校的知名度和美誉度，将品牌做大做强的一种策略。本质上是一种内涵优化的策略。

（2）产品更新策略的实施

第一，重塑学校形象，提升学校理念识别系统；

第二，改革课程体系，增加学生的选择性；

第三，改革教学方法，提高课堂教学吸引力；

第四，提高教师的素质，密切师生关系；

第五，运用教育信息技术，提高教育教学的现代化水平；

第六，进行校本教研，拓展教师教育服务能力和水平；

第七，改革教育教学管理制度和评价制度，建立优质教育服务保障机制；

第八，创造优良的教学环境，满足学生的情感需求。

3. 品牌扩张策略[①]

（1）吸纳式扩张策略

第一，吸纳式扩张策略的含义

吸纳式品牌扩张，是指充分运用学校品牌的影响力和信誉度，深度挖掘品牌资产的吸纳功能，多渠道融入教育资源和社会资源，以进一步增大学校品牌的含金量，壮大学校品牌的核心竞争力，提升学校品牌形象。名校具有较强的影响力和信誉度，深度挖掘品牌及其资产的吸纳功能，多渠道融入教育资源和社会资金，是进一步增大品牌的含金量，壮大名校的核心竞争力，提升品牌形象的重要手段。

第二，吸纳式扩张策略运用

吸纳式扩张包括对促进学校品牌的各种资源的引进和整合，包括资金、管理知识和技能、教学技能和方法等。如上海市梅

---

① 王琳．学校品牌扩展策划研究[J]．教学与管理，2005(01)：15—19 页

铃学校，1999年以100万元的价格，将学校冠名权转让给民营的沙田房地产有限公司。此举大大提升了学校的硬件档次，又有效地提升了学校的软件水平，品牌实力得以显著增强。成都市武侯高级中学是四川省第一所以综合高中模式办学的改革实验学校。学校与清华大学、西南师大、四川大学、四川师大、成都体院等大专院校联合，全面打通学生毕业升学、就业渠道，学校因此得以迅速发展，现已成为四川省校风示范校、成都市最年轻的市级重点中学。

第三，吸纳式扩张策略应避免的问题

吸纳式学校品牌扩张走的是内涵发展之路，是保护、壮大学校品牌的有效策略，当然，要把握好一个"度"，不能盲目追求资产扩张，见"钱"失"牌"，放弃自己的品牌形象。

（2）联体式扩张策略

第一，联体式品牌扩张策略的含义

联体式扩展策略是指知名学校在分析教育市场与学校品牌的影响力后，在具备了一定的知名度、美誉度以及资金的基础上，以开办分校的形式进行品牌扩张的策略。即利用名校的品牌效应，吸纳资金、人才等资源，进一步把学校规模做大。实际上，联体式学校品牌扩张走的是"单一品牌之路"它能使强势品牌的影响力进一步扩大，使品牌价值持续增长。实施联体式学校品牌扩张，旨在从不同的角度占领细分市场，联手获得更大的市场份额。

名校办分校的优势在于满足了一部分家长追求名校的愿望，尽管分校的教学质量仍需时间检验，但名校过硬的牌子对学生家长具有巨大诱惑力。全国各地许多名校都开办分校，如南京地区赫赫有名的三大名中学南京市外国语学校、南师附中、金陵中学纷纷成立分校并正式开始招生：南京外国语学校"东征"仙林，成立仙林分校；金陵中学"西伐"河西新区，建立河西分校；南师附中则向南"进军"，成立江宁分校。2003年，广州市第四十一中学扩大为两个校区，将成为 48 个教学班规模，占地面积达 2.5 万平方米的省一级完全中学。四年实现了从普通中学跨进市一级再跨进省一级的跨越式发展学校，学校日渐成为人们心目中的名优学校。① 北京景山学校是一所知名度颇高的学校。1996 年该校输出品牌，创办了北京市第一所公办民助学校——北京景山学校分部。它是一所由政府承办、法政实业总公司独资兴建、北京景山学校全面管理的新型学校。"分部"与"总校"总体办学目标一致，是一种紧密的依托关系，两校"一体"。

第二，联体式扩展策略运用

学校品牌价值与教育市场分析。品牌学校要开办分校必须在其品牌被当地家长所认可的基础上进行，否则生源难以保障。此外，品牌学校还要分析所在地区的教育市场，周围已有多少名牌学校，适龄儿童的数量等，只有对这些问题都了解清楚了，才能确保分校的成功。

分校办学体制策划。分校是民办还是公办，或是公私兼有的混合制体制，品牌学校可以根据学校的实际情况作出谋划。随着我国教育政策的变化，名校办分校在办学体制上也发生了变化，"名校办分校"正在变成"名校变民校"。2002 年《教育部关于加强基础教育办学管理若干问题的通知》中指出："办学水平和教育质量较高、社会声誉较好的公办中小学和幼儿园是长期积累形成的公共教育资源，不得改为民办或以改制为名实行高收费。实施办学体制改革的公办中小学、幼儿园，须经省级教育行政部门或其委托的地（市）级教育行政部门批准，未经批准，任何部门和学校不得随意更改学校的性质。"从上述政策中可见，公办名校办分校要实行体制转轨政策上允许，但必须经过严格的审批程序。

---

① 何树声．走内涵发展之路 造优质教育品牌[J]．教育导刊，2003(11 上)

学校物质建设策划。主要包括校址、设备、资金来源等方面的策划。一所学校的外观、物质环境是学校环境的重要组成部分。有充足的资金，才能吸引优秀的人才来学校工作。因此，对学校物质建设的策划是校长必须要考虑的一个问题。

学校品牌导入策划。如学校理念识别系统、学校学位识别系统、学校视觉识别系统。在具有的物质外观之外，学校的办学理念、教育质量以及对环境的布置都体现了学校的内在风貌，是品牌学校的内在灵魂。名校办分校要取得成功，很重要的一点就是分校的品质要与原品牌学校一致。

第三，运用联体式扩展策略可能引发的问题及其避免

品牌联想冲突。学校原有的品牌在消费者心目中大都建立了固定的品牌联想，消费者往往会将一类行为联想在一起，如果将品牌向不相关的领域进行扩展，就会产生品牌联想冲突。北京师范大学附中在全国许多地方都办有分校，大部分都是成功的，但也有失败的。所以，办分校必须慎重。

名校办分校强化了权力和金钱的社会导向。有的公办名校所办的分校成为民办的性质或者成为改制学校，特别是一些改制初中。但这些"公有民办校"许多仍被纳入公办校系列。不少改制学校一方面理所当然地占有优质资源，另一方面又堂而皇之地招收高价生，把计划经济和市场经济的好处集于一身，这既违背了义务教育的免费原则，同时也有违教育公平，应处理好改制与品牌的关系。

名校办分校使用了公办学校的优质教育资源，但却造成了国有教育资源的部分转移、流失。虽然通过名校办分校，特别是分校改制可以回收资金，并用于改造薄弱学校，提高全民的教育办学质量，但改制办学行为的不规范现象仍然十分严重，如收费标准缺少有说服力的教育成本核算依据，缺乏严格的资产审计，办学的随意性大等。目前，几乎所有高中分校都不同程度存在"不独立"现象。为此，国家教委颁布有关文件，强调

改制学校必须实行法人独立、校舍独立、经费独立、办学独立。而郑州市则提出，分校必须与本校实现六独立，即："独立法人、独立校园、独立校舍和教育教学设施、独立财务会计制度、独立招生、独立颁发学业证书"。分校规范办学是这个策略必须考虑的问题。

名校办分校还要注意在体制有所改变的情况下实现与民办学校的公平竞争以及义务教育的真正实施。有些名校的改制分校通过不平等竞争手段抢夺生源，致使一大批由企业、社会团体、公民个人举办的独立设置的民办学校生源萎缩，教育资源浪费严重。此外，名校分校对学生的入学筛选过程也使义务教育阶段的小学或初中将考试成绩作为工作的重心，使基础教育改革出现倒退现象。这些都是名校办分校的过程中应当注意的现象。

(3)协作式扩张策略

第一，协作式扩张策略的含义

协作式学校品牌扩张在形式上与前述吸纳式学校品牌扩张在形式上有相似之处。所不同的是，学校在吸纳式品牌扩张后，学校属性和办学主体不会发生变化；学校在协作式品牌扩张后，可能会改变学校属性或转移办学主体。

第二，协作式扩张策略运用

运用名校品牌与大学、企业、科研机构等采取多种方式合作办学，加强与社会、企业的联系，进行资源整合，创建新型办学模式，可以进一步扩大品牌的影响力，保持品牌价值的可持续增长。原湖南信息职业技术学院，10年跨了三大步，从技校到中专再到高等职业技术学院，成为有较大影响力的品牌学校。为扩大发展空间，学校于2001年与国家重点高新技术企业——四川托普集团合作，对学校进行股份制改造，新组建湖南托普信息职业技术学院，实行董事会领导下的校长负责制，"托普"与"学校"的投资比例为65％：35％，学校以"品牌"和教学设施投入。这一举措为学校的持续发展提供了有力的保证，有助于迅速扩大学校品牌的市场规模。中学也可借鉴这种模式。

(4)合作式扩展策略

第一，合作式扩展策略的含义

合作式扩展策略是指知名学校运用无形资产与企业等学校以外的单位采取多种方式合作办学的策略。这种策略可以是企业出资金、场地、校舍，学校出品牌、人才、管理方式，创建新校，进一步扩大学校品牌的影响力，实现品牌学校的迅速扩展；也可以是中小学与高校或科研院所合作，利用高校和科研院所的智力资源，给中小学注入创新活力，促进学校品牌产品质量的迅速提升。特别是学校进入市场初期需要极大的资金支持，而房地产企业又肯主动拿出高额"赞助费"，地产与教育的"联姻"帮助学校解决了教育发展的资金瓶颈问题。

第二，合作式扩展策略运用

首先，合作办学进行品牌扩张应提前做好的策划。包括对教育市场以及合作单位资质进行调查，对合作形式进行策划。如在与房地产公司的合作过程中，事先要把谁出资、出多少、谁是办学者、谁管理、收益如何分配等问题谈妥，以便在认识一致的前提下进行合作。

其次，采取多种合作形式。合作式扩展策略较多地运用在教育与房地产界的联姻上。借学校品牌的影响力，与名校联合办分校，已成为国内房地产界公开的秘密武器。如顺德碧桂园仗着与北京景山学校联合办学的奇招，使搁置两年多的楼盘起死回生，全部售罄。中小学与大学或科研院所的联姻，也成为品牌扩张的重要形式。始建于1980年的黑龙江省大庆中学，作为大庆市首家省重点中学，与清华大学教育研究所达成共识，决定联合在大庆中学建立"实验基地"。"实验基地"用于教育教学和科研，清华大学教育研究所为大庆中学提供师资培训，以提高教师的学科教学能力和全面素质，并促进骨干教师由"经验型"向"研究型"的转化，同时还为学生提供各项心理素质和科学能力训练，协助大庆中学建立学生心理档案，全面提高学生的综合素质，此外还协助大庆中学策划学校形象设计、师资管理和教育教学管理、学校发展及实验的总规划，全面提高学校的社会影响力。"实验基地"启动国家级课题，为大庆中学加快省示范高中的步伐、探索科学化的样本管理、加快推进课程改革及开展研究性学习与校本课程开发等方面，注入强劲动力。打造学校全新品牌，实现大庆中学跨越式发展。

第三，合作式品牌扩张策略可能出现的问题及其避免

首先，避免在合作中丧失学校的特性。名校也并非房地产行业点石成金的工具，在各大楼盘纷纷选择要和名校联姻或者自办学校的背后，同样暗藏着一些危机。开发商办教育建名校，最大的一个隐患就是其学校的师资力量水平以及整体的教育质量，开发商可以将学校的硬件设施建成超一流，但是由于对教育是门外汉，如果由开发商来经营学校的话，其教学质量则很难保证，而众多的购房者看中的最终是教育质量。因此，一旦开发商所建学校的教学质量跟不上，那么必将成为重大的隐患，严重的将影响到未来该楼盘发展的命运。同时，学校的品牌也将受到损失。

其次，避免忽视学校品牌内涵的打造。无论是房地产商利用教育来经营房地产，还是大学、教育研究部门，都只能是学校品牌发展的外在因素，学校品牌的打造要靠学校自身的建设，外在的资金资源和智力资源只有转化为学校品牌发展的因素，才能实现品牌升值。

（5）兼并式扩展策略

第一，兼并式扩展策略的含义

兼并式扩展策略是指知名学校可以利用其品牌兼并其他学校，将品牌输入其他学校，对其进行改组、改造，提升兼并学校的教育教学质量，使其成为优质教育资源的一种策略。兼并

式扩展是品牌扩张采取较多的一种策略。高中名校可以利用其品牌兼并、收购薄弱学校，将品牌输入薄弱学校进行改组、改造，达到以品牌无形资产调控有形资产的目的，利用其原有的校舍、设施、人员，使名校品牌进一步放大，将薄弱学校提升为优质教育资源。如成都市龙江路小学利用品牌优势，1999年兼并原基础薄弱的武侯祠大街小学，并将其更名为龙江路小学分校，目前该分校已经成为区、市示范校。再如北京师范大学附属中学兼并原北京四十六中，改名为三帆中学，使其成为品牌学校。

中小学进行兼并式扩展可以高效率地促进品牌学校的发展。对品牌校来说，首先兼并是最有效益的改革、发展之路。品牌学校已经有成熟的办学思想、管理方法，高水平的教学质量，在兼并薄弱学校后，通过较少的投入、较短时间的改造，就能使弱校从内到外焕然一新，"为我所用"。再通过统一核算，就顺利完成了"扩展"，取得了借鸡生蛋的效果，经济效益极为可观。成都七中始终以积极的心态进行品牌扩张，放大输出优质教育资源，切实推行教育的均衡发展。1998年，七中成功"兼并"薄弱学校成都市三十五中，成立七中育才学校（现育才学校西区），"两校"统一教育教学管理，统一考试，统一教育教学研究，"育才学校西区"迅速发展成为成都市生源好、效益高的名校。2001年，七中又"兼并"了四川嘉祥教育集团投资上亿元修建的民办树德新实验学校，成立成都市"育才学校东区"。不到五年，成都七中通过输出学校品牌，以兼并的方式能达到利用品牌无形资产的目的。

兼并能最充分地实现名牌的价值。兼并不仅是实现了名牌的现有价值，而且为发展这种名牌提供了契机，品牌学校可以进一步在校园管理和服务的多规格、校园文化氛围、办学特色等方面再塑新风。兼并是一个吸引资金的大好契机，品牌学校在确定兼并方案时就可以争取教委、社区等各方面的投资。兼并可以通过共享资源使弱校走出困境。兼并能够为学生带来更为平等的选择机会，可以帮助地方教委更好地解决教育的公平与效率问题，还可以缩小校际差距，缓解两极分化的矛盾，有利于整个地区教育质量的提高。

第二，兼并式扩展策略运用

首先，分析两校的条件。品牌学校生命力强，教育质量较高，有能力和精力通过兼并帮助薄弱校；而薄弱校不论是地方教委所属、厂矿企事业单位所属或是其他社会团体所属，它们应该有一些共同的特点，即一方面教育教学质量差，学校有生存危机；另一方面在某些领域还有一定优势，有发展的潜力，有自力更生的思想，善于学习，善于借东风求发展。

其次，对兼并的一些具体事项进行事前谋划，如学校兼并后的校址选择、领导班子组建、具体的管理措施、教职工的安置等。学校兼并是一项复杂的工作，品牌学校只有在尊重薄弱学校的前提下，才能确保兼并的顺利进行。

再次，寻找突破口，确保薄弱学校品质真正得到提升。品牌学校可以从管理方式的改变、教师培训、校园文化的渲染熏陶等方面突破，真正地提高薄弱学校的教育教学质量。

最后，资源共享，示范带动。在实施过程中，不仅要输入先进的办学理念、管理方式，输入高质量的教师示范带动，而且要共享先进的教育教学资源，对原有教职员工进行培训，使管理水平、教育质量达到名校水平，并逐步办出特色与个性。

第三，兼并式扩展策略应避免的问题

首先，品牌个性稀释，即被兼并学校的内在品质并没有得到提升。品牌扩张必须确保成功，一旦失败就可能波及其他产品乃至核心产品的声誉，并可能导致消费者对整个品牌的"全盘否定"。这种"株连"效应将使原有的品牌形象遭受重大创伤。一些被兼并的学校教师没有经过统一的培训，他们的整体素质并没有提高，学校的情况基本上还保持原有的状况，还是原来学校的老师教自己的学生。学校被兼并并没有从根本上提高薄弱学校的教学质量，只是换了个重点中学的名字而已，其实还是"换汤不换药"。

其次，品牌的价格问题。如果被兼并的义务教育阶段的学校在体制上有所改变，如由公立学校转变成国有民办或公办民助，那么可能存在违背义务教育的宗旨等问题。一些改制的初中部供不应求，于是学校就通过考试或变相考试择优录取，由此可能损害初中免试就近入学工作的整体推进。

(6)连锁式扩张策略

第一，连锁式扩张的含义

连锁式学校品牌扩张，以契约的方式实现品牌的本土化，以经营同品牌为核心，以实现品牌增值、扩大市场占有率为目标。名校可以利用自己的品牌，采用契约、合同、实行办学许可等方式输出品牌。这是市场经济中的常用手段。在国外，许多国家都有成功的教育个案。印度最大的计算机教育培训机构APTECH于2001年初，与北大青岛合作组建了北大青岛APTECH，在我国采用加盟授权的方式开展计算机软件工程师培训。仅一年时间，北大青岛APTECH就在全国建立了56家连锁培训机构。据了解，印度APTECH公司在全世界40多个国家开展加盟培训业务，连锁培训机构共有200多家。现在许多著名的学校、培训机构、教育集团都在采用连锁式的方式进行教育培训活动。

第二，连锁式扩张运用

例如华南师大附中通过与投资商合作，吸纳了近4亿元社会民间资金，没花政府一分钱，就开办了三所分校，创办的"品牌系列学校"。碧桂园集团在开办碧桂园学校后，传承学校品牌精神，又连续开办了凤凰城中英文学校、荔城碧桂园中英文幼儿园、碧桂花城学校；南洋教育集团以"集团投资、连锁办学、专家治校、滚动发展、适度产业化"的兴教模式，现已连锁开办

"南洋"院校九所，并受到公众的关注。

第三，连锁式学校品牌扩张应注意的问题

首先，理性而深入的事前调查研究分析，充分论证连锁经营对品牌、市场声誉等无形资产可能带来的负面影响，提高规避各种风险的能力，是确保连锁办学健康发展的必要前提。

其次，特别需要注意的是在输出品牌同时，一定要规范办学行为、管理方式、提高教育教学质量，加强考核和监督。

（7）托管式扩张策略

名校作为被委托方，在不改变原有财产归属的前提下，对委托学校法人以契约的形式让渡的部分或全部的财产权进行管理，较快地提高委托学校的教育质量和办学效益，从而延伸品牌效应，扩大优质教育资源。

著名校长冯恩洪领导的建平中学，是在全国有很高知名度的一所学校。几年前该校通过品牌输出实现了与学校经营分离的品牌经营，先后在上海和其他一些地方兼并或托管了部分学校，扩展办学空间，既提高了美誉度，又增强了被兼并和托管学校的影响力，最终实现了双赢。

（8）舰队式扩展策略

第一，舰队式扩展的含义和特点

舰队式扩展是指以学校品牌为龙头，组建教育集团，采取企业集团的运作方式，进一步把学校品牌做大做强，形成具有名牌学校特色的系列学校。

名校集团有别于国内外的民办教育集团，它主要是在公办中小学实施集团化战略。杭州市给名校集团化界定的概念是：以名校领衔，通过名校输出品牌、办学理念、管理方式、干部和优秀教师、现代教育信息技术等，施行"名校＋新校"、"名校＋弱校"、"名校＋民校"等多种办学模式，进行集团化办学，扩大优质教育资源，推进优质教育向普及化、平民化发展，让更多的学生接受更好的教育。实行名校集团化办学，就是力求在较短时间内让更多老百姓享受到优质教育资源。"名校＋新校"是指通过名校领办新校的方式，做到只办新学校，不取新校名，不挂新校牌。"名校＋弱校"是指利用名校的品牌改造薄弱学校。"名校＋民校"是指通过名校集聚民间资本，发挥社会力量在办学中的作用。这一发展模式的突出例子是上海建平教育集团，建平教育集团是由上海市名牌中学—建平中学发展而来的。1993 年建平与浦东新区陆家嘴金融开发公司联手，创办了新上海国际职业培训中心，为浦东开发培养紧缺的从业人员、当年就招生 100 多名，成功地迈出了创建教育集团的第一步。1994 年建平中学接办浦东梅园初中，并派出了管理干部和骨干教师，带去了建平中学的教育理念和管理模式，建成了第一家连锁性中学—建平西校。1997 年建平又与上海信和产业发展有限公司合作建成了九年一贯制的平和双语学校，投资方投入资金 1 亿多元，请加拿大设计师设计了典雅的校舍，配置了一流的教学设施和生活设施，建平教育集团负责师资、教学和管理。同年，建平还和中国浦发集团成浦企业有限公司联手，创办了浦发中学。1998 年建平集团与罗顿公司合作创办了建平网校。1999 年经浦东新区社会发展局批准，承办了浦东黄山小区九年义务制学校——建平实验学校。到 2000 年，建平教育集团已成为以公立学校为主体，多种办学体制共存，多种办学形式相结合的，多层次、多类型的教育联合体。建平教育集团发展模式开创了名牌学校与经济界利用各自优势联手发展教育的成功之路，为经济界参与教育发展提供了又一种可供选择的途径。

杭州求是教育集团也采取了这一模式。杭州求是教育集团是在原杭州市求是小学（浙大附小）三校区的基础上，2002 年 10 月经杭州市西湖区人民政府批准，于 2002 年 12 月 8 日正式挂牌成立。是中国第一个以实现义务教育优质均衡化为目标的公办基础教育集团。集团实行总校长负责制，总校长为集团法人代表，领导集团办公室、教育科研中心、教育发展中心、财务中心等内部机构，对下属学校和单位按照章程进行集团化管理。

舰队式学校具有规模效应，可以实现资源共享。在"入世"的客观环境下，面对"洋教育"的冲击和激烈的市场竞争，舰队式扩张具有极其重要的现实意义。舰队式扩张一般采用现代化、市场化的运作模式，成本低、效益高、品牌增值快，可以规避一些教育风险，增强核心竞争力，也可以参与国际教育竞争，发展潜力大。

第二，运用舰队式扩展策略的实施措施

首先，办学模式的策划。组建教育集团既可以采取强强联合的方式，也可以采取连锁办学的方式。华茂外国语学校自创办起就与华东师范大学联合办学，是华东师范大学的实验学校。在学校创办一年后，华茂教育集团在衢州投资，与省首批重点中学——衢州二中联合办起了衢州华茂外国语学校。后又在龙游投资，与另一所省重点中学联合创办龙游华茂外国语学校，取得与前者同样的成功。许多著名的培训机构、教育集团都在采用连锁式进行教育培训活动。"洋话连篇"选择了连锁加盟的办学扩展方式，利用品牌的无形资产引资办学。

其次，实行集团公司化的管理模式。教育集团与一般企业集团在总公司的治理结构上并无区别，其职能部门的设置、分工，职能部门之间的联系与控制都实行集团公司化管理。对于集团内的各个学校既可以实行统一直接管理，也可以实行授权管理的方式。大众人拓展训练集团在全国已经开了七八家机构，所有的机构都是由总部采取直接管理的方式。而"洋话连篇"对于它的加盟学校，是由北京的总部掌握品牌化管理，负责提供统一的培训，经过统一培训的中外教师才能到各地上岗，负责教材教程的研发以及各地区的广告支持。而各加盟学校的管理却是有自主权的。

为了实现资本的盈利，教育集团也采用集团化的运作方式扩张规模："公司＋学校"的模式。公司作为组织的上层，主要控制经营战略和财务总调度，对下实行连锁办学，相对独立运行，以统一校名，统一模式，统一管理，统一特色包装的方式进行的运作和规模扩张；以教育产业的多元化经营模式。以举办学校为主，以投资带动相关产业共同拓展，如房地产开发、软件开发、教学仪器服务、教材服务、教育教学活动带动文化旅游、音体美培训等多元化经营；公立学校转制承包的模式。对一些国有公立学校，有的是管理不善，有的是政府无法继续投资，教育集团通过承包或买断的方式，进行转制经营。当然还有一些其他的方式。

再次，成立专门的开发研究部门。教育集团运作集团化，为了适应市场竞争的需要，一般教育集团都有专门的开发研究部主要从事教育创新、课程开发、特色设计、市场策划及质量控制等工作。一般教育集团的开发研究部都是由教育专家和经济专家组成，作为教育集团总裁的智囊机构，教育专家可以进行教育创新和特色开发，经济专家可以将教育专家的成果商业化，进行市场策划和推广。

第三，运用舰队式扩展策略应注意的问题

舰队式扩展可能带来的问题，一是各个学校的品质可能不一致，导致品牌稀释的现象发生。例如连锁加盟学校可能由于师资水平不高、管理方式方法的不同而导致教育教学的质量水平下滑。二是由于集团庞大，可能增加各个部门相互之间配合上的问题，增加内耗，降低效率。为此，主要通过以下几个方面来避免：①价值理念的统一。②资本营运投入。为了搞活资本，成立集团统一的财务结算中心，让资金在各校（园）灵活出入、自由调配。同时加大对外的资金运作幅度，增强运作功能，采用投融资、借贷、参股等各种形式，间接地为集团的品牌扩张创造机会。③建立同等标准的组织建制。包括先进的教育理念，科学的职能架构和成熟的员工群体。④使用共同的营销系统，包括宣传、包装和推广。⑤采用同一标准的质量监控机制。

(9)网络扩展式策略

第一，网络扩展式策略的含义和特点

网上扩展式是指品牌学校利用互联网宣传自己的品牌，并建立与品牌品质相一致的网络课程、网校来占领虚拟的空间，满足消费者无法就读该校的需求，让品牌更大的市场占有份额。这种策略可以极大地解决教育成本，而且可以反复多次地使用网络资源，普及程度高，涉及面广。特别是给一些边远地区的学生提供了享受优质资源的机会。

第二，网上扩展式策略运用

首先，对网上扩展的产品或服务的定位策划。网络品牌的成长基础是传统名校。因为网络运作遵循个性规律，所卖的产品越符合用户独特的个性，产品的销售就越好。品牌学校首先确定自己学校的特色课程、特色服务项目或者其他的特色资源。

其次，占领网上教育消费市场的策略策划。网站经营者要懂得使用杠杆，借用别人的力量，快速扩展网络市场。品牌学校可以通过网络联接以及广告宣传等手段占领消费市场。

第三，网上扩展式策略实施中应避免的问题

这种策略的缺点是网络授课或者服务缺少了面对面交流的生动性，而且需要一定的物质条件的支持才能实现。因此，实施此策略的学校一定要量力而行。

(10)国际化扩展策略

第一，学校品牌的国际化扩展的含义

学校品牌的国际化扩展是指学校将自己独特的文化内涵、教育理念、管理方式等通过中外合作，或直接在国外投资办学等形式进一步传播，以形成在世界范围内有影响的国际品牌。这是目前我国中小学学校强势品牌扩张的一种新趋势，也是我国加入 WTO 后，教育界的积极应对。我国要提高品牌竞争力，必须走国际化道路，使学校品牌具有超越地理文化的能力。目前，一些名校已积累许多经验，如与其他国家和地区的优质学校建立姊妹学校关系，建立校际联盟；组织师生广泛参与国际交流，开展国际间的合作研究；建立"国际部"，与国际教育机构（集团）联合办学，甚至在国外开办分校，拓展学校品牌的国际市场等。

第二，国际化扩展策略的实施策略

国际化扩展分为两个阶段：第一个阶段是建立国际联谊校。国际学校合作伙伴关系可以让师生感受到截然不同的教学方式和学习环境。可以让我们检查自己对事物的认识和价值观，这样可以帮助我们更好地理解和认识价值观是如何影响我们的态度和做法。这种伙伴关系可以扩展并提高教师的专业技能和奉献精神，促使他们达到国际化的标准。该阶段的策划首先应积累与国外学校联系的资源，采取不同的方式了解国外学校。这是合作的前提条件，只有在了解国外学校真实情况的前提下，才能展开有针对性的合作。其次，对合作办学的形式进行策划。对于合作形式的选择，可以根据学校自身的特点，既可以采取聘请外籍教师来校授课、输送学生、办国际部，也可以采取专业合作等形式。例如：上海市中职中外合作办学主要有三种类型：第一类为政府合作项目，第二类为整校合作模式，第三类为部分专业合作模式，此外，以企业冠名组班教学的中外校企合作办学模式也已产生一定的规模效应。第二阶段是境外直接投资办学。为了更充分地实现国内与国际资源的优化配置，一些学校在国际合作开展到一定阶段后，采取境外直接投资办学的策略。在高教领域，这种趋势已十分明显。在基础教育领域，许多重点中学也开始在国外办分校。

第三，国际化扩展策略中应注意的问题

坚持教育的本土化和现代化相结合。要获得当地政府和社团组织支持。要符合当地政策法律以及习俗。只有在当地政府和社团的支持下，学校才能开展活动，得到发展。必须明确自己品牌产品与服务的中国特色。如在英语国家办英语学校就不太合适。要正确分析当地的生源市场，只有知己知彼，才能做到有的放矢。

以上几种品牌扩张的策略是密切联系在一起的。在实际工作中，要取得最佳的效果，往往要综合运用多种模式。比如，上海建平教育集团在实施品牌扩张过程中，采用了兼并式、协作式、连锁式等多种模式，先后兼并了梅园中学，合作创办了浦发中学，在江苏、山西等省市连锁办学。学校品牌扩张是学校发展的战略核心，众多的学校成功地进行了品牌扩张，取得了骄人的成绩。当然学校品牌扩张是有条件的，主要条件有：消费者对学校品牌有较高的认可度；学校品牌扩张应是学校整体实力的扩张；学校品牌扩张应争取政府政策的支持。

三、知名学校品牌建设应避免的误区

（一）品牌创新意识不强

长期以来，由于重点学校得到了政策上倾斜、资金上大量投入、师资队伍上支持，形成了办学优势，也容易形成良好口碑。但也容易形成固步自封，妄自尊大的心理和对上级政府的依赖心理，丧失创新的动力，但过去的成绩并不意味着未来辉煌。办学业绩，是外显的，而支撑着一个优质教育品牌的各种因素则是内隐的，需要深入把握才能得以张扬。现实中的许多重点中小学虽然有良好口碑，但不一定真正拥有自己的办学特色。

"计划经济"向"市场经济"转型是一种历史的必然选择。重点学校向优质教育品牌进行转型发展，实现自我超越也是历史的必然选择。学校办学质量必须与时俱进，在不断发展中提高办学效益；学校发展规模必须具有一种可拓展性。无论是管理队伍还是教师队伍，都需要有一种"自我造血功能"，实现"梯队

式"的培养和发展，为学校实现规模扩张建立起一个强有力的人力资源支撑体系，使学校在品牌创新中获得更大的规模效益，从而推动整个教育事业的发展。重点学校要不断适应时代的发展和需要，才能保持优质教育品牌。

(二)学校品牌形象老化

学校品牌形象老化是指由于校长更替、名师离退、生源变化、政策变化、校长决策失误、学校对变化反应迟钝、危机事件发生等原因，导致学校办学理念过时，品牌产品吸引力下降，学生与家长认同感下降的现象。

造成学校品牌形象老化原因很多，主要有：(1)没有把握好品牌产品的生命周期，管理不善，导致品牌过早衰落。任何一个学校品牌在成熟后，都可能因为制度的完善而产生惰性，因暂时的辉煌而丧失进取精神，最后在教育市场竞争中失败。(2)学校品牌形象落后于时代的发展，使品牌发展与社会脱节。许多名牌中小学是以加班加点提高升学率来赢得社会的青睐的，这是"应试教育"的产物。在大力推进素质教育今天，这种品牌已经日益暗淡了其光辉。过去那种只重教学，不重科研和社会服务的学校也逐渐退出了教育的品牌市场。(3)随着教育市场的发育成熟，教育竞争市场开始创新分割。随着教育市场放开，许多民办学校凭借雄厚的资金优势和对市场的快速反应迅速崛起；名牌学校异地办学现象也大量涌现，一定地域内的垄断市场被打破，而当地知名学校却没有清醒地认识到，以至于丧失自己的竞争优势。可见，随着社会发展，学校品牌需要维护，需要形象重塑，需要注入时代精神。

(三)品牌个性磨灭

特色是个性的外部表现，特色是易变动的，而个性需要在较长的实践中沉积和内化，不是一蹴而就的，一旦形成则具有较大的稳定性。无论中国还是外国，都有一批名校具有自己的个性。起始于1888年的南京金陵中学，始建于1892年，1937年抗战爆发后迁移至四川万县，1946年迁回南京，先后数次易名，但学校的精神不倒。山西忻州一中的前身新兴学堂创建于1902年，是在忻州秀容书院的基础上改建而成的。1912年，国民党元老于佑任亲自题写了"忻县中学校"校名。1925年，著名教育家、中华职业教育社理事长黄炎培先生视察时，欣然写下："村男於耙，村女於裳，古风犹及今时见；城外山河，楼中玉卷，一般不厌百回看"的题词，镌刻成木制楹联，悬挂于忻中图书馆门前。二百多年来，忻中在漫长的办学过程中，吸收借鉴秀容文化的精髓，形成自己"勤慎敏爱"的人文特色和办学理念。

大学由于有一定的办学自主权，其办学的目标受校长和大师的影响较大。而中小学办学自主权小，受到行政部门的干预多。特别是在计划经济体制下，学校成为国家化的行政单位。无论从学校命名，还是校门、校徽、校服等的设计，学校的校风、校训的表述，无不打上模式化特征。重点中小学的办学特色窄化为升学质量特色，学校同质化现象严重，不利于学生的个性发展和全面成长。在解放前，人们对长沙市的中学特色耳熟能详，然而，这一切都正在消逝，消逝在激烈的升学竞争之中。

调研表明，在现代办学理念的引领下，各校都有许多创造性的探索与实践，总结和积累了具有一定特色的、先进的办学经验，取得了社会认可的高质量的办学效益，成为许多家长共同追求的优质教育资源。但多数省级示范校的办学特色在各类评估中尚未被认定，缺乏办学特色成为省级示范校的共性之一，可以预见，各校办学模式的趋同性终将成为影响优质教育资源向更高层次发展的主要瓶颈。

(四)学校品牌资产流失

学校品牌资产流失主要是指知名学校在进行品牌输出或规模扩张时,由于管理不善,导致教育服务质量下降,学校信誉降低,教育消费者的忠诚度降低。具体表现为名校办民校、名校办分校,无偿出售学校的品牌资产,而民校、分校由于管理不善,降低品牌输出学校的声誉。无形资产是重要的国有资产。管理好这类资产是摆在中小学面前的一个新任务。由于过去对无形资产的漠视,这类资产在实践中往往处于无人关心、无人过问、无人管理的状态,使国有资产在不知不觉中流失。中小学的知识产权(如著作权、专利权、商标权等)最容易流失、被侵权和被非法占有,从而给学校的国有资产造成巨大的损失。学校的形象资产也常常有流失的情况,如一些小团体和个人所办的公司或企业冠着学校的名称(属于学校形象),而在实际上只是租赁了学校的场地和设施,只向学校交纳数额有限的管理费。这种现象在各地都较为普遍。①

究其原因就是在经营理念上,将延伸产品等于延伸品牌。其实品牌延伸是组织在成功创立品牌后,利用这一品牌的巨大影响,开发该产品同名的产品的品牌发展战略。这本质上时一种"搭便车"行为。"搭便车"既能扩大名牌产品的家庭成员,增加社会有效供给,给消费者带来诸多便利,又能以较低的营销成本实现新类别商品的上市和销售量的大幅增长,能显著提高企业效益和增强经济实力。但品牌是靠组织长期努力逐渐发展形成的,凝聚着前期大量的物化劳动和活劳动,是组织巨大的无形资产,具有良好的扩张功能。但品牌延伸如果掌握不好,往往也会误伤自己。品牌延伸不当,对主力品牌影响极大,会使人们对主力品牌产生不良联想,从而失去原有的忠诚消费者。

---

① 邱兴.中小学需要无形资产管理[J].中小学管理,1999(01):39—40页

如美国派克笔在推出低档水笔后，使人们对派克笔的高档品质产生了怀疑和动摇，使派克笔销路一度出现问题，得不偿失。

（五）学校品牌扩张缺失①

学校品牌扩张犹如一把双刃剑，有利也有弊，扩张失败的案例也比比皆是。学校品牌扩张要一路走好，必须全球化思考，本土化行动，使品牌个性化，才能实现"双赢"或"多赢"。目前，学校品牌扩张出现了许多陷阱：

陷阱之一：急功近利。一味追求学校品牌扩张速度，不注重量的积累，堕入"欲速则不达"的陷阱之中。比如，2002 年，某私立学校，为迅速提高学校知名度，进一步扩大学校品牌影响力，弃社会公德于不顾，贸然打出"拒收单亲子女"的招生口号，遭到社会和新闻媒体的一致攻击。这一举措，虽提高了学校的知名度，但学校的美誉度却直线下降，不仅没有扩大市场份额，实现品牌扩张，反而导致部分在读学生退学，丧失了原有的市场份额。

陷阱之二：无的放矢。重庆计算机学校本身是一所计算机职业技术学校，在当地小有名气。2000 年，学校为扩大办学规模，提高学校品牌影响力，在师资资源和教育教学资源都相对薄弱的情况下，盲目跟风，向房地产和生物技术两个专业进军，大肆进行招生宣传，仅广告投入就上百万元。结果，很多学生、家长到学校实地考察后，大呼上当，纷纷弃校而去。当年，学校仅招收了 80 余名学生，各项收入累计不足 50 万元，直接经济损失近 60 万元，致使学校元气大伤。同时，由于学校精力主要集中在新专业的招生上，导致原本优势突出的计算机专业招生竞争不及对手，招生数量急剧下降，学校最终不得不向银行

---

① 中国教育学会教育管理分会教育策划学术委员会．教育策划概论与案例[C]．北京：同心出版社，2005.341－346 页

抵押校产贷款，在生死线上挣扎。

陷阱之三：生搬硬套。山西某技术学校在 2000 年以前，几乎是家喻户晓的计算机专业学校，有固定的校舍和师资，毕业学生颇受社会欢迎。2001 年，学校领导偶尔发现，企业几乎都是通过普遍撒网的方式，通过拓宽销售渠道来增加产品销售量，计算机培训已是学校比较成熟的教育产品，也想通过特许经营，创办自己的分校来扩大学校规模，增加招生量。不出一周时间，当地就冒出了五所分校。刚开始，各分校由于原来学校的品牌光环，生源不愁，一度还出现了生源爆满的现象，但是，随着时间的推移，很多分校由于办学条件和管理滞后，学校校风、教风严重滑坡，毕业学生的平均水平急剧下降，学生的就业形势日渐困难。2002 年 4 月，其中一家分校倒闭。紧接着又有两家分校因严重亏损而关门。一时间，这所计算机学校的形象大打折扣。随之而来的是，学校生源开始枯竭，许多骨干教师纷纷跳槽，学校不得不取消所有分校，退守原学校，苦撑门面。

(六)学校品牌管理失范

学校品牌管理是一个系统工程。它要求学校将全部的市场行为纳入学校品牌管理系统规范运行，进行统一整合和系统改进。但一些知名学校认为自己具有竞争优势，无需进行品牌管理。这是一个大误区。现代学校发展需要用教育策划手段管理品牌，如目标市场品牌传播规划、品牌形象检视等，有效地建立起一个规范、强健、充满活力的学校品牌识别系统，并对品牌运营进行必要的管理。

四、案例分析

案例1 成都南郊簇桥小学——品牌塑造三步曲[①]

（一）学校品牌经营环境分析

簇桥小学前身是簇桥中心校，坐落在经济发达、环境优美的国家级试点小城镇——成都南郊簇桥镇。由于政府的大力支持，簇桥中心校在簇桥地区具有得天独厚的优势，校领导班子在抓好本校各方面工作的同时，还要辐射七所村小，带动村小发展。作为"龙头老大"，它在簇桥地区独占鳌头、风光无限。

随着农村教育的城市化的进程加快，2003年武侯区率先告别农村教育，簇桥地区的七所村小分别与龙小分校、计算机实验学校等知名学校捆绑发展，共享优质资源，簇桥中心校也更名为簇桥小学，中心辐射作用不复存在。教育市场烽烟四起，周边学校虎视眈眈，欲与簇小分一杯羹。有着70余年办学历史的老学校遇到了新问题，簇桥小学领导班子经过全面分析，缜密思考，认为塑造全新的簇小品牌势在必行。

（二）学校品牌塑造三步曲

第一步，提升校园文化，铸品牌之魂

2003年夏天，校长陈再进——这位躬耕教坛40年，担任校长工作20余年，有着"簇小情结"的老校长眉头紧锁，他在思索簇小的未来："尽管学校占地30余亩，硬件实施堪称一流，但随着周边学校教育投入的加大，'地大物博'已非学校的办学优势，要立于不败之地，必须从以办学规模、实施设备的硬件竞争逐步转向以品牌经营为主的软件竞争，必须铸造学校品牌

① 根据陈再进，廖翔编著的《品牌塑造三步曲》改编，原载于中国教育学会教育管理分会教育策划学术委员会．教育策划概论与案例．北京：同心出版社，2005.311—318页

的灵魂——校园文化，提升核心竞争力。"

陈校长认为校园文化是学校师生员工共同创造的，一旦创造出来就是一种能动的教育力量，文化是一种精神的期待，校园文化是一种持续的教育力量，优秀的学校文化就变成了卓越的品牌，学校和品牌应融为一体。传统积淀、文化氛围、办学理念、师德建设等是学校建构品牌的根基。经过学校行政班子无数次的调研、考察，经过无数次的"头脑风暴"，簇小决定从文化之"壳"、丰富课堂文化和师德建设三个方面构建校园文化。铸品牌之魂，首先应打造校园文化之"壳"，打造有丰富智力背景和深厚文化底蕴的校园环境。学校因地制宜，在一块空地上开辟快乐英语园，空地上印制了 26 个英文字母；在多媒体教室的墙面上挂上了特大的"艺术键盘"；学校的每一块草坪、每一棵小树都挂上了充满人性化的标语；每间教室都由老师学生精心设计、巧妙布置：在三(四)班教室里挂上了该班学生——被著名画家赵蕴玉誉为"雏凤鸾声"的小画家陈草玉婷的国画……孩子们走进个性化的教室，就走进了艺术的殿堂，知识的乐园。

铸品牌之魂，还要更进一步丰富课堂文化。"以人为本，百花齐放"是簇小营造校园生活的宗旨。学校开辟了第二课堂，孩子们根据自身的喜好、专长，参加了科技制作班、信息技术班、舞蹈班、合唱团、器乐队、英语角、书法班、绘画班、足球队、篮球队、乒乓球队、武术队、小记者团等，开展丰富多彩的兴趣活动。个性化的教育，也使学校取得了骄人的成绩，小画家陈草玉婷在省美术馆举办了个人画展，成为该馆年龄最小的个人画展举办者；在俄罗斯国际绘画大赛中，簇小捧回了一个金奖、三个银奖、七个铜奖；在 2003 年成都市小学生女子足球赛上，簇小一举夺冠，在 2003 年成都市小学生科技制作竞赛中，簇小蝉联冠军；六(1)班孙小鸿同学在全国奥数竞赛中获一等奖，被本市"金牌中学"七中录取。另外，学校小记者多次亮相四川电视台"乖娃娃"栏目，小记者们还在老师的引导下，创办了校园电视台、校报《启航》、红领巾广播站……

如果说校园文化是学校品牌的灵魂，那么将校园文化的核心价值观转化为教师理念则是校园文化的核心。簇小近几年新分教师近 40 人，教师平均年龄 32 岁，增强学校教职员工特别是青年教师的服务意识、奉献意识迫在眉睫。学校根据了"以情感服人，以事业留人"的思路，全力建设德艺双馨的师资队伍。通过开展"铸精神家园，展师德风范"为主题的征文竞赛、演讲比赛，聘请全国劳模、知名教师张品耀作师德讲座，开展师德论坛，观看师德启示录等方式，潜移默化地培养教师的敬业精神。老教师甘为人梯，新教师虚心请教，营造出互学互助、你追我赶的良性竞争。于是，便有了学校"1＋1"教学评价模式，并得到了教育部、省市区有关领导专家的高度评价；教师积极参加全国、省市区的竞赛，并载誉而归；先后获得"成都市文明单位"、"成都市教育宣传工作先进集体"、"青年文明号"等荣誉称号。

小荷露头角，花开香满园。但如何让花香四溢，让园外的人也驻足欣赏？簇小人又有了进一步的认识：一个学校的品牌是存在于家长和学生的心目中的。于是簇小人以教育策划的新视角，大打"情感牌"，以真心换取竞争者们的广泛认可，强健品牌之身。

第二步，家校互动，强品牌之身

尽管簇小历史悠久，但由于存在部分知名教师退休，新教师在簇桥地区的知名度不高、大量外来人员涌入簇桥，对地区教育情况比较陌生等不利因素，这些严重影响了学校品牌的传播与提升。突破口在哪里？簇小人认为：用事实说话，向家长展示自己精湛的教学艺术是最有说服力的。2004 年 3 月 12 日，簇桥小学阶梯教室座无虚席，就连走廊也挤满了对新课程充满好奇心与疑惑的家长。在这里，簇桥小学师生以公开课的形式，向家长们现场展示学校新课程实施以来的教学成果。

不仅如此，簇小还进一步出台了"开放课堂，家长评教"的政策，通过这一新举措，家长能直接对授课教师进行评课，谈自己的想法；教师也能直接与家长谈自己的教学思路、教学理念。这种形式，不仅缩短了学校与家长之间的距离，让更多的家长关注学校，为学生发展共同携手谱新章，而且能让家长全面地了解学校教学、育人工作，更重要的是，通过"以真示人"的做法，展示自己的业务"家底"，让家长"说长论短"，创出了学校的教育服务品牌。

家长"请进来"，学校品牌的知名度大大提升了，但要进一步提升品牌的美誉度，还要教师们"走出去"——家访。陈校长认为：每一位学生的家庭背景不同，要真正触及学生的灵魂，就要走进学生的家庭生活。学校规定班主任教师一学年至少对每位学生家访一次，任课教师根据学科情况有选择的家访。并且，规定了"三个不"：不吃家长的饭、不抽家长的烟、不收家长的礼。

家访工作看似平常，但簇小是大班教学，每班有 70 名左右的学生；学生居住位置分布很广，仅从量上来说，家访的难度可见一斑。而且，由于簇桥经济的发展，有些家长忙于经商，忽视了对孩子的教育，只用金钱来弥补对孩子的爱；有些家长靠殷实的家境，缺乏竞争意识，成天打麻将；有些外地打工家庭，经济拮据，整天忙于生机，无暇顾及孩子学习；还有些单亲家庭给孩子的心灵蒙上了难以抹去的阴影。在通过家访了解学生之后，老师根据学生情况，因人施教，自卑的学生变得自信了，厌学的学生变得爱学习了，爱吃零食的同学变得节约了，孤僻的学生变得开朗了。"李老师，我和孩子他妈都是外来打工人员，家里很穷，也没有人愿意到我家来做客，可就在我女儿生日那天，您带着队干部来到我家，还买了生日蛋糕。李老师，您不仅不歧视我们打工族的娃娃，还给娃娃们这么多的关爱，您的恩情我们永生难忘啊！"学校心系学生，家长也情系学校。

通过家访、家长信箱等多种形式，许多家长都为学校提出了很多建设性的意见，并积极主动地参与学校的一些活动，如在今年3月学校策划的"为小平爷爷故里植树签名捐赠仪式"上，有300多名家长自愿参与了这次意义非凡的主题教育活动。此次活动也受到了四川电视台、时代教育、今日少年等媒体的关注。在社会上产生了"关注学生全面发展"、"富有社会责任心"、"教育观念新"等等丰富的联想，为学校良好形象的塑造添上了精彩的一笔。

看似平常最崎岖，成似容易却艰辛。簇小的老师凭借对学生无私的爱，坚持不懈地深入学生生活，在家长中树立了良好口碑。有些家庭搬到了其他小区，可宁愿让孩子每天走远路，也要孩子读簇桥小学；还有的学生已转到某些知名学校，一学期过后，又转回来了。一位学生家长说："孩子读簇桥小学，我们做家长的就是放心。"

第三步，服务社区，发展品牌之力

簇桥社区经济飞速发展，外来人口急遽增多，但文化氛围相对淡薄，作为一所在当地极具知名度、美誉度的学校，对社区文化建设责无旁贷，同时，也应该从小培养孩子们的社会责任感。簇小人在成绩目前并没有驻足不前，他们认为自己还有更大的责任。

任何学校的发展，必须以实力说话，为了用最短的时间在公众面前显露自己的实力，簇小人策划了一次大型活动：2004年6月1日，簇桥小学"飞向未来"艺术节在簇桥最大的广场——龙井广场举行。广场上人山人海，围满了前来欣赏的社区居民。学前班小姑娘扎着小辫儿，提着小篮，表演了"采红菱"；二年级的孩子们跳着"健康操"；美丽纯洁的四只小天鹅在台上翩翩起舞；"奥运北京"用舞姿诉说了对奥运的向往；"花裙子"飘起来，舞动着孩子们多彩、快乐的童年。嘹亮的唢呐、典雅的古筝、悠扬的管弦让广场喜气洋洋。现场书法、画画令观众啧啧称奇。教师们也以"流动的旋律",展示出簇小教师独特迷人的风采。

面向社区的表演锻炼了孩子们的能力,展示了学校形象,又丰富了社区文化生活。整个艺术节上掌声如潮,也吸引了四川电视台、33频道、华西都市报、成都商报、时代教育、今日少年、今日武侯、武侯光纤等众多媒体的眼球。并且,学校小记者自行设计、编辑了"活动快递",并彩印出来分发给学生,家长看后反响很大,扩张的活动真正走进了社会,培养了学生的综合素质。学校品牌在公众心目中打下了良好的基础。

另外,簇小的孩子们走向街头,争当法制宣传员;向社区发出倡议,争做文明人;走进大街小巷,消除街道"牛皮癣";学校鼓号队、合唱团参加簇桥闹春活动。禽流感发生期间,学生和教师向社区居民发防治资料;教师合唱团多次参加社区表演、庆祝活动;教师舞蹈队走进敬老院,为老人们送去优美的舞姿,衷心的祝愿。

为推进社区信息化进程,簇小策划了"我教叔叔阿姨学电脑"活动。学校向簇桥区居民发出了邀请函:"您还在为学习电脑发愁吗?簇桥小学的'小比尔·盖茨'欢迎您进入信息世界!"许多社区居民带着几分疑惑,甚至有些本来就从事计算机工作的人员抱着考一考簇小学生的心理,来到簇小,给学生当起了"学生"。不考不知道,一考吓一跳!精美的网页、富有童趣的电子小报、创意独特的电脑绘画,让人真不敢相信出自小学生之手,可簇小的娃娃们就在"大学生"的眼皮底下,轻点鼠标,构思出一幅幅美妙的作品,"百闻不如一见!"一位中学教师连连感叹:"一些娃娃的电脑水平,已经超过了中学生!"还有的参观者激动地说:"看来我真的要向娃娃学习,簇桥小学的娃娃真不简单!"

簇桥小学充分利用学校资源,实现学校社区教育的真正交融,让更多的社区居民了解学校,认同学校,使学校的品牌成为社区的一大亮点。

（三）主要启示

1. 学校文化是学校品牌竞争的内源性动力。重点中小学不仅是升学率的竞争，更主要的是学校的文化的竞争。

2. 家长是学校的主要顾客，无论是在校学生家长，还是已毕业学生的家长，或是即将上学的学生家长，他们都是学校品牌经营的对象，通过建立与家长的长期关系，是保持学校品牌忠诚的重要策略。

3. 学校生存的土壤是社区，学校应该是社区的文化中心，品牌学校应在社区文化建设中发挥功能。社区服务不仅培养了学生的社会责任感和服务于社会的能力，也传播了先进文化，促进学校与社区的互动发展，使学校获得了发展的生态条件。

案例2　华南师范大学附中——打造"优质教育品牌"的实践探索

（一）学校品牌经营环境分析

作为一所老牌的"重点中学"，华南师大附中曾经得到"计划经济"模式的眷顾，在"重点中学政策"的保护和保障下，发展成为一所享誉国内外的"名牌学校"。但是他们清醒地意识到，学校要持续发展，就必须居安思危，自觉地从历史优越性中超越出来，在打造自身的优质品牌中实现自我超越。经过20多年来的建设，学校顺利完成了从国家扶持"重点学校"向"优质教育品牌"的转换。

（二）学校品牌经营的主要策略

近年来，在实施"打造优质教育品牌工程"中，逐步形成了三大发展策略：

1. 内涵优化发展策略

（1）优化管理系统。建立"以立志成才为主题的激励型德育模式"、"以因材施教为核心的个别化、个性化教学模式"、"以优质高效为标志的效率与效益型后勤服务模式"和"以科学民主为目标的舒畅型学校管理模式"。

（2）优化课程结构。多年前学校尝试建立了"规定性课程与选择性课程相结合"的课程结构。当开始新一轮课程改革的时候，学校制订了《华南师大附中高中校本课程学分制实施方案》，建立起了"数学与自然科学模块"、"社会科学模块"、"体育与艺术模块"和"社会实践模块"的校本课程体系，实行了"基础学分"与"奖励学分"的学分结构和计算方式，以及实施管理办法。目前，学校教师已经为学生开设了 47 门自然科学选修课程，22门社会科学选修课程，35 门体育艺术选修课程。

（3）优化教学模式。为了实现教师教学方式与学生学习方式的变革，学校提出：在"教学关系"方面，师生之间要实现"'主导'与'主体'互补互动"；在"教学组织形式"方面，要"统分结合，灵活多样"；在"教学过程"方面，要"高新技术深度介入与师生创造性充分呈现"；在"学生学业发展评价"方面，要建立一个"考试成绩与特长认定相结合的评价体系"；在"教学环境"方面，要建立"数字化校园"，等等。

2. 集团化发展策略

（1）参与民办学校建设，为社会提供更多的优质教育服务。通过与投资商合作，学校创建的教育集团吸纳了近 4 亿元社会民间资金，创办的"品牌系列学校"，较好地满足了民众对优质教育的需要。学校没花政府一分钱，就开办了三所分校，为学生提供了较多的享受优质教育的机会。

（2）扶持贫困地区的薄弱学校发展，与之共享优质教育资源。近年来，学校分别与贫困地区多所学校建立了"共建"的关系，不但在资金、设备方面给予它们直接的支持，而且在教师培训、教学经验传授等方面也给它们以支持。这样做有利于实现社会教育资源的公平配置。

（3）与周边地区的兄弟学校建立"协作体"的合作关系，将优质教育资源的影响辐射到更广大的区域中，周边地区学校因与学校的协作而获得的发展，是优质教育资源辐射的一种体现，而学校办学效益的增长性，通过这些学校的发展得到了另一种体现。

3. 国际化发展策略

(1)与其他国家和地区的优质学校建立姊妹学校关系，建立校际联盟。学校先后与美国、英国、新加坡等国家的四所学校建立起常规性的联系，定期来往，相互交流。这样，一方面可以让学校师生更直接、深入地了解国际社会和国际教育发展水平，让国际社会通过与学校的交往更深入地认识中国教育；另一方面也可以在课程结构、教材体例、教学方法、教学模式等多方面进行比较研究，取长补短，构建自己的教学体系。

(2)组织师生参加重大的国际竞赛。学校先后组织师生参加了10多次国际中学生学科奥林匹克竞赛等重大国际赛事，并且取得了较好的成绩。这既有利于找出与世界水平的差距，也有利于缩小差距，融入国际教育大环境。

(3)组织师生广泛参与国际交流，开展国际间的合作研究。学校先后组织了"英国文化夏令营"、"美国环境夏令营"等活动，与国外的有关组织和机构开展合作研究。在这些合作研究中，学校师生不但学到了国外的先进经验，而且取得了多项高质量的研究成果，也为他们日后进入国际大循环打下了良好的基础。

(4)建立"国际部"，与国际教育机构(集团)联合办学。学校与一些国外教育机构联合创办了学习法语、英语的"国际部"。这样，利用国际教育机构开发中国教育市场的迫切愿望，促进了学校办学规模扩张，从而为社会提供了更多的优质教育服务。

(三)主要启示

1. 知名中学要成为领导品牌，必须走自主创新之路。重点中学改革方向代表基础教育的发展趋势。

2. 提高教育教学质量是知名中学创品牌的基础，内涵优化是学校不变的主题。

    3. 知名中学的品牌扩张一定要发挥辐射效应和示范效应。

    4. 知名中学的市场竞争领域应由国内延伸至国外。

第七章　新建学校品牌经营策略

　　新建学校包括新创立的民办学校或对已有学校合并改造后形成的具有新体制的学校，也包括城市扩建后，政府在居民集中的地方新建的公立学校。在我国，新建学校形态主要是民办学校。新建学校由于产生于特殊的历史背景，具有强烈的生存欲望，只有从筹备开始，就进行品牌策划，才有可能在激烈的竞争中获得自己的生存和发展空间。

一、新建学校品牌建设背景

（一）新建学校品牌建设优势

1. 现实需要与政策空间

　　新建学校是在一定社区教育需求膨胀和教育供给能力短缺的情况下产生的，特别是由优质教育资源供给短缺决定的。如在城市为流动人口子弟建立的学校、特殊教育学校，在农村由于学校布局调整，由几所学校合并后形成的学校；在城乡结合部，由于城市扩容而新增加的学校。同时现有的公立学校由于其质量的效益差，引起政府、社区和公民、学生的强烈不满，而有限的优质学校又极大地限制了"择校"的可能，因此，建立一批优质学校成为政府和人们的共同期盼。

　　政策也为新学校的产生提供了依据，如1994年国务院颁发《关于〈中国教育改革和发展纲要〉的实施意见》指出，"企事业单位和其他社会力量可按国家的法律多渠道、多形式办学。有条件的地方，也可实行'民办公助'、'公办民助'等形式。"1996年

《全国教育事业"九五"计划和 2010 年发展规划》提出："现有公办学校在条件具备时，也可以酌情转为'公办民助'学校或'民办公助'学校。"1997 年国家教委《关于规范当前义务教育阶段办学行为的若干原则意见》指出："各地在义务教育阶段办学体制改革中，可依实际情况实行'公办民助'、'民办公助'、社会参与、举办民办学校等多种形式。"2003 年的《民办教育促进法》对民办学校提出了具体规定。从这些政策依据和导向可以看出，国家鼓励多种形式办学。

2. 整体设计和规划

学校品牌的打造必须进行整体设计和科学的规划。一所新学校可以在新的教育理念指导下，借鉴国内外品牌学校的办学经验，进行整体规划和战略设计，如在办学模式、管理机制、经营方式等方面都具有灵活性、选择性，特别是在人力资源的配置上，新学校具有得天独厚的优势，因此，通过科学的教育策划，完全可以在几年内成为具有特色的学校。

3. 无建设"沉没成本"

新建的学校，特别是新成立的学校，没有沉没成本，如没有体制不顺引起的各种冲突和矛盾，也没有发展过程中积累的财政负担，更没有退休教师引发的后顾之忧，因此可以轻装上阵，全力打造学校品牌。

(二)新建学校品牌建设劣势

1. 没有文化根基

新建学校虽然可能具有资源的优势，但资源的整合需要一定的时间，人员的磨合与团队精神的形成需要一个过程，制度的规范与行为习惯的养成还须假以时日。许多民办学校之所以新建不久便垮掉，重要的原因就是文化的缺失，学校缺乏核心价值，缺乏明确的办学目标和学校的凝聚力。

2. 缺乏知名度

由于没有办学的历史，学校名称、学校办学目标和特色的信息缺失，即使学校进行广告信息的"轰炸"，但缺乏产品质量作为基础，没有"口碑"传播，缺乏真实的体验，因而，潜在的顾客仍然处于观望的状态。

(三)新建学校品牌建设机遇

1. 城市品牌建设需要学校品牌支撑

现代城市的发展模式开始向品牌经营模式转换，学校作为城市品牌的基本要素，也需要品牌建设。在老城区，对已有的学校进行品牌改造，可以提升学校的品质和品位。但在新城区，就迫切需要对学校进行品牌规划。特别是在房地产的开发中，许多房地产商欲使楼盘升值，打出了与品牌教育联姻的旗号，而且此策略屡试不爽。这就给新学校的品牌发展提供了空间。

2. 基础教育均衡发展中存在新建学校品牌市场

在农村基础教育均衡发展已经成为教育发展的重要课题，也是建设社会主义新农村的重要任务。促进基础教育的均衡发展，满足老百姓的优质教育需求，名校的品牌扩张是重要的举措，但这还远远不够，况且，不少农村地区的重点学校的品牌意识还未觉醒，这就给新学校的品牌再造留下了市场空间。

(四)新建学校品牌建设困境

1. 资金筹集困难

一所新学校建设需要大量的投资，在政府投入非常有限的情况下，资金匮乏是主要矛盾。新建学校没有政府给薄弱学校的优惠政策，也没有名牌学校的品牌资产作为支撑，如何筹集到足够的经费将是重要课题。

2. 知名学校大量存在

知名学校具有品牌建设和扩张的优势，吸引优秀生源和教师的优势，新建学校的生存和发展空间受到公立教育资源的强有力挤压，新建学校传统的发展模式受到严峻挑战。如何避免与知名学校的正面冲突，寻求自己的发展空间，需要新建学校进行认真的市场调查和缜密的策划。

3. 资源整合过程长

品牌学校的优势不是资源多少的优势，而是资源的整合优势，但资源整合过程比较长。因此，即使新建学校具有优越的办学条件、优美的校园环境、从各地招聘的优秀教师，也不一定成为品牌学校。现阶段，引进学校品牌发展战略、提升办学内涵、突出办学个性将成为新建学校迎接新挑战的重要策略。

二、新建学校品牌战略设计与策略选择

(一)新建学校品牌战略设计

1. 选好校长

校长是办好学校的决定性因素。校长素质决定着一所学校的发展前景，基础教育改革与发展的成功在于校长。选好校长包括好校长的标准和如何选校长。后一个问题超出了本书的研究范畴。下面仅对优秀或成功校长的标准进行具体分析:

(1)清晰的角色定位和角色意识

校长角色是人们对履行办学育人职责的校长所扮演的社会行为的期望。美国的学者认为，美国当代中学校长的角色主要有六种: 学校事务管理者(Manager); 教育教学领导者(Instructional); 学校纪律维持者(Disciplinarian); 人际关系的促进者(Patilitator of Human); 变革的代理人(Chaye Agtnt); 调解冲突的人员(Conflict Meditor)①。中国教育学会"十五"规划

---

① 程晋宽. 美国中学校长的职责和角色[J]. 中小学管理, 1998(2): 57—61 页

的科研课题"中国名校长研究"的表明,名校长不仅仅是职业工作者,也不仅仅是专业工作者,而首先需要扮演基本职务角色,然后扮演创业者核心角色。名校长的核心角色思维主要是创业思维。[①] 在我国由于特殊的历史背景和现代社会发展不平衡性,以及社会结构和学校结构的复杂性决定了校长角色的多元化。我国的校长既是学校法人代表,又是教育教学行政的最高负责人。因此,我们可以把校长角色说成:教育政策执行者、学校发展方向指导者、学校经营管理者、师生行为示范者、学术创新带头者、人际关系协调者、公共关系策划与实施者。

(2)崇高的责任感和使命感

责任感和使命感来自个人与时代的紧密联系,也是校长主体精神的体现。他们经常思考个人与事业发展要求的差距,不断修正自我的行动和工作定向。责任感和使命感是不断提高领导意识、领导修养,利用各种机会使学校组织得到发展和进步的动力。校长应有理想,在创建东洲中学之初,张炳华不顾世俗的偏见,在"夹缝中求生存"的严峻形势下,公开喊出"成为全国一流名校"的口号,经过几年的努力,终于梦想成真。

(3)成熟的办学思想

校长的办学思想不仅对学校教育工作起导向作用,而且对学校整体工作起统领作用。校长的办学思想融其哲学思想、教育观念、教学主张、品德修养、工作作风、办学经验和效益意识于一体,具有强烈的个人色彩。办学思想成熟的校长能切实认识办学规律,善于发掘和利用学校的优势,执著地开展办学实践。晓庄师范学校之所以别具一格,其根本在于陶行知"生活教育"思想的成熟。帕夫雷什中学之所以独树一帜,其关键在于苏霍姆林斯基"个性全面发展教育"思想的成熟。一般地说,校长的发展分为幼

---

① 中国教育学会《中国名校长研究》课题组. 名校长思维特质解密[J]. 现代校长高参,2005(03)—(04)

稚、适应、称职、成熟几个阶段,越是临近成熟阶段,办学思想越成熟。当然也有例外,理论修养深厚的教育专家初任校长时,其办学思想亦可能是成熟的。成功校长深信教育的价值,坚持以人为本和教育平等的观念,要求全体老师让每个学生受到充分的教育,具有教育民主的思想,尊重每个学生的个性特长,开发学生的潜能,使学生获得可持续发展的能力。

(4)开阔而独特的领导思维

独特的思维品质是校长创办特色学校的原始动力,思维品质独特的校长往往选择科学的和先进的思维方式,如超前思维、逆向思维、线性思维、系统思维等,因而能显示出常人难料的创造能力。

宏观思维。分析影响学校发展的生源、师资、设施、环境等因素,整体思考办学的目标、办学的途径、办学的特色,系统建构学校发展的策略。如南京浦口区五里村的行知小学校长杨瑞清,对如何办好乡村教育的思考是:第一,办农村教育要学会联合,回答的是农村学校怎么办的问题,解决的是办学模式问题;第二,教农村孩子要学会赏识,回答的是如何教育农民子弟的问题,解决的是育人模式问题;第三,当农村教师要学会自信,回答的是乡村教师如何成长的问题,解决的是乡村学校的"留人"模式问题。并针对学校的发展实际讨论并回答:农村教育究竟要达到什么目的——让农民的孩子也能受到最好的教育,要采取什么行动——创建中国新型农村小学,采用什么策略——学陶师陶,追求什么特色——赏识教育。

比较思维。善于分析对方的特点与优势,善于发现自己的优势。

创新思维。位于江苏黄海之滨的偏僻小镇栟茶中学,原先是一所公认的薄弱学校,校长姚止平抱着"用优秀的办学质量回报社会、回报黄海之滨的如东人民!"的信念,创造性地提出"增加科研含量"的办学质量观,果断提出"科研兴考"、"从末位抓起"、向

"高效型课堂"要质量等策略,学校的教学质量迅速提高。

（5）科学的管理行为和卓越的领导技能

科学的管理在于实事求是，按照规律，合理地规范学校的工作行为，善于把握时机，正确决策，选择正确的工作方式，处理好学校的人道事理，主动适应学校内外环境，使工作目标、运行机制、工作态度、工作方式和绩效成为一个整体，通过民主管理，提高群体士气和工作实效。校长领导是一门艺术，1982～1983年美国"蓝缎带学校方案"的调查指出，成功学校的校长应有以下11种领导技能：沟通技能20%；教学领导技能18%；共同决策技能10%；学校经营技能10%；激励动机10%；运用现代技术的技能8%；辩护技能7%；达成共识技能6%；发展积极学校氛围的技能4%；灵活创新思维的技能3%；其他（进行继续教育、养成坚强的性格、保持健康的生活方式）4%[①]。

（6）完善的个性特征

特色学校建设在很大程度上决定于校长的个性。"没有不能形成特色的学校，只有个性贫乏的校长。"对校长个性调查的结果表明，优秀校长具备情绪稳定、主导性强、社会外向型、适应性好、没有神经质倾向、具有支配性和乐天性等品质。这些个性特征会产生多种多样的组合状态，因而在不同的校长个体身上有不尽相同的特点，优秀校长总是既具备这些特征又表现得不同凡响。特色学校其实就是有个性的学校，学校的个性是校长个性的外显。如果依靠那些平平庸庸、缺乏个性的人，或者依靠那些虽个性突出却不够完善的人，都不可能创办出独具特色的学校来。瞿卫星对江苏省首批15位名校长进行了调查分析，名校长首先应具备一般校长所具备的共性因素，但名校长的成功还有很多特殊的内在因素，这些特殊的内在因素是他们

---

① 程晋宽．美国最好的学校领导特征研究[J]．中小学管理，1998(4)：61－64页

走向成功的主要原因。其内在因素主要有：从能力角度看，包括敏锐的教育研究能力、杰出的教育管理能力(宏观理论思维能力、改革创新能力、创造性决策能力)；从人格因素看，包括崇高的人格魅力、令人肃然起敬的道德品质和人格修养；从理念因素看，包括高度的事业心和责任感、坚定的教育信念、成熟的教育思想和独特的办学风格、不拘一格的学校管理理念。[①]

2. 运用教育策划设计办学理念和目标

(1)教育策划的含义及其作用

教育策划是在现代教育理论的指导下，融调查、分析、研究于一体的思辨活动，具有系统性、预见性、阶段性、全程性、动态性、操作性等特点，其既可对学校作整体形象的全面设计，也可就某一个或几个问题进行深入策划。办学理念和办学目标策划就属于单项策划。

随着市场经济体制的建立和基础教育的纵深发展，教育市场逐渐形成并充满竞争。中小学必须着眼长远，整体考虑学校的办学理念和办学目标，创造自己的特色和品牌，才能在激烈的竞争中占有一席之地。教育策划是教育策划者通过教育创意对特殊教育事件的决策所进行的有目的、有计划的谋略活动，对学校发展具有确定目标、分清主次、保证生源、寻找突破、营造氛围、打造队伍、机制建设、发现契机、设计形象、协调互动等突出作用。从教育策划的角度分析当前部分中小学的办学理念和办学目标，无疑具有重要意义。

(2)中小学办学理念和目标策划

运用教育策划设计中小学办学理念和办学目标，可以从以下几方面着手：

第一，全面分析学校的优势、劣势、机遇和威胁，确立持

---

① 瞿卫星．江苏省首批"名校长"成功的内在因素研究[J]．江苏教育学院学报，社科版，2002(02)：9—12页

续发展的生长点和重要领域。现状分析和问题诊断是策划的基础。由于各级各类学校的社会地位、历史背景、发展水平、发展需要及可能性千差万别，学校类型、学校历史、学校文化、校长的教育理念、当地的宏观教育环境等在学校发展中的作用各异，因而策划的重点也不尽相同。运用教育策划设计办学理念和办学目标时，首先应运用策划技术分析学校实际，特别是对显在和潜在的优势、劣势、机遇和威胁进行系统的调查，具体的分析，从而做出科学判断，找准学校存在的问题、优势和特色，确定学校发展的突破口、生长点和重点领域，并在分析形势中寻求发展机遇。

第二，办学理念校本化。选择与学校发展需求和实际高度切合的理论作为支撑并进行校本化改造。在策划办学理念时，策划者应开阔视野，放眼教育领域内外，灵活多种策划方法，选择或借用教育领域内外理论作为办学理念的基础，并与学校实际、优势、特色相结合，形成能整合学校多方面工作的、整体的、系统的、比较凝练和具有冲击力的思想、观点。无锡市的锡山高中确立了培养"做站直了的现代中国人"的办学理念，在全国率先引入"校本课程"概念、并构建起完整的校本课程体系，逐步形成了自己的品牌优势。

第三，办学目标具体化。在办学理念的引领下，根据重点领域拟订阶段性的、明确而具体的办学目标。办学目标是在办学理念引领下的学校发展的关键或重要领域的努力方向。办学目标一定要根据学校实际，针对不同主体和工作内容，先拟订总体目标，再细化为目标系列，并给每阶段各具体目标提出明确而具体的标准，同时配套相应的检测、监督机制，以保证目标的稳步实现。

第四，宣传和推销。学校在做好办学理念、办学目标等内在策划的同时，应同时配套形象宣传和环境营造等措施，如通过新闻媒介、召开推介会（如家长会）等多种形式宣传学校，使学校在推介中逐渐成为知名学校,在公众面前树立良好形象。形象和宣传只是外在的,学校的长远发展取决于办学质量,学校应在稳步发展中确立自己的特色,学会在充分分析学校实际的基础上,找出自身的个性和优势,以此形成独特的亮点,并在特色中打造品牌。只有共同利用内外优势,学校才能在激烈的竞争中保持旺盛的生命力。

3. 新建学校品牌经营战略模式建构

新建学校品牌创建,需要一个完整的并长期贯彻执行的品牌战略。何佳讯在其《品牌形象策划:透视品牌经营》一书中,提出了品牌资产经营的 3C 模式,把品牌资产的经营当作一个过程与要素之间的关系来分析,提出了创立、建设和改善三个主要步骤(见表 7-1)。

表 7-1　品牌资产经营的 3C 模式①

3C 构成	第一个 C	第二个 C	第三个 C
核心结构:战略步骤	创立(Creating)——奠定品牌资产的基础	建设(Constructing)——积累品牌资产	改善(Changing)——提升品牌资产
	建立品牌核心价值 规划品牌识别系统 设计品牌符号结构 建立初步的品牌知名度 设计营销组合要素 规划品牌系统结构	塑造品牌形象,积累品牌资产 传达品牌定位,建立品牌认知度 塑造品牌个性,建立顾客关系 整合使用各种传播工具 维护品牌识别的一致性	保持品牌的现代化和新鲜感 改善品牌组合(产品、包装、技术、价格、通路、传播) 利用品牌杠杆进行品牌收购 开拓国内细分市场,进军国际市场 设法维护顾客忠诚

---

① 何佳讯.品牌形象策划:透视品牌经营.上海:复旦大学出版社,2001.133 页

3C 构成	第一个 C	第二个 C	第三个 C
延伸结构一：价值理念	承诺（Commitment） 给消费者不变的价值承诺 提供完整的品牌价值体系 维护品牌与消费者的关系	创造（Creativity） 始终投入品牌智慧产品、技术、通路、传播不断创新 组织和管理创新 创造新的专属资本	竞争（Competition） 以差异化建立品牌竞争优势 保持品牌独一无二的品质 维护品牌长期的竞争优势
延伸结构二：组织关系	消费者（Consumer） 洞察消费者的需求 确认不同目标市场的需求 跟踪目标市场的变化 经营顾客满意 顾客数据库管理 建立高效消费者回应系统	公司（Corporation） 建立品牌工作团队 建立品牌管理型学校 管理品牌系统结构 全方位品牌管理	合作（Cooperative） 建立与通路的良好关系 品牌类型优化管理 建立与广告商、顾问公司等的策略伙伴关系 建立与媒体的密切关系创造相互支持的空间 与其他品牌的合作（跨国联盟）

　　每个步骤都有其特定的内涵界定。作为对核心结构的扩展，在品牌资产经营上有两个方面十分重要，一是价值理念（由承诺、创造和竞争三个要素构成）；二是组织关系（由消费者、公司和合作单位 3 大要素构成）。品牌资产经营强调通过缜密的思考、严谨的分析以及整合性的规划，使品牌的价值日益扩大。品牌经营的整体规划战略步骤是创立——奠定品牌资产基础、建设——累积品牌资产以及不断改善——提升品牌资产。新建学校可以从品牌资产积累的角度确立自己的战略和策略。

　　第一阶段：创立——奠定学校品牌资产基础

　　新建学校品牌发展战略，首先要求办学者和管理者树立学校品牌意识，主要是品牌定位意识。首先必须回答两个问题：要创造什么学校品牌？能创造什么学校品牌？其次，要让教职工明确学校品牌内涵。学校品牌内涵主要有三点：一是学校能提供什么样的教育服务（即办学个性）及这种服务的质量如何；二是学校所倡导的教育理念、校园文化等办学的核心价值观；三是学校的外在形象，社会对学校的评价，家长对学校的认可度等。通过培训让学校管理者及全校教职工清晰认识并理解什么是学校品牌，引进学校品牌发展战略对学校发展的重要价值，学校品牌有哪些内涵，学校在学校品牌建设和管理中对办学者、管理者及教职工有哪些要求等。对创建学校品牌真实内涵的理解有助于把学校品牌策划与广告策划区分开来。广告策划着重于学校品牌附加价值的创造。而学校品牌策划则着眼于学校品牌主体价值的创造，其做法是从学校品牌创建的一开始，就建立一套独特、深具识别性的"值得消费者拥有的价值系统"，然后设计并制造适合的产品，同时发展相对应的形象。

　　再次，规划品牌识别系统。创立学校品牌从规划学校品牌识别系统开始。学校品牌识别系统不仅仅是创造符号，更是建立学校品牌核心价值和理念。从学校品牌的长期战略来看，学校品牌的精神内涵是比视觉设计更长久、更令人崇拜的生命要素，因为学校品牌代表着对消费者的意义与价值，是牵引着消费者选择某一特定商品的原动力与驱动力。在消费者的认知里，学校品牌代表什么意义，其重要性超过这个学校品牌"做些什么"。学校品牌识别系统也使得学校所有成员对学校品牌产生共识，以维护学校品牌的核心价值。

　　最后，设计完整的营销计划。创建学校品牌不仅是为产品取好听的名字。它需要一个完整的营销组合设计，其中必须以卓越产品为基础。

　　因此，学校品牌价值的创造实际上是一个对自身产品和市場进行测试的过程，其核心内容可以由下面的图示来说明（见图 7-1）。

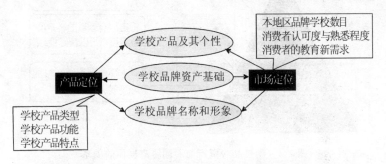

图 7-1　新建学校品牌定位与品牌资产的建立

第二阶段：建设——累积学校品牌资产

学校品牌建设阶段的任务是累积学校品牌资产。其重要的手段是依靠传播。传播不仅是信息沟通，也是价值传达，让顾客认知到价值的存在。传播使学校品牌对消费者产生积极意义。优秀的学校品牌总是具有出众的学校品牌形象和个性，体现对学校品牌经营中投入的智慧力量。学校品牌形象定位决定学校品牌的市场价值位置，它执行学校品牌识别，积极地传播学校品牌形象。而学校品牌个性使消费者对学校品牌产生认同和崇拜，影响与消费者的互动关系。调查显示：消费者选择某一产品而不选择另一个产品的原因在于消费者更多的是在购买产品的个性，而不是产品本身。因此，本阶段的主要任务是塑造品牌形象，积累品牌资产，传达品牌定位，建立品牌认知度，塑造品牌个性，建立顾客关系，整合使用各种传播工具，维护品牌识别的一致性。

学校在品牌资产的提升过程中，应诊断学校知名度、美誉度和忠诚度的状况，有的放矢地制订品牌资产提升策略。这三者在品牌资产中的地位和作用是不一样的（见图 7-2）。

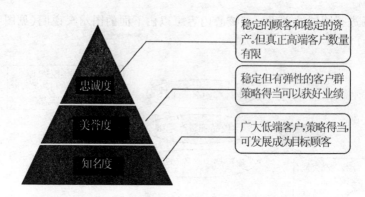

稳定的顾客和稳定的资产。但真正高端客户数量有限

稳定但有弹性的客户群策略得当可以获好业绩

广大低端客户,策略得当,可发展成为目标顾客

忠诚度

美誉度

知名度

图 7-2　学校品牌资产与不同客户群体的关系

（1）学校品牌知名度的建立

知名度是学校名牌资产的最基本的构成要素。品牌知名度可以通过广告、公共宣传、促销、赞助体育比赛及各种社会公益活动等途径建立。密集的广告宣传虽然可以迅速地提高品牌的知名度，但只是其中的一条途径，建立知名度还只是品牌经营的第一步。现实中，许多民办学校通过炒作获得了表面的"繁荣"，但这种局面维持并不长久。要想获得长久的市场效果，学校品牌知名度的提高必须以教育服务的质量为根本，以促进美誉度，至少不损害美誉度为前提。

（2）学校品牌美誉度的建立

从品牌的形成过程来看，美誉度的建立是最为关键的一环，因此美誉度的建立是品牌经营的关键。相对于学校知名度来说，美誉度的建立要复杂得多。根据美誉度的影响因素，学校美誉度的建立需从以下几个方面着手：一是切实提高教育教学质量，以教育业绩、教育实事和辐射效应来赢得美誉及信赖。二是有效宣传。教育产品的美誉度是由教育服务的特性与消费者的消费价值观共同决定的，教育教学质量高不一定会获得高美誉度，成为品牌。因此，必须重视品牌形象传播，进行恰当的广告宣传。三是利用美誉度迁移策略。即借助毕业生良好声誉来提高

298

品牌美誉度。

（3）学校品牌忠诚度的建立

在上学之前，学生和家长会对学校产生一定的期望，如果在校达到甚至超出了人的预期期望值，会进一步加强学校的积极评价，并将这种信息传递给学校的潜在求学对象，使学校的向往者、追求者越来越多。反之，期望值过高，或学校过度吹嘘，他就会对学校产生消极的印象，甚至想转学、退学。因此，在切实提高服务质量基础上，实事求是地广告宣传介绍学校，不使学生和家长产生过高期望值，将有助于维持与提高学校的美誉度，获得大量潜在的生源。为了了解学生、家长、政府对学校的期望。学校还必须认真研究学生和家长的心理，调查了解政府、学校的用人标准和需求、追踪调查毕业生的反馈信息。

第三阶段：改善——提升学校品牌资产

为了保持学校品牌持续发展，学校品牌要不断"改善"，实现学校品牌的增值。学校品牌价值的增值是学校品牌战略的高级阶段，事实上也可以看作是著名学校品牌的创立阶段。在这个阶段，不仅可以实现学校品牌价值的增值，树立学校的形象，而且还可以获得多领域的附加价值。因此，也可以说，学校品牌价值的增值才是真正意义上的学校品牌战略。改善——提升学校品牌资产，学校品牌必须保持新鲜感与时代感，以维护学校品牌的核心价值为中心进行产品的创新、形象的更新、传播的创新，让学校品牌资源发挥到极致。

（1）品牌评估

提升学校品牌资产必须保持品牌的新鲜感和时代感，这就需要对学校品牌的市场状态和对学校品牌状态进行考察、评估，并在此基础上确定学校品牌价值是处于保持阶段，还是进入推进学校品牌价值的创造阶段。

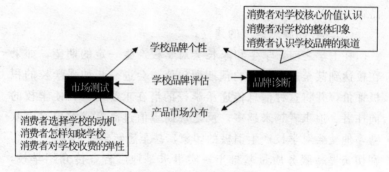

图 7-3　学校品牌评估

在学校品牌价值的保持阶段，必须自问以下问题：学校品牌产品的市场反响如何？招生人数是否获得了增长？学校品牌在同类产品学校品牌中占有什么样的地位或比例？学校品牌的知名度是由于什么原因得到的？消费者对学校品牌的满意和不满意的原因有哪些？现有的学校品牌影响力多大？

（2）品牌维护与修复

如果学校品牌资产还很低，进行的学校品牌维护甚至学校品牌的修复是十分重要的。其目的是为了保持学校品牌的价值。学校品牌的维护包括品牌形象的维护、品牌产品类型和功能维护、顾客关系的维护。学校品牌的修复包括学校理念的完善、学校形象的重塑、学校关系的改善。当然，学校品牌价值的保持必须和学校的整体战略相一致，避免由于学校战略的变化而学校品牌内涵不变。在学校品牌的外在形象以及核心价值方面，应该保持一种固定性，不能随意变化。如果现有学校品牌有足够的内涵，则可以进一步考虑进行以主要学校品牌形象为核心的系列学校品牌设计、创造。如果现有学校品牌有足够的外延，则可以进一步考虑进行多个学校品牌的单独创造和设计，赋予每个学校品牌新的内涵。

（3）品牌延伸与扩张

事实上，学校品牌的知名度、美誉度，以及由此形成的消

300

费者对学校品牌的忠诚度，与产品本身是有直接的关系的。学校品牌价值的增值则主要依靠目标消费者的数量和产品的适用范围来实现的。学校品牌资产的增值的核心是提升学校品牌的层次和实现学校品牌价值延伸。所谓提升学校品牌的层次，并不是要求一定去争夺高端客户，而是形成市场上某类产品学校品牌格局中的优势地位，甚至是决定性地位，将学校品牌从区域学校品牌变成全国学校品牌、从全国学校品牌变成国际学校品牌。所谓学校品牌价值的延伸，实际上是经营领域的扩展，从单一产品向多元产品转化、从狭窄领域向宽泛领域扩展、从学校品牌产品概念向学校品牌组织概念最后到学校品牌文化概念转变。在这个层次上，才是真正实现了学校品牌由标识向资本的变化(见图 7-4)。

图 7-4　学校品牌资本升值过程

(二)新建学校品牌经营策略选择

1. 品牌定位策略

新建学校品牌的定位，包括以学校品牌发展为中心的生源定位、学生发展目标定位、教育教学质量与特色定位、教师形象定位、管理者形象定位、学校规模定位、宣传定位等。学校品牌定位离不开科学严密的思维，必须讲究策略和方法。实施学校品牌定位策划就是要对学校品牌各要素进行科学分析和合理整合，形成适合学校品牌发展的竞争方案。学校品牌定位的基本策略有：

首席定位。即追求学校成为本地区教育行业中领导者的市场定位。采用首席定位策略，能产生先入为主的效果。据调查，一般教育消费者只能回想起七个学校品牌，而名列第二的学校品牌往往只有居第一的学校品牌一半的地位。因此，首席定位能使教育消费在短时间内记住学校品牌。但是在一定区域的教育行业中，在同一类学校类别里，总体的竞争实力排名"第一"只有一个，所以，对新建学校来说，应避免笼统提"国际一流"、"全国第一"、"地区第一"，但可以采取凸显某种核心竞争优势的办法，争取在某一方面（如德育方面、数学教育方面、寄宿教育方面）成为同类学校中的首席，占据某一方面的领先位置，从而占领某一方面的教育市场。如四川省棕北教育集团的成都五十中学，以打造"四川省第一所专门研究'中等生超常规发展模式'学校"为办学目标，受到了广大中等学生的青睐。

空当定位。即寻找为许多家长和学生所重视的，但尚未被开发的市场空间。任何学校都不可能占领同类教育服务的全部市场，也不可能拥有同类教育服务的所有竞争优势。市场机会无限，关键是学校是否善于寻找或创造机会。这是新建学校常用的策略。例如，成都市棕北中学，在1996年建校之初，发现全市当前尚无一所高质量的专业化的初级中学，于是果断定位，"全力打造城市一流初中教育学校品牌"，一方面巧妙避免了与周边重点中学（完中）的正面竞争，另一方面，又通过提出"省重点高中的生源基地"的诉求语，把本校提升到与重点中学并列的地位。

理念定位。学校理念定位就是学校用鲜明的经营理念和学校精神作为学校品牌的定位诉求，体现学校的内在本质。一个学校如果具有正确的办学宗旨，良好的学校形象，就能提高学校品牌的价值，光大学校品牌形象。如"厚德载物"，是清华大学一句响彻全球的口号，是清华大学经营管理理念的精髓所在。

302

文化定位。将文化内涵融入学校品牌，形成文化上的学校品牌意识，文化定位能大大提高学校的学校品牌定位，使学校品牌形象更具特色。如用名人的名字(广东梁启超纪念中学、长沙维汉中学)，利用名校名称(某某县黄冈中学分校、北京师范大学附中湖南分校)，利用文化名城名称，利用中国传统文化(长沙明德中学、雅礼中学)。中国文化源远流长，学校要予以更多的关注和运用，从名称，到校风、校园建筑等，都要体现文化特点。

以上几种学校品牌定位策略各有特点，在运用时要根据具体情况使用，使之相互补充，共同为学校品牌发展服务。学校品牌定位时，应遵循品牌定位策划的一般操作程序：一是在分析教育市场、家长与学生、竞争学校、学校自身条件的基础上，分析学校发展相对竞争优势；二是准确选择核心相对竞争优势(如地理位置优势，学校传统优势，政策优势，教育教学质量优势，学校管理优势等)；[1] 三是定位表述简单明了；四是制定具体可行的措施。同时，避免定位误区，如"模糊型"定位(如一些学校在教育特色方面，同时打出外语、奥数、艺体等多个特色口号)、"跟风型"定位、"虚妄型"定位(定位过高)、"静态型"定位(定位目标太具体)。

2. 品牌形象设计策略

设计学校品牌发展战略，规划学校品牌管理。根据学校品牌的内涵，学校品牌形象分为内外两个方面多种形式，如外部形象主要表现为学校的校徽、校歌、校服、校园标识、对外宣传品以及日常的办公生活用品等，内部则表现为：学校的教育追求、办学理念、所倡导的团队文化等。学校应对此进行全盘考虑和规划，使各种形象标识统一化和规范化，内部表象系统化和条理化，并将学校品牌意识渗透到学校具体的教育教学、

---

[1] 陈丽．中小学学校发展定位策划探析[J]．中小学管理，2004(08)：7～10 页

招生招聘、对外宣传等办学行为中。同时通过制度设计将学校品牌的维护、推广、提升纳入到学校的常规管理工作中,最终通过学校品牌建设和管理,推动学校的健康持续发展。

现在,虽然一些校长开始注意到学校品牌形象在学校的生存和发展过程中的功能和作用,但那只是一种朦胧的感受,缺乏理性的思考和系统的策划。[①] 良好的学校品牌形象对外容易获得社会的支持、家长的信任和师生的认同,可以优化和拓展学校生存的发展空间,盘活办学资源,为学校赢得更多的发展机遇;对内可以陶冶成员的心灵,使他们产生集体荣誉感和凝聚力,从而使学校品牌发挥更大的效应。对学校品牌形象进行精心设计和有效传播是新建学校打造品牌的重要策略。

(1)学校品牌取名

好的形象设计,如校名、校徽、校服,也会帮助学校传达更多正面、积极的信息。如上海的"格致中学"、北京的"汇文中学"等。一个好的学校名称要悦耳、简练、易记,要尽可能适应多数人的发音习惯,避免简单地使用序号和地名,尽可能地有一定内涵和意义。如何能设计出传递学校品牌核心价值的名字?在以营销目标为导向的前提下,学校品牌名字的选择过程可以分为六个步骤。第一步确立学校品牌设计的目标;第二步选择学校品牌制定的策略;第三步详细说明学校品牌名字选择的标准;第四步提出学校品牌名字的备选方案,这既可以由学校内部人员提出,也可以由专门的咨询机构、顾客提出;第五步审查学校品牌名字的备选方案,这也可以由学校内部人员、专门的咨询机构、顾客和商标搜寻者一起来做;第六步选择学校品牌名字。

(2)学校行为识别系统设计

学校行为识别的内部系统主要有:其一,教育的政策与法

---

① 阎德明.CIS与学校品牌形象策划[J].人民教育,2003(23)

律法规。它是由国家权力机关或政府部门制订，学校必须执行的规范。有些学校通过专题讲座、现身说法、模拟法庭以及案例分析等形式进行法制教育，增强师生员工的法律意识和守法和护法的自觉性，收到了很好的效果。其二，学校章程。它是设立学校的基本条件，是学校基本的纲领性文件，是学校内部的"宪法"。每一所学校都应该认真制订好自己的章程，切实"依章办事"。其三，组织机构设置。它构成了学校管理的框架，其机构设置、权责关系、运行机制直接影响着学校管理的效率和教育教学质量。其四，人员岗位规范。每个岗位都配有相应的人员，每个人员在相应的岗位上都必须遵循相应的规范。这些规范包括：岗位的性质、任职的条件、承担的责任、拥有的权力、获得的利益以及如何评估其工作的质量等等。其五，综合性的规章制度，如：奖惩制度、会议制度、请假制度等等。一种学校精神的形成，特别是在起始阶段，在反复宣传教育的同时，还需要一系列的规章制度加以约束和规范，这种强制力量也是形成群体规范的重要条件。

学校行为识别的外部系统，主要有人际交往活动和专题传播活动。学校外部人际交往活动有多种目标公众：第一，要正确处理好与权力制约组织及个人之间的关系。第二，要正确处理好与业务往来组织及个人之间的关系。学校不仅要善于寻求权力的支持，而且要善于寻求专业的支持，建立思想库，借用外脑，提供决策咨询，这是促进学校发展的明智之举。第三，要正确处理好与其他相关组织和个人之间的关系。这些组织和个人包括：社区、企业界、新闻界、同类学校、毕业生去向的学校以及招生对象所在的学校、家长、校友等等。除了人际交往活动以外，学校还有很多专题传播活动，如：家长会、校友联谊会、学校周年庆典活动、社区教育活动、捐赠仪式、科学馆(图书馆、体育馆)等开工或竣工典礼、运动会、艺术节、科技节、学校开放日、学校教育成果展，这些专题活动的目的就是主动创造机会，引导舆论，传播学校的良好品牌形象，赢得社会各界的支持，盘活办学资源，促进学校的发展。

（3）学校视觉识别系统设计

新建学校视觉识别系统应该是全面的，主要包括学校名称、学校标志、学校标准字、学校标准色、事务用品序列、办公用品序列、通信用品序列、宣传用品序列、人员服饰序列、环境装饰序列、交通用品序列以及整体布局和空间环境等。

新建学校视觉识别系统的设计要注意以下几点：一是要承载理念。在设计视觉识别系统时，首先要吃透办学理念的精神实质，系统、深入地表达办学理念。如将校训和学校的成立年印制在校徽的背面。二是讲求美感。学校的主体色调、各种标示的字体、颜色、图案等应符合环境特征和学生的心理特征，并体现学校的办学理念。三是要展现个性。成功 VI 设计往往是与众不同的、富有个性色彩、易于辨识的设计。如有一所书法特色学校，在校门口最醒目的地方展示了他们的办学理念："做一个有民族文化根基的现代人"，并提出了他们的"两项工程"：打造墨香校园，营造书香校园。如在一所以阅读为特色的学校，长廊的造型就是一本翻开的书册。如某所作文特色学校，每天的电子广告屏上展示一篇学生佳作。

3. 产品质量与特色策略

产品的品质是新建学校品牌创立和发展的根本，学校品牌的内涵式发展道路就是提高教育服务质量，形成教育服务的特色。学校要真正提高教育教学质量，涉及教师、课程、教育教学方法、教育教学评价方法、教育教学管理、教育教学科研等要素，但师资是关键。其基本策略有：

（1）课堂质量策略

课堂教学作为反映教育质量的主要指标，是学校品牌打造的主攻方向。上海育才中学的"八字"教学法，改变了以教师传授知识为中心的教学模式，使古老学校焕发出青春活力，也成为全国的中学品牌。课堂教学的价值不在于教师传授了多少知识，而在于课堂生活是否充满生命活力，是否提高了课堂的效率，是否引导学生关注更广阔的世界，是否为学生的可持续发展打下了坚实的基础。课堂教学的生命活力在于教师与学生的共建、共创、共感、共享活动。课堂教学改革，关键在于教师教学方式与学生学习方式变革和师生关系的优化。

（2）科研先导策略

打造学校品牌是一个传承与创新的过程，必须以科研为先导，或者说只有教育科研才能为品牌打造提供智慧动力。现代的教育科研就是以关注教育现实的视角来研究与探索教育革新之路。学校应建立校本教研制度，采取课题研究或问题研究的方式，推动教师进行研究性教学，促进教师专业成长。

（3）特色创新策略

学校品牌以特色创新为闪光点。学校品牌特色体现为学校的文化特色，是全校师生参与或关注的活动，并在此基础上形成的传统。如有一所小学经过多年努力，形成了以"红领巾工程"为主体的学生文化活动特色。学校特辟一座"小百花"楼，作为学生开展文化活动的场所，里面以"社区"的形式创建了"小百花"系列阵地，除了"小百花广播"、"小百花电视"、"小百花艺术团"以外，更有"小百花网站"、"小百花报社"，这里诞生了全市第一个儿童自办网站，第一张儿童自办报纸。在丰富多彩的活动中，涌现了一大批才能突出、发展全面、富有个性的优秀学生，也带动了学生整体素质的提高，成为学校品牌的鲜活例证。

（4）引进外智策略

打造学校品牌，固然需要踏踏实实的实践探索，但也需要高屋建瓴的理论指导和科学设计，为此学校一方面走出去，拓宽视野，学习借鉴名校的经验，兼收并蓄；另一方面又请进来，加强与教科院所、专家教授的联系，引进外智，强化内力，使学校品牌内涵更具理性色彩，品牌打造更有战略思维。

4. 名师策略

教师既是产品的生产者，也是教育服务的营销者。名师就是学校教育服务的先进生产力，在创建学校品牌中具有独特作用，主要体现为：（1）参照作用。名师是一种标准、一种档次。学校名师的水平越高，全校教师整体素质的定位也就越高。（2）辐射作用。名师广泛的社会和科研活动，使他们成了先进教育思想和成果的有效载体和受益者。开发和利用这一资源优势，促进现代教育思想和信息的传播与交流，是学校可持续发展的坚实保证。（3）窗口作用。教师作为精神产品的产生者，从参与现代劳动力再生产的工作流程中来看，他（她）自身虽不是商品，但却具有商品社会的某些特质。教师的劳动想要被社会承认，就要靠教师综合素质和整体功能发挥，而在这个过程中，最能提高学校声望的莫过于知名教师的作用。从某种意义上讲，名师就是一个学校的窗口，名师就是学校的品牌，名师就是一个学校的质量标签。因此，新建学校创品牌的重要策略就是在全国招聘优秀教师。

学校除了引进优秀教师外，还应把工作重点放在选拔、培养教师和提高教师素质上，充分发挥教师在教育服务生产和营销中的主观能动性，应引导教师体验教育事业的价值，把提升办学品位为动力，让教师把学校的发展与自己的专业成长、自我的人生境界提升紧密地联系在一起。学校管理应尊重教师劳动的独立性和创造性，从教师专业成长和生活水平提升的角度进行制度设计和评价。

5. 品牌传播策略

在成就学校品牌的历程中，除了设计好的形象和提高教育服务质量以外，需要强化宣传，要把学校品牌传遍社会，让学生和家长知晓，以提高学校品牌的知名度、注意度、认知度、美誉度，从而扩大学校影响，树立良好形象。学校常见的广告宣传策略有以下几类。

第一，制作专题片、宣传片。专题片或宣传片不同于纯粹的广告片，但比广告片更为有效。因此，学校应该制作一些教育专题片或教育宣传片作为对外宣传的重要途径。内容可以重点报道学校目标、宗旨、成果、学校文化等；或以学校某项特色活动为主题，通过跟踪报道，记录学校生活（如学生各类活动、教师课堂授课、食堂等）。

第二，利用新闻发布。教育新闻发布会是一种很有效的传播方式，通过召开新闻发布会，尽可能邀请到更多的媒体到场对学校进行宣传、报道。

第三，奖励各类优秀学生。以学校领导、教师或学生家长的名义，通过报纸、电视和电台，对在各类活动或比赛中获奖的学生表示祝贺，给予奖励。

第四，专题报道。结合学校实际，组织开展丰富多彩、特色突出的教育教学活动。邀请电视台、报刊等新闻媒体进行宣传报道。

三、新建学校品牌建设应避免的误区

(一)缺乏个性化办学理念

表现在校风、校训、教风、学风的内容大同小异，或者过于空泛，如"开拓进取、求实创新"之类。

(二)学校形象设计无特色

校徽、校服、校名的设计简单化，学校建筑布局不合理，学校缺乏主体色调，教师的言谈举止、形象缺少规范和约束（如不讲普通话、随意惩罚学生等）。

(三)忽视教育服务质量提高

许多新建民办学校热衷于声势的营造，忽视了踏踏实实地进行教育产品的生产，学校管理者在教育教学领域习惯于企业管理的方法，忽视了教师的自主性、创造性；教师专注于知识的传授，忽视良好师生关系的建立；学校教学质量评价仅仅是分数和升学率。

(四)学校品牌管理层次低

许多新建学校只注意形象的宣传，不注意形象保护；只注意庸俗的公关，不注意核心价值理念的宣传；只注意自我吹嘘的招生宣传，不注意学校内部营销等。

四、案例分析

案例1　成都市棕北中学——"品牌资产经营"之路

成都市棕北中学创办于 1996 年，学校地处高科技文化区，教育需求非常旺盛。然而从学校生存的生态构势来看，该区域高中和小学名校林立，却没有一所单设初中。很显然，特色鲜明、高质量的初中教育正是该地区教育生态系统的掘进点。因此，棕北中学的办学者果断决定"只办初中，办最好的初中"，走上了"全力打造城市一流初中教育品牌"的战略发展之路。该校从成立开始就用教育策划来全方位塑造品牌形象，通过几年的品牌经营，快速成长为全国名校。①

(一)创立品牌，奠定品牌资产基础

---

①　王华龙．一所学校的品牌形象策划——透视棕北中学之"品牌经营"．http://www.fytc.net/ReadNews.asp? NewsID=298

1. 学校品牌命名

成都市棕北中学在品牌命名时，根据目标市场的特征进行命名，从它的地理位置中获得识别的来源和个性，将品牌与所在地点的形象结合，让品牌名称发挥暗示教育消费者，迎合目标对象所处的特定文化背景和心理需要的作用。棕北中学所在的棕北小区是成都市国家级住宅示范小区，富有时代感，充满生机与活力，具有独特的内涵，在市民中有知名度。命名"棕北"，即是期望利用该称谓所具有的名气和文化内涵，使学校迅速在社会及公众心目中占位。同时，用地名命名学校，展示了它的独一无二和不可模仿性，它不像"育英"、"育才"等名称可复制。教育消费者愿意选择自己的小区配套学校，市民一提到"棕北"二字，就会联想到"富裕、现代、高档"等词汇，迎合了教育消费者的心理认同。

另外，学校还对"棕北"的"棕"字进行了专门的研究：棕是一种常绿乔木。干高而直，不分枝，为叶鞘形成的棕衣所包。如果把学生比喻为树干的话，他们的生命之树应该是常绿的，他们应该追求高远，他们的品质应该是君子般的不蔓不枝，有独立的人格。如果把教师比喻为棕衣的话，他们应该以学生为本，庇护关爱着学生，为学生的茁壮成长服务。如果把学校比喻为师生成长的沃土的话，学校更应"以人为本，面向未来"，让师生更快更好地成长。隐喻式的象征往往更有意义，这些符号不但能彰显一个品牌的功能，而且能传达这个品牌的情感。"棕北"这个名称本身就是一个活广告，可以节省传播开支，而且缩短了市民的认知周期。由于美领馆在棕北小区，附近还有中日会馆，棕北小区也最有可能成为成都市的领事馆区，周围居住着很多外国人，他们对"棕北"很熟悉，因此，棕北中学在品牌命名时考虑全球通用的策略，采用了"当地兼顾全球"的做法，有利于品牌名称在国际市场上传播。

2. 学校品牌核心理念提炼

核心识别是一个品牌永恒的精髓、本性和价值，棕北中学这一品牌的核心识别是：学生不仅学习好，而且综合素质高；不仅在初中全面发展，而且"后劲"十足；教师不仅要关注学生的现在，更要关注学生的未来；学校实实在在地为学生、家长、社会服务，不仅让学生做人成才，而且让学生及家长享受到教育服务的愉快。

延伸识别包括了许多品牌表现的细节要素，它为品牌带来更丰富的内涵，让品牌识别表达得更加完整。棕北品牌的延伸识别：轻松（棕北中学强调省时和高效率服务，借助多媒体辅助教学提高课堂效率，学生学得轻松）；人际关系：就读棕北是人生美好时光的一部分，融合了"家庭"和"愉快"的联想；公共形象：坚定不移地走素质教育之路，以引起人们的喜爱和仰慕；价值诉求：功能性利益是"就读棕北促你做人成才"，情感性利益是"教育就是服务"，核心诉求是"棕北中学用高品质的教育服务，不仅让学生，而且让家长和教师现在和未来都全方位发展好"。

棕北中学始终坚持"以人为本，面向未来"的核心价值，并保持品牌的现代化，以自己独有的方式来满足顾客的新需求。如有的家长要求补课，学校坚决不同意，因为学生的精力是有限的，不能以损害学生身心健康为代价来提高学习成绩，它违背了"以人为本"的原则。另外，它会让老师依赖时间而不是效率，让学生失去了更多自由发展的空间，必将影响未来的发展，违背了"面向未来"的理念，因此，学校利用一切现代教育技术手段，提高教学效益。

3. 学校品牌符号设计

（1）品牌标志。同品牌名称一样，品牌标志是一种信息传递的载体，把学校特征、品质以及品牌价值和理念等各种要素以融合化的符号形式传递给公众和消费者。一个好的标志设计具有明确、大气和创新等特点，对品牌价值理念有很好的表达和暗示作用。棕北中学的标志设计在总体上让公众感觉到其"不断创新，充满活力，富有进取精神"的品牌理念，标志的主体是一轮红日，寓意"托起明天的太阳"，产生朝气蓬勃，充满生机与活力的视觉效果。在红日中，由几个"人"字的变体构成火箭形图案，寓意"以人为本，面向未来"。

（2）品牌色彩。和谐的色彩能让人感到愉悦，使人获得美的享受，从而成为展示品牌魅力的独特手段，色彩不但带来美感，更可以传递不同的情绪、联想和象征意义，棕北中学经过反复论证，选定了绿色作为基色，创造性地建成了植物墙，而且选用澳大利亚进口的绿色人工草坪建成运动场，给人以自然、轻松、和平、成长、安静、安全的正面联想。人们对色彩的喜爱是千差万别的，学校考虑少年儿童喜欢蓝、绿的特点，窗帘和玻璃墙选定了淡蓝色，给人以明快，幸福、宁静、希望、智慧的正面联想，棕北中学的基色趋向于"自然色"，富于人文气息，象征学校的蓬勃生机，且有利于学生的身心健康。

（3）品牌标示语。品牌标识语既能提供品牌识别的作用，又能为品牌提供额外的联想，传达更多的信息。相对来说，标识语更加灵活，它具有开发新价值的能力。标识语的使命首先是沟通性，棕北中学抓住学校的特殊卖点进行创意，以理性特色导向，提出"以人为本，面向未来"（既关注学生的现在，更关注学生的未来，使学生不仅在初中阶段全面发展，而且"后劲十足"，增强了学校的核心竞争力，这就是特殊的卖点）；棕北中学以教育消费者的心理需要为依据，运用感性的诉求手法进行创意，以感性心理导向，棕北中学还采用语言特色导向，提出"教育就是服务"（在棕北中学接受教育是享受高质量的服务）；在语言修辞技巧上下工夫，使标识语充满识别力，如"就读棕北促你做人成才，加盟棕北助你成名致富"，吸引并引导学生和老师来到棕北成长。另外，棕北中学提出的"教育就是服务"具有成为大众流行语的潜质(企业竞争,服务至上是基本原则,学校竞争也靠服务来赢得市场),教育消费者是上帝,随着教育市场竞争的加剧会被越来越多的人深切地体会到。

4. 创造永久差异优势

创新使品牌得以延续下来,并成功地领导着竞争。这种坚持不懈的创新行为赋予品牌以意义、内容和特征,同时,积累并显示了品牌长期的时时刻刻的差异性。因此,创立品牌需要时间和一种识别。成都市棕北中学建校之初就确立了品牌的长远目标:创造差异。首先是学校形象的差异,从自然美化上要与众不同,以充满青春活力的绿色和淡蓝色作为学校的品牌基色,营造出动态、明快、活跃之感,彰显了学校现代、整洁、美观、人文的气质,同时,在学校清洁卫生方面追求宾馆式的整洁。其次是要确保老师和学生与其他学校"不一样",如严格统一老师的"语言形象",要求棕北的学生"个子高一点,面色红润一点,气质好一点"。

5. 一致的品牌承诺

品牌通过创造"满意"和"忠诚",带给顾客一种承诺,与顾客建立起一种契约关系。棕北作为教育品牌,向社会公开承诺要"为促进学生的全面发展服务,为学生的终身幸福奠基";向学生承诺"就读棕北促你做人成才",面对学生、家长及社会提出"教育就是服务"(为家长服务,让家长放心;为学生服务,让学生成才;为社会服务,让社会满意),这实际上与顾客建立一种"服务与被服务"的契约关系。

品牌作为契约意味着具有某种强制力,品牌不像使用品质标记,每个品牌都有着各自的标准,所以,对品牌管理必须符合这些标准,并力求超越这些标准,以满足顾客的期望。一个强有力的品牌能够成为内部动员和外部吸引的符号,它承担着学校的标准,驱动着学校的力量。学校不能把品牌当作学校的外部门面,它是学校始终必备的一种工具,必须以更高的目标要求自己。棕北中学进一步将"教育就是服务"中的"服务"分为"物化"的服务和"人化"的服务(物化的服务即以一流的教育教学设施,提供优质的学习环境;人化的服务,即以高素质,现代化的教师队伍,提供成长的养分和心灵的关怀。)同时,棕北中学以深刻的洞察力去发现家长和学生的动机和需求,进一步提出"以人为本,面向未来"的品牌价值观(对学校而言,从"兴我棕北中学,争创全省一流"的目标迈向"创一流名校,与国际接轨";对学生而言,"既关注你的现在,更关注你的未来",学生不仅在初中阶段全面发展,而且"后劲"十足,对教师而言,加盟棕北助你成名致富,对家长而言,"伴随着孩子的成长一起成长")。

(二)建设品牌,累积品牌资产

棕北中学整合使用传播工具和营销组合,塑造品牌形象,抓紧品牌建设,累积品牌资产,宣传品牌定位和建立品牌个性两大核心任务,建立了品牌知名度,品质认知度,创造了积极的品牌联想,维护了品牌忠诚度。

1. 利用品牌定位,不断扩大品牌知名度

在整条教育链上,公办初中的生存和发展形势最严峻:与小学相比,它有升学压力;与高中相比,它缺少更多的关注和支持;而与民办学校相比,它又缺乏灵活的融资渠道。棕北中学定位于优质初中,就是市场空隙定位。

棕北中学为占领教育消费者心智中的空隙,采用"首次或第一"的定位方法,于 1996 年 10 月 16 日,召开建校后的首次家长会,响亮地提出"教育就是服务"的口号,老师用真诚的笑容、热情的问候,一杯热茶、一张椅子把家长奉为"上帝",整个家长会无半句对学生和家长的批评,一改家长会是"告状会"、"批评会"的传统模式,让家长第一次感受家长会的轻松、活跃、新奇和享受,一位叫张宏海的学生家长于第二天在《华西都市报》发表"我再也不怕开家长会了"的文章,为形成"棕北中学对家长好"的口碑奠定了基础。

棕北中学 1997 年首届毕业生优秀率超过 80％，160 多人上重点线，超过一个教学班的学生升入成都七中，学校声名鹊起，一炮走红。棕北中学抓住这一时机，采用"比附定位"法，大力宣传"这里是省重点高中生源基地"的品牌定位。与此同时，棕北中学没有仅仅把目光盯在升学数据上，而是进一步宣传学校的毕业生不仅学习成绩好，而且在德育、体育、艺术、竞赛等方面全面发展，引发人们研究棕北成功的原因，并适时采用"特色定位"法告知公众，棕北中学成功靠的是信息技术教育、外语教育及多媒体辅助教学。

2000 年 11 月，棕北中学率先成为"成都市九年义务教育示范校"，棕北中学抓住"六城区第一所也是唯一一所义务教育示范初中"的机遇，采用"单一位置"定位法，巩固自己的领导地位。在"九年义务教育示范校"逐年增加（主要是小学）的时候，成为四川省唯一的实验教学示范初中，棕北中学以另外的新品牌来角逐，在潜在顾客心中安置了一个特定的处所。

当棕北教育品牌通过"跑步建设"处于领导地位时，学校采用"扩大名称"定位策略，于 2002 年底组建"棕北教育集团"，用更广的名称来保持其地位。1999 年，原成都市大学路中学经营状况欠佳，棕北中学利用政策，整合现有教育资源，进行体制改革，对大学路中学采用"重新定位"策略，将校址迁至城南新兴社区桐梓林小区，创办公办民助的新体制学校——成都市棕北联合中学，把一个旧的观念搬出消费者心智，装进一个"要把棕北联中办得比棕北中学更好"的新观念，使棕北联中在消费者心智中重新排位，调理关系，创造了一个有利于自己的新秩序。

2. 保证教育服务高品质，提高品牌知名度

保证高品质，提高教育质量和服务能力，是提高品质认知度的第一步，学校要敢于承诺高品质，把对品质的坚持放在首要位置上，并动员全体教职员工付诸实际行动，由于品质的获

316

得是系统性、全局性的，因此，只有创造出一种对品质追求的组织文化、行为准则、象征符号和价值，才能使行动根深蒂固。棕北中学每年都对初三教师进行挑战培训，聘请挑战培训学校的专业教师对本校教师进行培训，培养教师的团队精神，教师也借培训的机会研究每个学生的性格、兴趣、爱好、特长、缺点及发展空间，为每位学生提供个性化的发展方案，确保教育质量。

另外，设计认知信号，利用价值暗示，借助有效保证和寻求支持也是建立品质认知度的有效策略。如棕北中学利用家长会、教学开放等途径向家长展示服务的环境、服务人员的素质。价格是一种重要的品质暗示，高价格意味着高品质，具有实际意义的证书和奖牌能够给品质提供可信的支持，棕北中学在显眼的场所挂出奖牌、设立荣誉室，在网上建立荣誉展版，得到了教育消费者的广泛信任。

3. 创造性地运用宣传和公关手段，扩大学校知名度、美誉度

用精心设计的公共关系活动，如赞助、竞赛、电视或广播访谈、受众参与发问节目、展览、新闻事件等，会达到广告所无法实现的口碑传播效果。1997 年 5 月，棕北中学采取"强势攻关"策略，为四川省首届优秀教师论坛捐赠 3000 瓶矿泉水，附赠学校宣传资料及招聘教师启事，创造了"一瓶矿泉水做全省广告"的宣传奇迹。1999 年，棕北中学承办了"成都市首届计算机辅助教学观摩展示会"，被誉为"多媒体辅助教学的样板学校"。1999 年 5 月，与北师大、川大、磨子桥小学联合研究外语教学，开创了"大中小学"一条龙外语教学新路，并承办了"英语双重互助教学法研讨会"。2000 年和 2002 年，又承办两次武侯区德育研讨会，向与会人员充分展示了棕北中学德育成果。2002 年，棕北中学又承办了全国第二届教育策划高级论坛，被选定为唯一的观摩学校，被誉为"全国第一所成功运用教育策划

理论全方位为学生提供优质服务的一流学校"。

4. 打造品牌个性，扩展品牌美誉度，加强学校品牌的忠诚度

棕北中学在品牌定位时，就彰显了自己的个性，将学校定位成教育与市场结合的新型学校，在国内率先提出"教育就是服务"，建立起"以人为本，以教育消费者为中心"的品牌个性。

品牌个性赋予了学校以生命，传播则搭起了教育消费者与品牌之间交流的桥梁，建立了品牌与消费者的友谊。因此，品牌个性的意义在于帮助建立"品牌与顾客之间的关系"。通过教育消费者塑造品牌的个性。棕北中学吸引各级领导的子女就读，一方面为领导的子女提供优质教育服务，另一方面借助领导宣传学校，吸引更多学生就读。

传播的差别化是创造知名度、彰显品牌个性的有效途径。一则好的新闻报道应该能引起公众的注意，而且容易被记住，其关键是要与众不同，标新立异。如棕北中学的运动会一改传统的重体育竞技的形式，把运动会开成了一次音乐(入场式班歌)、体育(竞技)、美术(运动会现场上千幅主题海报)、班级文化建设(入场式扛班旗、举班徽喊班训和班级奋斗口号)综合展示的盛会，吸引了《华西都市报》、成都电视台、四川教育电视台等媒体的立体宣传报道，传递了"这个学校活动、班级和学生有点酷"的信息。

5. 创造积极的品牌联想

传播是创造品牌联想的核心方法。如棕北联中策划的"我和爸爸妈妈一起升国旗"的活动，在1999年国庆到来之际，学校通过媒体向学生家长发出倡议，600多位家长并肩站在孩子身边，参加他们生命历程中难忘的升旗仪式，引起了成都媒体的长时间关注，由此在社会上产生了棕北联中"重德育，富有社会责任感，教育观念新"等丰富的品牌联想，为学校形象塑造写下了精彩的一笔。

6. 维护品牌忠诚度

正确对待顾客，紧随顾客左右，直接从顾客的需要出发，以提高顾客满意度为目的，最终实现顾客的品牌忠诚。确保顾客的积极、有益、难忘的经历，关键是靠教师队伍培训和学校文化。另外，提供额外服务，对消费者实施人文关怀，能赢得顾客的忠诚。如2002年底，家庭经济不太好的王欣丽同学不幸患上恶性骨瘤并已癌变，截肢才能保住生命，费用高达数十万元。棕北中学没有停留在"自己进行爱心捐助"层面上，而是引起以学校、王欣丽小学时的母校和王家所在的社区为重心的全社会关注和参与。在媒体选择上，首先选择了以"关注弱势群体"为己任的党报来唤起大家的同情心，再通过电视台和其他报纸推波助澜，巧妙地利用"一万元的大额捐款"的意外事件引起媒体连续报道的高招，增强了立体宣传的效果。最为重要的是这次活动实现了"帮助学生站起来，唤起全民爱心，提升社会公德"的目标。

（三）完善品牌，提升品牌资产

1. 品牌延伸

棕北中学作为公办初中，因为义务教育阶段的初中缺乏灵活的融资渠道，其生存和发展形势最为严峻。在激励竞争的市场环境中，不断找到新渠道，品牌延伸，成为赢得竞争优势的根本战略。基于这样的认识，棕北中学采取"跑步建设"，迅速提高知名度。建校第一年，"硬件拉动"、"特色支撑"、"名师带动"、"科研导航"等稳步充实品牌内涵。如建成四川省第一家电子阅览室，六大现代教学系统和40多间学生专用功能室，特别值得一提的是在经费相当困难的情况下，为接待来宾铺上红地毯。另外，学校充分利用媒体，一方面不断策划出一系列有新闻价值的教育教学活动，一方面组织师生大量投稿，做到省内教育系统的报纸上经常能见到"棕北中学"的字样。不到一年时间，市民心目中就形成了"棕北中学好像是一所声誉很好的老学校"的印象。

2. 品牌扩张

学校品牌只有在使用中才能体现价值，扩张改良就是途径。适时调整办学结构，充分发挥办学能力，以学校品牌信度融资，提高学校品牌的社会贡献能力。尽管学校的品牌定位始终如一，但棕北中学寻求学校品牌扩张的努力却一天也没有停止过。仔细研究其学校品牌的"成长线"就能发现，与学校品牌成长相伴生的是学校品牌的输出和扩张。每一次学校品牌输出，都给学校发展以强劲的助推力；而每一阶段的发展，都为下一次的输出积累了丰厚的学校品牌资本，并成为又一次扩张的直接动因。

(1)办校外棕北班

地域性既可能是优势也可能是樊篱。棕北中学的第一次扩张从地域开始。为迅速提高市民的学校品牌认知度，学校充分利用媒体，一方面不断策划出一系列有新闻价值的教育教学活动，一方面组织师生大量投稿，做到省内教育系统的主要报纸上经常都能见到"棕北中学"的名字。不到一年时间，市民心目中就形成了"棕北中学好像是一所声誉很好的老学校"的印象。

1997年9月，棕北中学与成都市第四十三中学联合创办了一个"棕北班"，由棕北中学派出两名优秀教师，到四十三中新办的"棕北班"任教。两名教师和一块"棕北"的牌子，就将学校品牌带到了棕北小区地域之外，成为学校品牌扩张的阶段性标志。一般说来，老的、强势的学校品牌才具有扩张或延伸的实力，而当时的棕北中学建校仅一年，积累的有形和无形的资产都非常有限，在学校经营和市场运作方面也只处于发展的婴幼儿期，却石破天惊地迈出了学校品牌扩张的第一步。那一年，"棕北班"学生爆满，教学成绩在同年级中遥遥领先，第二年，"棕北班"由一个班增加成两个。校外"棕北班"的成功，不仅提高了学校的知名度和美誉度，也使学校在学校品牌输出与扩张的实践中牛刀小试，积累了一些宝贵的经验。

(2)办棕北联中

1999 年 7 月，棕北中学首届学生毕业，优秀率超过 80％，160 多人上重点线，超过一个教学班的学生升入了成都七中。学校抓住这一时机，棕北中学不仅宣传该届学生的升学成绩，更宣传他们的全面发展，以及他们在全国数学、英语、物理、化学竞赛中的出色表现。与此相伴，学校着重阐释了学校品牌内涵，并集中展示了学校教师的风采。至此，棕北中学"省重点高中生源基地"的学校品牌定位经受住了市场的检验；"高品质教育服务"的学校品牌核心价值也更加深入人心。

几乎与此同时，"棕北"开始了第二次扩张行动——采用"资产重组、借壳上市"的方式，兼并成都市大学路中学，并将其改制，然后移址于成都城南的新兴社区桐梓林小区，创办了公办民助体制的学校——棕北联合中学，并采用"一支队伍，三个统一"（即同一支教师干部队伍，管理统一、研究统一、评价统一）的运作模式。棕北中学这次扩张选准了一个极佳的时机。同时，学校还借助这类学校的特殊政策，灵活巧妙地多渠道融资，为发展积累了丰厚的资源。

(3)组建"棕北教育集团"

2000 年 11 月，棕北中学成为成都市初中中第一个也是当时唯一一所"九年义务教育示范学校"。这是棕北中学的地位获得官方肯定的标志性事件。2002 年 7 月，棕北联中首届学生毕业，使"棕北"学校品牌的认知度、美誉度和忠诚度再次飙升，学校品牌资产大幅增加。

借此时机，校长李旭辉向区政府提交了区域教育发展的构想："武侯区中学教育的生态构势还须宏观整合，应尽快建立以棕北集团和武侯高中为龙头的东西两大教育生态圈，以此激活我区教育资源，开辟武侯教育历史新纪元。"此发展构想得到了高度重视和大力支持。2002 年底，棕北中学和棕北联中正式组建"棕北教育集团"。同时，将成都市第五十中学并入棕北教育集团的策划也提上议事日程并实施。棕北教育集团在成都市南部、武侯区东部形成了一个跨初、高中阶段的教育"三角洲"。

这一次品牌延伸风险更大，如果延伸不当则可能损害原品牌形象，模糊品牌定位、稀释品牌个性，甚至产生心理冲突，为此，棕北中学着力强化品牌识别，维护品牌忠诚度，具体做法是仍然把棕北联中品牌定位为"比棕北更好的初中"，而且采用两校"同一个法人代表，同一支教师队伍，统一管理、统一研究、统一评价"的运作模式，有效规避品牌延伸风险。1999 年 5月，以"大面积、近距离、实质性接触目标人群"为动机，棕北中学策划实施了"走进小学课堂"的招生宣传活动，组织受训教师走进目标学校六年级的每一个教学班，分发宣传学校的画册及手提袋，开展"有奖知识问答"活动。另外，还在《成都晚报》等媒体上刊登整版学校及教师的宣传广告。由于招生策划的成功运作，1999 年，新创办的棕北联中招得新生 360 多名，融资320 多万元。随后，在棕北联中刚建校一个月的 1999 年国庆到来之际，策划了"我和爸爸妈妈一起升国旗"，让 600 多名家长来学校进一步了解棕北联中教育教学情况，做了一次社会形象广告。接着在 2000 年棕北中学又轰轰烈烈地开展了"棕北杯"综合素质大赛，并联合区教育局、区继续教育中心和成都媒体举办了"小学生走进中学校园有奖征文活动"，采用"请进来"的方式，仅用一个半月的时间，圆满完成两校的招生任务。至 2002年 7 月，棕北联中首届毕业生取得了毕业率 100%，重点率50.7% 的优异成绩，位居全市前列，使棕北品牌的知名度，美誉度再次飙升，品牌资产大幅增加，至此，棕北品牌的相关延伸取得了最好的结果，提高了品牌知名度，发展和丰富了品牌意义，而且主力品牌和延伸品牌因相连续而均获益。

棕北中学着力培养品牌延伸力和品牌杠杆力，于 2002 年组建棕北教育集团，开始了品牌间隔延伸之路，建一所高中，开辟高中教育市场。2003 年 4 月，成都市第 50 中并入棕北教育集团。2003 年 7 月，50 中被评为"成都市重点高中"。棕北进军高中教育市场旗开得胜。

（四）主要启示

1. 校长作为新建学校的总设计师，对学校品牌建设具有关键作用，从"李旭辉们"身上，我们看到，教育策划人至少应具备这样几种素质：教育学和经济学知识；能够谋，更要善于断，有胆识；眼界和心胸宽阔；善于开放和交流；道德精神境界高。

2. 品牌定位决定品牌的市场价值位置，它执行品牌识别，积极地传播品牌形象。而品牌个性使教育消费者对品牌产生认同和崇拜，深深地影响与教育消费者的互动关系，学生及家长选择一个学校而不选择另一个学校的原因在于消费者是在选择学校品牌的个性，而不是学校本身。建设品牌不是"打打广告"，传播对品牌建设很重要，但应该是表现品牌价值，传播的重点应放在价值的创造和表现上。在品牌消费成为市场主流的时代中，学校经营的思维要深入到教育消费者的"心场"，并借由传播，让品牌穿越消费者心智，最终建立起品牌与消费者的互动关系。品牌要产生价值，就必须与消费者沟通，沟通依赖于传播，要使传播有效，必须贯彻传播的战略机制：即掌握品牌精髓，传达品牌定位，忠实于品牌个性。

3. 教师队伍建设是根本。几年来，棕北中学坚持办教育管理高级培训班，以教育策划理论武装全校教师，人人理解学校文化，人人都当教育策划人，为今后学校发展壮大奠定思想和人才基础。

4. 教育策划是学校品牌打造的法宝。李旭辉认为，教育策划在棕北中学的定位、发展，学校品牌的定格、扩张中至少占了一半的权重。从学校管理到学校经营，有如从冰到水——以水的灵动，能荡起涟漪，能激起浪花；能迅速流向低地，将缺陷填成迤逦的风景；也能坚韧地冲刷顽石，在重峦叠嶂中，唱着自己的歌，走出自己的路。

5. 不失时机地灵活地进行品牌扩张是实现品牌增殖的重要保障。瞄准市场需求，运用策划理论制定策划案，以灵活的经营动态、立体地控制全过程，形成学校品牌管理系统，学校将在扩张中不断发展壮大。传统学校管理是直线运动，是渐变，而教育策划可以促使学校产生裂变、突变，实现跨越式发展。

案例 2　北京市 21 世纪实验学校——"让普通学生获得理想发展"不舍的追求①

(一)学校品牌经营环境分析

坐落在北京海淀区恩济庄的北京市 21 世纪实验学校，是全国首家由"政府出政策，学校出资金，专家办学校"的新型实验学校，成立于 1993 年。这所以新世纪命名的民办学校把它对素质教育的远见卓识和勇立潮头的雄心魄力豪迈地写在了自己的旗帜上："使普通学生获得理想发展"。这闪烁着素质教育光芒的办学口号，引领着学校的教育实践。它的内涵是：让所有学生都得到发展，都能在原有的基础上得到最大限度的发展，让所有学生的个性都能得到充分发展，让每一个学生都获得成功。

多年来，学校探索并逐渐形成了全新的办学模式，取得了丰硕的办学成果，树立了民办学校教书育人的良好社会形象。作为办学最早、时间最长、业绩最好的民办学校，北京市 21 世纪实验学校在首都教育改革和发展中发挥了示范作用，在探索中国基础教育办学体制改革中起到了实验作用，在实施素质教育中发挥了优质教育的辐射作用，打造了中国民办教育的学校品牌。

(二)学校品牌经营的基本策略

1. 品牌定位："做豪迈的中国人"

北京市 21 世纪实验学校的校训："做豪迈的中国人"，响亮

---

① 北京市 21 世纪实验学校十年不舍的追求——让普通学生获得理想发展[N]. 中国教育报，2003-06-12

而具有感召力。它体现了新世纪教育对学生人生发展的终极关怀和对学生主体地位的充分尊重与认同。这是张杰庭董事长提出来的，作为一个爱国的青年教育家，他从祖国的兴衰荣辱，从自己的成长经历，悟出来这样一个人生的"座右铭"。这里倾注了他对祖国的一腔热血，对莘莘学子的诚挚期望。张杰庭董事长说：真正的素质教育要从培养学生做人开始，培养他们成为有社会责任心、有创造力、有合作精神、能很好地为现代化的社会主义祖国服务、能使强盛的中国屹立于世界强国之林的有作为的人，这就是"豪迈"的定义。"做豪迈的中国人"，体现了中华民族的自尊心、自信心；体现了学校师生人生追求的纯洁性、高尚性；体现了学校办学思想的方向性、鲜明性；体现了基础教育的人本性、素质性。它实质上是北京市21世纪实验学校办学的总目标。

学校坚持"让普通学生获得理想发展"的教育理念，这是学生的培养目标。这一目标进一步分解成五项指标，即：基础性要求学生双基扎实，能力较强，学风纯正，成绩优良。全面性要求学生素质优良，全面发展，志趣广泛，适应性强。特色性要求学生学有专长，个性明显，生动活泼，主动积极。先进性要求优秀学生数量多，水平高；竞赛项目获奖多，级别高。持续性则要求学生终身学习，基础实，起点高；持续发展，进步快，后劲足。

这五个方面对"使普通学生获得理想发展"的教育理念作了诠释，体现了学校对学生从入学到毕业培养成果的定位。民办学校招生时没有选择的优势，面对的都是普普通通的学生。而未来社会对人才的需求和家长望子成龙的心态，使学校不能以任何托词降低对自己的要求。学校把"理想发展"定位在素质教育的目标上，它的内涵是最大限度地开发学生的潜能，让每个学生都能适应未来社会环境而生存，都能为促进未来社会发展而工作。学校期冀的是：把个体生命发展的主动权还给孩子，让每个孩子都能够获得成功。

建校之初，学校就提出了"一切为了学生，为了一切学生，为了学生的一切"的办学宗旨，这一提法至今在许多民办学校里流传。它主要解决的就是为谁服务，怎样服务，以怎样的态度去培养人的问题。"一切为了学生"是落实素质教育的人本主义思想；"为了一切学生"是落实素质教育面向全体学生的根本要义；"为了学生的一切"就是培养学生全面、和谐地发展。学校把"三个一切"提高到是党的为人民服务宗旨在学校工作中的具体体现；是衡量学校全面贯彻教育方针的一把尺子；是衡量学校实施素质教育的准绳；是检验师德和人格的试金石；是民办学校生存发展的法宝的高度来认识。"三个一切"成为北京市21世纪实验学校干部教师的思想境界、行为准则，确保了教育理念在具体工作中的真正落实。

观念是发展的先导。丁校长为此提出了着眼于未来发展的"服务观念、人本观念、职业观念和市场观念"。学校教育服务是教育产业的产品，服务的态度、质量和效率是社会、家庭和学校衡量教育产品质量、评价学校工作的直接内容。人本观念主要体现在依靠教师办好学校和把学生作为主体服务好这两个层面上。职业观念要求校长和教师不仅要办好学校，提高效率，而且要"经营"学校，提高效益，把教育作为追求的事业。市场观念要求在教育市场的竞争中确立社会效益与经济效益的统一，发展规模与办学质量的统一，超常规发展与可持续发展的统一，既不失时机，又积极慎重。

北京市21世纪实验学校的传统为：求真、明德、务实的校风；勤学、深思、创新的学风；敬业、博学、身正的教风。在校风方面强调求真、明德、务实。这是学校的规范，工作的风格，言行的准则。它体现了做真人，学真知，求真理（求真）；品德优良，师德高尚（明德）；教学扎实，管理踏实，发展稳实（务实）的内容。

对学生学风的要求是：勤学、深思、创新。它表明的是学习态度，求学的精神，善学的能力。它体现了学习勤快，求知勤奋，探索勤苦（勤学）；读书思问，实践思理，总结思用（深思）；情感爱新，思维求新，智力能新（创新）的精神。

对教师的教风则强调：敬业、博学、身正。这是从教的情感，施教的素养，执教的品格。它体现了热爱教育，忠于教育，献身教育（敬业）；知识渊博，基础厚实，教学精深（博学）；办学不谋私，执教不虚浮，立身不妄语（身正）。

以校风、学风、教风为主要内容的优良传统是学校的主流精神，基本氛围，是进行学校人文教育的隐性课程。北京市 21 世纪实验学校以校训为灵魂，以理念为内核，以宗旨为基点，以观念为主体，以传统为"外壳"，树起了特有的办学思想的旗帜。

2. 铸就特色，提升教育品质

素质教育既体现一种教育思想，又表现为一种实践模式，任何教育行为都是在教育思想指导下发生的。新的教育思想，必然在教育教学改革的实践中产生；新的教育观念，应当在教育教学实验的探索中，逐步升华与完善。北京市 21 世纪实验学校正是把素质教育的观念贯穿于丰富的实践过程中，精心打造出五大特色：

（1）以"做豪迈的中国人"为核心的做人教育特色

学校以"做豪迈的中国人"的校训作为"做人教育"的依据和主线。以"学会关爱、学会助人、学会合作"为重点，以开好"做人课"为主阵地，以基础文明行为训练为突破口，丰富了做人教育的生动内容，形成了做人教育的基本模式，提高了德育工作的针对性和实效性。围绕校训设计的"国旗下宣誓"的誓词、国旗下的专题讲话和德育目标体系的建立，使做人教育具体化、规范化。自编《做人课》教材，开设做人课是学校德育工作的独创之举。"做人课"教材的推出和推广使"做人教育"实现了课程化，这是一门将新世纪人才培养目标与传统美德结合起来的全新的德育课程，它将"修身、齐家、治国、平天下"的传统教育思想与现代社会对人才素质的要求相结合，划分为《我与祖国》、《我与学校》、《我与家庭》、《我与社会》、《我与大自然》、《个人修养》六个范畴。这种列入课表、搬上课堂、反复循环的专题教育，教会了学生如何堂堂正正地做人，使学生在人格、道德、思想、政治、心理素质等方面得到了全面提高。

学校充分利用北京作为全国政治文化中心、名人荟萃、教育资源丰富的优势，多年如一日地开展了富有特色的"百位名人进校园"活动。每一位名人的成功之路都是一本青少年成长学习的教科书，净化了学生的心灵，点燃了学生的激情，完善了学生的人格，他们从"名人"身上看到了"豪迈的中国人"的榜样，进而内化为自己终生奋斗的理想和目标。"学名人、做名人"在校内蔚然成风。

(2)"主科渗透式，副科浸透式"的双语教育特色

学校在实行双语教学方面有着得天独厚的优势，学校有着很好的外教资源，美国英语学会的中国总部设在校内，每年向学校派遣十余名具有国际教师资格认证的美籍教师，作为学校骨干教师，参与全校英语教学、双语特色教学及各类英语课外活动。近年来，学校组织的出国留学项目，成为强化英语交流能力的实地练兵。在出国前的培训中，学校结合学科教学增开交际英语，培养学生具有不同层次的双语认读、双语会话、双语写作、双语思维、双语交往的能力，以适应学生在异国的学习与生活。学校还精心设计了学生在异国的各类活动及生存训练，锻炼勇敢坚强的意志，培养集体主义精神和与异国朋友和谐相处的能力。学校开创了与美国、加拿大、英国、澳大利亚、新加坡和香港等地区的交流项目，组织了八期留学团和夏令营，参加学生 500 多人次，教师 53 名。这些活动的开展，提高了北京市 21 世纪实验学校在国内外的知名度。学校在充分调研的基

础上，构建了切实可行的双语教学目标，把双语教育界定为在学好母语的基础上，强化外语教育，改变"哑巴英语"，适应21世纪的人才需求，适应北京作为国际化大都市的需要。学校建立了校本特色的双语教材体系，在全校范围营造"辅科浸透，主科渗透，环境烘托"的双语教学氛围，逐步实现"英语介入——准双语教学——双语教学"的转化。目前，小学部英语实行分层教学，其他各科由副科到主科（语文除外）逐步推开浸透式的英语介入；初、高中部以副科为主，主科（语文除外）为辅，逐步推开渗透式的英语介入。小学、初中、高中部均开设了国际班（英语实验班）。学校设有英语角，每月一次的英语活动日营造了全员讲英语的浓厚氛围。

（3）开设选修课，实行学分制的多元文化教育特色

多元文化教育课程是为实现"使普通学生获得理想发展"办学理念而构建的校本课程，是主动适应学生发展的课程体系。它着眼于充分挖掘、拓展学生的潜能，为学生提供一种能够按照自己的兴趣、特长、爱好去充分发展的广阔文化背景，开阔他们的视野，给他们打开了解全球风云，通晓世界文化，感受现代科技的窗口。学校采用补种、嫁接、渗透、整合等方式，寻找多元文化课与现行课程的契合点，构建了包括学科类、拓展类、赏析类、兴趣类四大板块的课程模式，先后开设了20门选修课程供学生自主选择，如"演讲与交流"、"欧洲著名油画赏析"、"交往国知识介绍"、"大苹果纽约"、"漫话北京城"、"大田植物栽培"、"篮球运动的技术与战术"、"网球运动的魅力"、"歌唱的艺术"，还有"藏书票的制作"、"网页设计技术"、"书法欣赏"、"形体与美"、"欧陆风情十字绣"、"物理科学实践活动"、"双语围棋社"等科目，从"大活动日"向"自选＋学分制"方式的转变，把更多的学习选择权交给了学生。目前，学校已经建立了承担多元文化课程的专兼职教师队伍，出版了《多元文化教育选修课课程设计方案选》，形成相对稳定的多元文化课教

材，固化和发展了多元文化教育的成果。

(4)以科普讲座、科技制作、兴趣小组为主要形式的科技教育特色

加强科技教育是培养学生创新精神和实践能力的重要内容，学校坚持以科技教育为龙头，把科学创新意识与思维能力的培养结合起来，把科技小发明、小制作与提高学生实践能力结合起来，把学习科学发明史、学习科学家创新品质与做豪迈的中国人结合起来，从理想、意志、方法、能力四个方面构建学校科技教育的特色，并经常组织科普讲座、科技节等活动，增大了科技教育的含量。

学校把"理想发展"诠释为全面发展加学有特长，通过各种活动对孩子的潜能进行最大限度的开发和培养。组织科技、艺术、体育、各类学科社团和各类艺体训练队，对学生进行富有针对性并持之以恒的训练，造就出一批批特长生。据不完全统计，近五年来，在各级艺术、体育、科技、学科竞赛中，学生获奖达 1500 人次。初中生张诗梦发明的"用于收集和排放污染气体的装置"，申报了国家专利，获得了第十二届全国发明展览会铜奖和香港国际新产品新技术博览会金奖，并被选送参加在香港举行的世界发明博览会。学校曾在北京"金帆音乐厅"举办了"扬帆新世纪"的专场音乐会演出。在中国最高的美术殿堂——中国美术馆举办了《走进新世纪少年儿童书画展》，212名学生用他们手中的画笔将大胆的构思、斑斓的色彩、迷人的画卷展示在人们面前。

学校至今已连续举办了三届"'嘉年华'学生文化节"。每届活动都有一个独特的主题。如"展示生命艺术，创造艺术生命"、"感受多元文化，展现全新自我"、"展示个性才华，感受学生文化"等。"嘉年华"已经成为校园的活动学校品牌，它是学校实施素质教育阶段性成果的检阅；在学生心目中，它是学生时代一个终生难忘的校园节日。"嘉年华"活动中，与《心灵呼唤》残疾

人艺术团的同台演出,《多元文化一条街》档次可观的文化收藏品展览,《校园百景图》中充满新鲜时代感的创意,无不显示着素质教育的无限生机和美好前景,构成了北京市21世纪实验学校一道独特的风景线。

(5)以丰富人文精神为标志的校园文化教育特色

学校坚持以文化概念做教育,以催人奋进、积极向上的校园文化建设促进师生观念、行为、习惯、风格等综合素质的提高,提升教育品质,实现办学理念。学校组织教师努力学习科学理论,要求教师把以学生为本的主体性教育、选择性教育、多元文化教育等新理念融入日常教育教学,形成教育创新的新态势。学校领导班子以不求舆论统一,但求舆论健康的民主意识,营造互相尊重、互相帮助、团结协作、奋发向上的舆论环境、人际环境、工作环境。学校重视校园环境的建设,北京市21世纪实验学校的校园里,古树参天,百鸟争鸣,芳草萋萋,鲜花满目,是北京市人民政府、首都绿化委员会联合授予的首都绿化美化花园式单位。为强化环境的育人作用,学校发动师生为校内楼、堂、馆、舍冠名,教学楼冠名为:书缘堂、钟书堂、弘毅堂;宿舍的冠名有:萌园、明园、慧园;食堂的冠名是:麦香苑、稻香苑、稷香苑。楼群冠名提升了校园环境的人文价值。学校逐年完善制度文化模式,编制了《教职工手册》、《学生管理手册》,把规章制度的有形约束转化为师生的无形自律,促进了学校工作高效有序的运转。作为一项教育工程,校园文化建设在北京市21世纪实验学校校园中产生的育人作用、激励作用、规范作用正日益深刻地显露出来。

3. 体制创新,形成灵活的经营机制和策略

形成办学特色既要有特有思想为指导,也需有特殊的条件作保证,体制的创新是实施素质教育的关键。民办教育是市场经济发展和改革开放的产物,从它诞生那天起,就注定其教育体制有别于传统的公办学校。民办学校的办学形式本身就是一

种创新，成功运转的核心在于体制与机制。

（1）体制创新的基础——教育房地产理论

学校董事长张杰庭以独特的视角，提出了"教育房地产理论"。他认为我国是穷国办大教育，仅靠投资积累办学是杯水车薪，不能根本解决教育经费问题，必须改变单纯的"输血模式"，推出一种全新的教育产业化理念，由学校出资，对原有条件简陋的学校进行扩建改造，提高空间使用率，根据房地产运作模式，充分考虑到投资教育的公益属性。保证并提高学校的原有教育用地。其余部分建高层公寓楼，部分解决教师住房，部分出售，临街部分出租，保证学校有教育以外的长期稳定的收入。这种"教育房地产理论"把教育从单纯输血机制变为兼有造血的功能。北京市21世纪实验学校就是"教育房地产理论"的第一块实验田。

（2）经营体制创新——政府出政策，学校出资金，专家办学校

北京市21世纪实验学校实施的是"政府出政策，学校出资金，专家办学校"的政企结合新体制，是"投资教育，回报社会；办好教育，发展学校"的产教结合新体制。这种体制把社会的需求、政府的责任、学校的利益整合起来，把教育家的教育情感和经济学家的产业思想整合起来，形成了充满活力的全新体制。学校年年发展，不断提高。2003年又投资数千万在北京世界公园附近开辟南校区高中部，以满足社会对优质高中教育的需求。

（3）多元化产品策略——完整的锡华教育体系

北京市21世纪实验学校属北京锡华未来教育实业股份有限公司的主体，与其相适应，在锡华教育内部已形成了包括学前教育、义务教育、高中教育、职业教育、成人教育、高等教育、出国留学、国际合作的完整的教育体系，显示了锡华教育的集团化、多元化和国际化特色。目前除北京市21世纪实验学校有小学、初中、高中三个学部外，锡华教育还有恩济一园、二园、

玉海园以及北京最大、现代化水平最高的亦庄园等四个幼儿园。锡华高中后教育由三个学院组成：一是北京工业大学实验学院，该学院由锡华学校与北京工业大学合作举办，系进入国家"211工程"的重点大学。经教育主管部门批准，学院除招收北京学生外，还定向在全国各省市招生，定向的学生录取分数线可比学生所在省(市)一般本科录取线低20分。二是北京城市职业学院。面向全国招生，学生毕业后除直接就业外，可到英国、加拿大等国家再修本科和研究生学业，部分学业优秀学生还可升本深造。三是北京管理研修学院。该学院为中外合作教育机构，现开设了MBA硕士班和留学预科班。预科班的学生经考试合格者，可享受诸多优惠条件入白金汉大学、纽卡斯尔大学、利兹大学约克圣约翰学院、约克大学约克学院等欧美名牌大学修学本科、研究生学业。

(三)品牌经营效益

北京市21世纪实验学校从无到有，从小到大，特色鲜明，成果显著。学校教职员工锐意开拓，勇于探索，辛勤耕耘，无私奉献；莘莘学子积极进取，蓬勃向上，刻苦攻读，发愤求知，形成了良好的教风、学风和校风。学校实现跨越发展，办学规模不断扩大，在校生已达1800余人。学校在高考、中考中成绩优良。历届初三毕业生参加北京市中考，半数以上的学生达到市、区重点校分数线，中考总分平均分、学科平均分、优秀率、及格率等均名列海淀区重点校行列。历届高中毕业生人人上线、全部录取，本科比例稳定在80%左右，考入清华、北大的学生每年不断。虽然地处教育发达、名校林立的海淀城区，学校仍成为广大家长和学生热选的学校之一，报名与录取的比例曾达到27：1。家长们说，所以选择这所学校正是看中了学校的素质教育，看中了学校的创新魄力。学校重视教育科研，近年来，承担了《对创新教育与学生发展的探索》、《中学教师教学工作效益评价》等一批国家级和市级研究课题；是中国少年儿童研究会、中国少年儿童研究中心确定的全国青少年素质教育研究实践基地；是北京市哲学社会科学"十五"特别委托规划项目《现代学校文化建设与素质教育》实验学校；是国家级教育科学"十五"规划重点课题《创新教育与学生发展》的实验学校；被北京市教委表彰为《电化教育优类校》，被海淀区教委确定为《校园环境示范校》，学校在为要建成北京市《健康促进校》，并创建《示范校》而努力。

2003 年，学校进入办学的第十个年头，基本实现了"一年筹建学校，三年夯实基础，五年打造特色，第十年再上台阶"的预期目标。与时俱进，持续发展的任务历史地摆在了前面，为确保今后五年继续实施素质教育，提升办学水平，学校制订并开始实施《新五年（2003－2007）发展规划》。新的机遇，新的挑战，激励着全体师生在新的起点上再攀新高。

（四）主要启示

1. 学校精神是学校品牌的灵魂。北京市 21 世纪实验学校以校训为灵魂，以理念为内核，以宗旨为基点，以观念为主体，以传统为"外壳"，树起了特有的办学思想的旗帜。"做豪迈的中国人"的核心理念，将学校定位在较高的层次上，既符合"21 世纪实验学校"的内涵，也符合时代发展的要求，无论家长还是学生都能产生丰富的联想，激发他们选择学校的激情。

2. 学校的核心理念要通过学校的理念系统、行为系统、视觉系统来体现。集中体现为学校的办学目标、校风、学风、教风。如何一以贯之地体现学校品牌的核心价值观，需要校长的独特的思维和敏锐的市场意识。

3. 学校核心价值主要是通过学校的特色产品生产来实现的。由于学校教育服务产品的整体性，在打造学校品牌特色时，应在生产核心教育服务（特色优质的课程教学与多元化的课程体系）的同时，抓好相关服务的生产（思想教育服务、环境服务、后勤服务、心理服务等）。

4. 学校品牌建设需要合理的经营机制和灵活的经营策略来保障。学校品牌经营的机制要考虑到政府、学校、社区、教育消费者几个因素，学校品牌经营的策略是多样化的，其中多元品牌是规模较大的学校的重要策略。

第八章 学校品牌经营与教育改革

学校品牌的发展绝不只是学校内部的事情，学校品牌的发展是否顺利进行，与教育观念、教育制度、学校发展决策、社会政治经济文化发展水平等具有密切关系；反过来，学校品牌战略和学校品牌经营会促进教育观念的更新，促进政府、市场和学校三者关系的调整，促进现代学校制度的创新。因此，有必要对学校品牌问题放在教育改革的大背景中，进行拓展性思考，研究学校品牌经营对教育改革可能带来的影响，以及学校品牌经营的约束条件。

一、品牌经营与教育观念转变

学校品牌经营需要从根本上变革一些传统教育观念，并创新教育观念。

(一)学校是一种服务性组织

首先，学校生产和提供的是服务产品。有人认为教育产品就是指"每一位学生的认知、能力、素质和个性的培养，促进个人的发展不断地得到提高"。即"学校的毕业生和科研成果"。[①]但教育服务与教育服务消费的结果是不同的。教育服务的直接结果提高了受教育者"人力资本存量"或增加了其"知识资本"，间接的结果是提高了教育生产者(教师和管理人员)的生产能力，包括其教育教学能力、管理能力、学术能力，学校毕业生和科

---

① 吕卓超．论教育服务产品的概念与特性[J]．教育探索，2000(08)

336

研成果只是教育服务结果的实体化形式。"在教育经济理论研究中，过去只是把教育产品解释为培养劳动力和专门人才，应该肯定这些观点没有错，但这只是强调了教育劳动的成果，没有说清楚教育活动本身。因此，理论阐述得不彻底、不科学，没有说到根本上。因为劳动力和专门人才的交易市场是在教育外部，在社会劳动力市场和人才市场上，没有在真正的教育市场内交易。而教育内部交易市场则是学校提供的，是教育服务商品，学校和教育者为教育市场提供的是教育服务消费品，而受教育者购买的是教育服务商品，这样才能在教育市场内进行真正交易活动，也才是教育市场交易的实质内容。"①因此，学校的产品不是学生，而是使学生发展的教育服务活动。

其次，学校是教育服务产业中的一个主要环节。从教育服务的自身发展来看，存在教育服务生产者、提供者和消费者，存在教育服务市场。第一，教育服务作为一种公共产品，具有集体提供和集体消费的特点；第二，学校是"教育服务"生产机构。把学校教育过程作为一个生产过程，学校的人力资源、教学设备、教学经费作为投入元素，教育过程中培养的学生作为中间投入元素，把毕业学生、教师及各类社会收益作为产出元素，就形成了学校教育过程的经济学描述框架。根据新古典经济学分析，学校投入要素有土地、资本、劳动、企业家才能，在学校这个黑匣子里面生产教育服务，由学生消费，不同的是，消费者和生产者同时在场，共同协作。第三，学校和学生的关系从"教育者和被教育者"、"管理者和被管理者"变为教育服务产品的提供者和消费者、服务者和被服务者；第四，学校被放置在市场环境中，学校和学校之间的关系从合作转变为竞争，政府与学校的关系是一种委托代理关系。学校与学校从传统行为模式转向新的行为模式，传统行为模式是向公共资源的分配

---

① 靳希斌．论教育服务及其价值[J]．教育研究，2003(01)

者——教育行政当局游说；新的行为模式是向消费者展示自己的特色、效率和回应性，和同类同级院校展开竞争。学校与政府的关系是产品销售者和集体购买者的关系，也是一种松散的委托——代理关系。

再次，从学校教育服务与其他产业的关系来看，学校教育服务需要其他产业的支持，学校教育服务与其他产业存在结构、要素的广泛关联。由于教育服务是一个很大的市场，随着中国市场经济进程的展开，与教育服务相关的其他产业迅速发展起来。由教育所带动的服务产业引起了经济界的积极关注。但提供的教育服务的产业是否是产业，往往是教育界讨论的重点，也是教育政策争论的焦点。然而，不管争论结果如何，教育产业作为不太成熟的产业，需要借鉴产业发展的一般做法，向其他产业学习经营管理的经验。学校品牌经营就是学校对企业品牌经营的借鉴。

当然，作为产业的教育服务还涉及政府、其他非产业组织与教育产业发展的关系。从政府角度来看，不仅从经济的角度认识到服务行业对国民经济的贡献率，还要从教育产业与其他产业的关系以及与整个社会发展与进步的关系，来促进教育产业的发展。从教育与其他非产业组织的关系来看，教育产业的健康发展需要中介组织的评价、监督。随着 ISO9000 标准化质量认证体系在教育界得到公认，已逐渐渗透到教育领域，有些学校主张采用 ISO9000 的标准化质量认证体系来构建学校管理体系，以推动教育服务的全面实施。目前，国际品牌标准化工程组织，正是促进学校品牌规范管理的外部组织。

(二)学校品牌经营是一种基于价值的经营

教育服务的性质是什么。如果仍然像传统认识那样，简单理解成"为政治服务"或"为经济服务"，教育服务就丧失了自己的独立性。虽然教育服务与社会有着广泛而深刻的联系，但这

338

种联系是间接的，教育直接服务的对象是教育消费者。美国兰德公司曾花 20 年时间跟踪了 500 家世界大公司，发现其中百年不衰的企业有一个共同的特点，就是他们始终坚持四项基本价值观：一是人的价值高于物的价值，二是共同价值高于个人价值，三是社会价值高于利润价值，四是用户价值高于生产价值。这些价值伴随企业的发展变迁和经营活动的成败考验，日积月累沉淀为企业文化，并转化为企业凝聚力和竞争力的源泉。这些文化融入企业长期发展的战略方针之中，渗透到企业经营和管理的每一个环节，并随着企业文化的不断延续和更新，最终通过产品和服务在市场上形成自己独特的品牌竞争优势。可见，以产品经营为基础的成功企业，非常重视消费者的价值。现代企业的发展已经由产品的竞争转向消费者市场的竞争，以顾客为中心是现代企业经营的基本理念。

长期以来，我国的中小学发展基本上靠政府拨款来维持的，学校异化为政府机构，学校的目标和国家的目标是高度统一的，人们想当然地认为教育消费者的目标与学校目标是完全一致的，学校代替学生进行选择。这种国家化的学校，在人才匮乏的年代里，对人才的选拔产生过重要作用。但随着义务教育的普及，高等教育大众化，学校教育的选拔功能开始退化，让每一个孩子受到最好的教育成为一种时代理想。家长"择校"呼声的增长和择校能力的增强、家长对学校管理的实质性参与程度提高，使学校不得不回应教育消费者的这种合理要求。凡是主动适应这种变化的学校，就会受到家长的欢迎，凡是教育消费者投诉多的学校，其发展就会面临许多危机。因此学校品牌经营的基础是教育消费者价值。

基于消费者价值的学校经营理念体现了学校的文化本质和现代学校管理的人性本质。从知名中小学的发展来看，学校文化是精髓。而学校文化的本质是人文化，构成学校文化的核心内容是校长的故事、教师的故事、学生的故事，这些故事包含智慧的成长。从短期效应来看，学校的升学率似乎是学校存在的前提；但从长远的效应来看，学校的文化才是学校的根本。从现代管理的本质来看，以人为本就是要为消费者提供优质教育服务。

（三）品牌是学校经营的一种重要资产

学校经营不仅包括有效的资产经营，也包括无形资产经营。品牌是学校的一种重要的无形资产。中小学的五种类型无形资产：①学校的权利型无形资产（又称为法定无形资产）有一定的法律保护期，它以知识产权类权利资产为核心。②非权利型无形资产，如 CAI 课件、CMI 软件、非专利技术等，是学校尚未取得知识产权的无形资产。③资源型无形资产，包括信息资源和智力资源：如教育市场需求信息、校办产业市场信息等。④学校形象无形资产。⑤关系型无形资产指学校与国内外机构、组织和个人建立的特殊关系。[①]

在以上五类无形资产中，中小学的知识产权（如著作权、专利权、商标权等）、CAI 课件、CMI 软件、学校的形象、学校关系等都属于品牌的范畴。由于缺乏管理，这类资产最容易流失、被侵权和被非法占有，从而给学校的国有资产造成巨大的经济损失。学校的品牌建设就是要重视这些无形资产，使它们在精心策划、组织和管理下发挥增殖作用。

（四）品牌建设要求建立教育服务质量观

服务质量和制造业有形产品的质量是完全不同的两个概念。佩恩将服务质量分为技术质量和功能质量两部分。他认为："在服务质量中已论证了两个重要的组成部分；技术质量——服务运作过程所产出的结果部分；功能质量——服务提供者和顾客

---

① 邱兴．中小学需要无形资产管理［J］．中小学管理，1999(01)：39—40 页

在服务过程中相互影响的部分。"①教育服务质量也存在技术质量和功能性质量。教育服务的技术质量，就是教育服务过程的产出，即学生从教育服务过程中获得的知识、技能、态度等。功能质量是教师在向消费者提供服务时的行为、态度、情绪、方法、穿着、举止、言语等对学生的影响，是教育服务质量的重要内容。

传统的教育质量观是一种基于精英主义的"独有"、"优秀"观，或者是一种基于组织行为学的"与预定的规格和标准相一致"观、"适合于目的"观，完全忽视了满足消费者现实的和潜在的需要。

打造学校品牌，要树立科学的质量观，并使之贯穿于整个经营管理中。科学的教育质量观，至少应包含以下两个层次：（1）学校教育质量主要是教育服务质量。包括过程指标（学校文化和校风、校本管理制度的建立，教与学过程采取的措施，学生个人成长及发展情况，与校外组织的联系与合作等）和产出指标（学生在不同学习阶段素质提高，如学业成绩、公民意识和道德观念、参与体育和课外活动、社交和沟通技巧、面对压力的应变能力等）。学校要想创立名牌，不仅保证学校教育服务设施一流和学校教育环境优化，而且关键要保证其核心产品——教育服务质量优势。（2）教育质量应以教育消费者满意为最高标准。传统的质量观主要由外部评价，主要评价教师的教学方法和学生的成绩，这当然是至关重要的。但是，随着市场经济的发展，随着家长和学生的教育选择性扩大，学校的质量意识要转变到通过提供优质的教育服务满足学生的兴趣、知识、智力和个性发展需求上来。

---

① A.佩恩.服务营销[M].北京：中信出版社和西蒙与舒斯特国际出版公司，1998.205页

二、品牌战略与教育发展范式转型

（一）学校品牌战略是教育发展的新范式

如何促进教育发展，存在计划模式、市场模式、计划和市场结合模式。教育发展的计划模式是计划经济体制的产物，学校是事业单位，校长受命管理学校，学校任务由上级下达，资金由财政拨给，绩效由领导评价，命运由组织掌握。在这种情况下，事业的崇高，异化了"服务"的本分，削弱了"生存"的压力。教育发展的市场模式，则是在市场条件下，学校成了提供教育服务的市场主体，学校任务由需求确定，资金由家长供给，绩效由社会评价，命运由市场掌握。对基础教育而言，只有营利性的学校才属于这种模式。研究结果表明，市场经济体制改革给教育带来许多负面效应。这是因为市场机制中的学校只追求那些可被测量的教育目标，如学术成绩；忽视教育中极其重要的其他方面，如合作精神。另外，强调竞争拉大了重点学校和薄弱学校之间的差距，并很有可能使学校本来有限的教育资源部分地投入到学校的市场运作之中。市场导向的教育改革并不像其支持者所宣扬那样更为公平，相反，它在许多方面是不公正的，因为它使强者更强，弱者更弱。"好"学校可以选拔那些在学术和社会地位上都处于强势的"好"学生，从而维护或提高自己的"好"学校地位；而"差"学校和"差"学生则不能摆脱相反的恶性循环局面。① 事实上，由于学校的产权不明晰，公立学校的发展模式仍然是计划模式，一校两制是计划模式和市场模式的相加，私立学校的发展模式是市场模式。教育发展的计

---

① ［英］杰夫惠迪，萨莉·鲍尔和大卫·哈尔平．教育中的放权与择校：学校、政府与市场［M］．马忠虎译．北京：教育科学出版社，2003.3 页

划与市场结合的模式，是在市场经济条件下，试图将前面两者模式的优点结合起来的理想模式。

学校品牌战略模式是一种新的教育发展模式，即学校拥有产权，自主经营，政府宏观调控和提供财政支持、市场调节，它成功地解决了学校与政府、市场的关系。品牌战略是教育发展的最佳选择。因为服务品牌能有效地增强学校的竞争力，提升学校竞争优势，更好地满足消费者需求；有利于提高学校的声誉，树立良好的学校形象，增加学校的无形资产；通过品牌服务会给学校带来稳定的顾客群，与顾客建立长期良好的合作关系，为学校积累宝贵的顾客资源，从而使市场份额稳定增长；有利于建立合理的竞争秩序，促进学校正常竞争；有利于提高政府教育投资的效益；有利于扩大优质教育资源，有效地改造薄弱学校。

(二)品牌战略与公立学校经营机制转换

经营机制，一方面要正确处理学校与政府间的关系，扩大学校管理的自主权；另一方面要正确处理学校与市场的关系，学校要面向市场。转换公立学校经营机制的意义是：改变现时公立学校行为机制僵化、依恋卖方市场的现状，使公立学校所有权与经营权分离、政校职责分开，成为在民事活动中依法享有民事权利、承担民事责任的法人。转换公立学校经营机制的目标是：使学校成为依照法律和章程自主经营、讲求效益、自我发展、自我约束(以下简称"三自一讲")的教育与经营实体。其关键在于教育行政部门打碎旧的行政管理模式，迅速转变职能，授予学校充分的经营权。转换公立学校经营机制的核心就是改变公立学校经营形式，使学校真正成为独立的教育实体。学校经营形式是指规范政府与学校的责权利关系、由学校经营国有资产与资源的责任制形式。目前可供选择的学校经营形式主要有委托经营责任制、租赁经营制、股份经营制等。

343

委托经营责任制是指公立学校在政府所有权不变的前提下，按所有权与经营权分离的原则，以委托经营合同形式，确定政府与学校之间的责权利关系，使学校做到自主经营、讲求效益、自谋收支平衡的一种资产经营形式。它的特点是：(1)在不改变学校财产所有权性质的前提下，实行所有权与经营权的适当分离，既维护资产所有者的利益，又使学校获得一定的经营自主权。(2)实行政府、学校和经营者之间的利益兼顾，以及政府与学校之间的责权利相结合，为正确处理各种利益关系，调动各方面的积极性创造条件。(3)委托经营是以合同形式由契约关系形成的，是各相关的行政的经济关系在法律上的表现，具有法律上的强制性，即委托合同一旦经过公证便具有法律效力，双方履行合同均应承担一定的法律责任。

租赁经营制是指在不改变公立学校所有制性质的条件下，实行所有权与经营权的分离，即国有资产所有者将公立学校有期限地交给承租方经营，承租方向出租方交付租金，并依照租赁经营合同规定对学校实行自主经营的一种经营形式。它有利于改造薄弱校和发挥因划转撤并而闲置的学校资产的效益。

股份经营制是以国有资产为股份对学校进行控股或参股的一种学校经营形式。实行国有资产的股份经营，组建股份制学校是现代市场经济体制、社会化大教育和教育产业兴起的客观要求，有利于转换公立学校经营机制，促进政校职责分开，真正实现学校自主经营、讲求效益、自我发展和自我约束；有利于提高学校国有资产的运营效率，实现学校国有资产的保值和增值，有利于学校教育与管理诸要素的合理流动，提高办学管校质量与效益。①

从学校办学内部机制的层面来看，公办学校是"管理模式"，校长的品牌经营意识不强。品牌战略要求学校在品牌旗帜下改

---

① 黄兆龙. 公立学校要转换经营机制[J]. 中小学管理，2002(01)

革内部管理体制，如校长负责制、教师聘任制、岗位责任制、结构工资制以及工作评价制，关键是建立自我定位、自我发展、自我约束的自主经营的机制。建立学校自主经营机制主要应抓好以下几个环节：第一，建立学校的核心价值；第二，通过市场调查进行准确的市场定位；第三，全力打造学校的产品特色；第四，设计学校品牌形象，并运用各种传播手段塑造学校形象；第五，建立学校品牌发展的生态关系；第六，科学进行品牌管理和品牌创新。

(三)品牌战略与教育服务制度建构

品牌战略是以优质教育质量追求为最终目的的，要保障这一目标的实现，唯有教育创新，而教育创新的根本是建构教育服务制度。之所以要进行制度的创新，是因为现代教育的整体功能向服务职能转换，教育的社会环境与制度资源发生了根本变化，传统的教育制度的无法实现教育的服务功能，服务的道德化诉求不利于制度建设。制度可以规范人们的行为，新的制度可以用新的方法，规范政府和企业以及其他各种社会组织的教育行为，规范教育管理者、教师的行为，提高制度的效率，实现教育服务的公平和效率价值。制度创新可以开放出新的制度空间，吸引公共资源以外的其他资源进入教育领域，促使教育服务的特色多样化，避免整体风险，避免国家化倾向过于强烈导致的"简单化倾向"(斯科特，2002)。教育服务需求多样化是现代社会教育的基本特征；现代教育服务产业已成为一个庞大的体系，由政府(或学校)包办一切，不仅不符合现代经济的专业分工原则，也缺乏竞争的激励机制，甚至导致腐败、寻租行为。

制度建构就是补充现有的制度、创新制度、通过信息流动和贸易开放增加对市场发展的制度支持，打破制度壁垒，提升我国的教育服务竞争力。教育服务的制度建构不是论述在一个

345

理想的世界中我们应该做什么，而是说明在现实世界中我们能做什么。教育服务制度创新包括一系列制度：公共教育支出制度、公共教育财政转移支付制度、学校产权制度、教育督导制度、学校教育服务合同制、学校教育服务契约制、教育服务承诺制度、教育服务市场制度等。其中明晰学校产权，建立现代学校制度是基础。目前，我国提倡采用多种办学方式为大众提供教育服务，出现了如民办学校、股份制学校、私立学校等多种性质的学校。但不管是哪种类型的学校，均普遍存在学校产权界定不清的问题。只要学校产权不明晰，就无法实现学校自主经营，也无法充分调动社会各界的办学积极性。学校产权的明晰，包括产权制度和产权结构的双重明晰，它是学校经营的最基本保证和强大动力。现代学校制度是在市场经济条件下为适应市场竞争的需要而建立的新型学校制度，[①] 它以学校法人制度为主体，以有限责任制度为核心，以教育管理专家经营为表征，以学校组织制度和管理制度以及新型的政校关系为主要内容，是有效实现学校品牌经营的制度基础。

(四)品牌战略与教育生态发展

长期以来，名牌学校的发展受到政策、地域等的限制，名校资源没有得到合理开发和利用，造成了教育资源的巨大浪费。

1. 品牌战略促进教育资源优化配置

经济学讲究资源的合理配置。学校只有合理配置各种教育资源，使其充分发挥作用，才能使学校走向良性发展的道路。品牌是学校的重要资源。学校品牌扩张、品牌延伸能有效促进教育资源的合理利用。学校品牌可使学校将学校品牌优势转变为正常的盈利手段和竞争优势，取得超过同行业平均收益水平

---

① 徐正福，吴华. 现代学校制度探索——源于椒江实践的理性思考[M]. 北京：中央文献出版社，2003

的级差收益。同时，学校品牌有巨大的催化作用，可提高有形资产的使用效率。学校品牌有利于促进学校进行资本联合。学校可以利用品牌效益、管理优势、技术专利、销售网络、知名度等学校品牌，在联合、参股、控股、兼并、收购的各种产权交易活动中，节省经营成本，充分发挥优势，扩大资本规模，实现学校资本的低成本扩张。品牌扩张能使学校品牌概念不断增加新的内涵，让人们感受到这所品牌学校的生机与活力，学校的不断发展、不断创新，能紧紧抓住人们的注意力，牢牢占领教育市场。学校品牌扩张更为学校的目标市场扩大了领域，使学校品牌内容更丰富，对家长、学生提供的服务更多、吸引力更大，增强了学校品牌的竞争力。南洋教育集团是国内民办教育的"先行者"，为了迅速扩大在国内市场的份额，该集团积极进行品牌扩张，一方面与部分教育较发达地区的政府合作，输出教育品牌、市场运作技术和资金，修建新学校，创办南洋连锁学校；另一方面，选择美国、英国等国外知名学校，在国内进行联合办学，开办各类留学班，积极开辟新市场领域。此举使南洋教育集团的品牌产品更丰富，品牌内涵更丰满，也使市场占有率更高。同时，公立学校资本重组、产权制度创新过程中，都会面临国有资产的清产核资、评估作价、有偿转让、直接入股等，重视学校品牌经营和管理有助于防止国有资产在调整和重组中流失。

2. 品牌战略促进了教育结构调整

政府实施学校品牌战略，优化了基础教育结构。首先，品牌战略促进了优质资源的扩张，使品牌学校在学校总体结构中比例增加；其次，品牌战略刺激了地方政府的办学积极性，特别是对薄弱学校的品牌化改造，普遍提升了学校的教育质量，促进了区域教育结构优化；最后，通过发挥品牌学校的示范带动作用，促进了整个基础教育层次结构的优化。

3. 品牌战略促进了教育竞争，增强了教育活力

重视学校品牌的建设与运营，有利于发挥学校的优势，提高学校的知名度，并能不断扩大学校产品的市场渗透范围和提高市场占有率，增强学校的竞争能力。重视学校品牌资源的利用，学校就会加大对学校品牌建设的投入，重视信誉、学校形象、知名度以及品牌的培育和开发，注重建立各种长期信任关系，注重学校信誉、知名度、商标、形象等方面的投入，这样就有利于加速市场秩序和法律规范的建立，减少市场发展过程中的各种混乱和消极作用，纠正微观主体的短期行为，重视从整体上提高学校的素质，可从使学校的发展具有强大的后劲，加快我国教育产业的健康发展。总之，如果学校品牌扩张运用得当，可以使学校的市场占有率、市场竞争力、市场亲和力等多方面得以提升，会大幅度提高学校的办学实力、扩大学校效益。

(1)有利于树立教育服务生产观，促进教育服务产业的发展

我们探讨现代教育的功能和价值时，往往是从教育与社会的政治、经济、文化等方面的联系的角度认识的，而且从可计量角度来认识教育贡献，以至于将人才的素质不恰当地归结于教育。当强调教育的政治功能时，认为它是生产关系；当强调教育的经济功能时，又认为它是生产力。这种学科视角使教育经济学的研究往往成为别的学科的领地，教育经济学的学科独立性受到严峻的挑战。

教育服务产品是一种既不同于物质生产领域，也不同于其他服务领域的产品，它具有更复杂的特性；它的生产、交换、消费属于人力资源生产领域；教育服务产业部门的产出，不仅提高个人的收益率和就业机会，也为社会的物质生产部门和精神生产部门提供潜在的人力资源服务产品。教育服务劳动是一种独立于物质生产劳动和一般精神生产劳动的人类劳动形式，这种劳动是物质生产劳动和精神生产劳动的人力资源基础。

服务业是市场经济的基础产业，服务业是否发达是判别一个国家现代化发展水平的一个重要标志，例如美国服务业产值占 GDP 比重达 75％，提供的就业岗位占 80％。发达国家在金融、航运、教育、卫生保健、科学技术、贸易、旅游等方面都有很强的实力，发达国家与发展中国家的经济差距与服务业的发展水平有很大关系。① 教育服务产业是基础性、战略性产业，教育服务产业的发展不仅有利于调整经济结构，而且促进其他产业的可持续发展，促进社会的整体协调发展。

(2)促进现代学校制度的建立和教育体制改革

什么是现代学校制度？这是社会转型时期教育经济学必须给予回答的一个问题。现代学校制度本质上是一种教育服务制度。

首先，教育服务是对学校在市场经济中的角色的准确定位。在市场经济社会中，学校组织及其教育服务生产要素与生产有着千丝万缕的联系，教育服务的产品必须经过适应市场需求并经过市场的检验，学校唯有以市场需要为导向，树立服务角色意识方可求得生存和发展。这就要求学校必须树立市场意识、成本意识、效率意识、竞争意识，改变计划经济体制下消极适应学生和家长的办学观念和行为，积极主动地对学生及其家长的消费心理和消费需求进行研究，建立自己的教育服务品牌，形成教育服务优势和特色，并主动营销教育服务产品。同时，教育服务意识的建立，要求学校管理者和教师要以教育消费者为中心，根据他们消费心理需求及时制定教育方案和调整教育行为，用优质服务质量赢得学校在市场上的更多选择优势。否则，学校在教育市场上就会遭受失败和被淘汰的命运。

其次，教育服务是学校在市场经济中的现代教育功能定位。

---

① 国家教育发展研究中心专题组．关于 WTO 教育服务贸易的背景资料［N］．中国教育报，2002－5－11①

现代市场经济是以知识经济为核心的经济形态，现代学校教育从本质上说是知识的生产、传递、消费的学习型组织。与传统相比，学校教育服务的内容和方式需要改革，即由重复的、简单的内容和方式，转换为创新知识、教学技术服务和安全的、智慧性的、多样化的服务方式。

最后，教育服务制度要求建立政府与学校的新型关系。政府的传统角色是教育服务的提供者和生产者，学校没有真正的自主权，学校教育服务的效率不高，对学生和家长消费服务的要求的回应性差。教育服务制度要求政府更多成为教育服务的提供者，减少对学校的管制，在教育服务生产中合理引进市场机制。最早提出教育市场化观点的弗里德曼（Milton Friedman）教授在《政府在教育中的作用》一文中指出："我相信，若要对我国教育体制动大手术，唯一的办法就是通过私有化之路，实现将整个教育服务中的相当大的部分交由私人企业个人经营。否则，……也没有什么办法能给公立学校带来竞争，而只有竞争才能迫使公立学校按照顾客的意愿改革自身。"①

总之，教育服务是现代学校制度的核心观念，教育服务的提供、生产、消费反映了现代学校的运行机制，加强对这种机制的研究，有利于建立现代学校制度和促进教育体制的创新。

（3）促进教育市场的健康发育和国际教育服务贸易

教育服务作为一种可以交换的产品，必然存在教育服务市场和教育服务竞争。教育服务市场不等于人才市场、技术市场，虽然教育服务市场与人才市场和技术市场密切相关。教育服务市场主要包括教育服务的生产要素市场，如资金市场、土地市场、师资市场、教育技术市场、生源市场，还包括教育服务产权市场、教育服务信用市场和教育服务产品市场等。教育服务

---

① ［美］罗伯特·G.欧文斯．教育组织行为学[M]．窦卫霖等译．上海：华东师范大学出版社，2001.488页

的竞争主要是在以上几个市场中进行的，市场经济的一般规律要求教育服务的生产要素进入市场，并讲求供求规律、价值规律。但从本质上说，教育服务的竞争就是教育服务质量和水平的竞争、教育服务特色和服务品牌的竞争。将教育服务的竞争引导到提高教育服务的质量和效益竞争上来，是教育本质的回归。

教育服务贸易是指教育服务交换活动，包括国内服务贸易和国际服务贸易。在《服务贸易总协定》中，服务贸易概念专指国际服务贸易，即国家间的服务输入与输出，不包括国内服务贸易。国内的教育服务连锁经营、学校的外地办学、吸引外地学生、网络教育等都属于国内教育服务贸易范畴。"对教育贸易来说，尽管在教育服务的生产过程中仍然遵循着相应的教育规律，单在经营上则是将教育服务看作一种商品，将教育当作完全的产业来运作。"[①]我国已有学者提出吸引外地生源可以拉动地区经济的增长的观点。

目前，教育服务贸易已经成为服务贸易中的重要项目，在国际市场上逐渐成为有利可图的产业。世界各国都高度重视教育服务贸易发展，在澳大利亚、新西兰和美国，教育服务贸易分别是他们本国第三、第四和第五大出口业，他们的教育出口值占本国服务贸易总值的百分比分别达到 11.6%、4.9% 和 3.8%。[②] 我国于 2001 年 12 月 11 日加入世贸组织，并在《服务贸易总协定》(GATS)上签字，并对教育服务做了承诺。近几年来，教育服务贸易额有所增长。然而，我国教育服务贸易总体

---

① 袁振国等．发展我国教育产业政策研究[M]．上海：华东师范大学出版社，2002.8 页

② 林志华，孟鸿伟．当今世界教育热点追踪［EB/OL］．http：// data．sedu．org．cn/thoery/thstuff/1023687195．shtml．

竞争力不强，教育服务贸易逆差大，教育机构缺乏竞争力。①因此，加强教育服务的研究，有利于发展我国的教育服务贸易，从而给教育服务的输出地（国）带来巨大的经济利益，促进教育服务的有序竞争，直接推动教育的开放和国际化。

三、品牌战略与政府治理教育模式转换

学校品牌发展战略虽然首先是一种学校行为，但也与政府、社会等方面的因素分不开。基础教育是基础性、战略性产业，学校品牌的健康成长必须得到政府的全力支持，或者说，政府对学校品牌建设负有主要责任。政府必须转换传统的教育管理模式，对学校品牌发展给予宏观规划、产业政策、制度、法规、财政等方面支持。

我国的教育服务基本上由政府提供和生产。究其原因，教育服务具有公共产品或准公共产品性质，由政府提供和生产教育服务比由纯粹的私人市场提供更有规模和效益，减少交易成本。然而，传统公立学校的治理模式，不能把既有的资源和技术条件扩展到教育服务生产可能性边界，大量的官僚成本所致损失远大于内部节约交易成本。人们普遍感到了这种传统模式组织成本高、生产效率低、对服务对象需求的回应性明显不足。

许多教育家认为，为了更好地为顾客服务，提高办学机构的效率和效益，市场因素必须被引入学校体系（Guthrie，1994）。国家在办学上的垄断必须被打破，竞争——一个个市场的突出特征，应该被引入学校体系。公立学校被广泛地认为低效、低质量和官僚；教育行政被认为平庸、对公众的需求反应迟钝、在运用公共资金上浪费和不负责任；更重要的是学校传

---

① 张向丽. 中国国际教育服务贸易研究——基于教育机构持续竞争优势视角[D]. 北京师范大学博士论文，2004.05

授的知识过时，使得毕业生离开学校的时候不能适应社会的需求（Kwong，2000）。经济的全球化使我们相信，对技术和组织进步反应迟钝可以直接影响政府的政治前景和人民的生活水平。人们期望一些市场因素：对消费者要求迅速反应和通过竞争的效率能够解决这些问题。如美国的公司化管理、特许学校、契约学校、教育券；英国的学校的地方化管理；日本的学校法人化改革等都是教育民营的政策措施。国外改革最典型的特征，就是把市场化的资源配置机制和市场竞争、选择机制逐步引入教育领域。20 世纪 80 年代以来，教育需求急速增长，公共教育机构面临越来越大的压力。一个逐步发育成熟的市场体系也在影响并改造着中国教育的运行机制。通过市场机制来获得新的教育资源，改善公共教育的绩效成为一种改革的思路。结合国外的成功经验和对教育服务的理性分析，政府对基础教育的治理模式应发生转换。

（一）转换政府角色

由教育服务的生产者、提供者转化为教育服务的提供者。教育服务作为一种公共产品或准公共产品，其提供和生产是可以分开的。公共部门和私人部门都可以作为教育服务的提供者和生产者。[①]"在公共领域，供给与生产的区分相当重要。"[②]因为公益物品和服务的提供与其生产相区分，开启了最大的可能性，来重新界定其公共服务经济中的经济职能；有可能分化、利用和衡量市场，同时继续对公民消费者提供无差别的公益物品；也可能产生使地方政府变成等同于消费者协会的效应；增

---

① 郑秉文. 公共物品、公共选择理论中的教育[J]. 世界经济与政治，2002
(12)

② ［美］埃莉诺·奥斯特罗姆，拉里，苏珊·温：制度激励与可持续发展[M]. 上海：上海三联出版社，2000.86 页

加对公共服务对象需求的回应性；减少实践中地方政治控制①。教育服务的提供和生产的适度分离，有利于政府合理配置教育资源、科学制定教育服务的标准、有效激活教育服务市场、正确引导教育服务质量的竞争和教育消费，从而提高我国教育的整体水平和教育服务贸易的国际竞争力、促进教育与社会整体发展的良性循环，全面实现教育服务的价值。"教育券"、"政府采购"②、"政策性金融"③、政府参股、委托代理等都被认为是政府提供教育服务的有效形式。

(二)政府管理权力重心下移

美国斯坦福大学胡佛政治学院的约翰·E. 丘伯教授和泰力·M. 默教授认为，以往的教育改革没有触及美国公立学校的民主控制(democratic control)制度，而这一制度本身是提高学校办学质量的障碍而不是解决方案。公立学校在本质上难以提高学校的工作效率，因为民主控制制度带来管制美国学校的层级化的科层制，总是把严格的规范要求强加于学校，这有碍于建立高效率的学校组织，使学校成为结构臃肿、效率低下的机构。而市场资源配置方式和管理方式才是有效率的体制选择，是可供选择的另外一种学校运营方式，所以应该基于新的市场制度基础上建立一种全新的公共教育体系，即"以学校自主权和家长、学生的选择权，而不是以直接的民主管理为中心的体系。"④政府必须将办学权下放，赋予学校真正的办学自主权。

---

① [美]迈克尔·麦金尼斯. 多中心体制与地方公共经济 [C]. 上海：上海三联出版社，2000.58—61 页

② 盛冰. 政府采购：探索政府与学校的新视角[J]. 教育研究，2003(03)

③ 张万朋. 试论政策性金融手段在教育融资中的作用[J]. 教育研究，2003(03)

④ [美]约翰·E. 丘伯，泰力·M. 默. 政治、市场和学校[M]. 蒋衡等译. 北京：教育科学出版社，2003.4 页

不直接参与和干涉学校内部管理活动，只对学校进行宏观管理和监督。学校具有独立的法人资格，应作为决策的主体。在学校决策的过程中，游离于学校之外的行政组织的作用应当减弱。[①] 政府管理权力重心下移是学校由封闭走向市场的第一步。

(三)政府职能转换

政府在学校品牌建设中的作用主要是宏观调控和指导。因此，要从具体的微观领域中退出，发挥其政府的正确的职能，避免教育市场失灵。

1. 规范教育市场

规范的教育市场能为学校提供公平的竞争环境，保证学校竞争的有序性和减少盲目性，它是实现学校良性经营的平台。政府有必要制定能满足这种有效需求的发展规划和措施，从需求引导出发，使教育消费和教育投资现实地统一起来；建立调节教育供求关系的制度性机制：政府财政拨款标准与学生直接和间接的资助制度，建立规范化的作为教育价格组成部分的教育收费标准与动态调整制度，通过拨款与特别激励相结合的方式以及实施绩效拨款制度，实行政府教育政策导向，确立学校作为面向社会自主办学主体的独立法人地位及其相应的权利、责任与义务。

2. 开放信息与信息服务

逐步改变各类教育信息的管理方式，通过各种途径实施教育信息社会化工程，使教育信息真正成为学生及其家长选择的有用参考，提高教育资源的整体效率；同时，通过现代化技术手段，充分发挥信息和社会对教育信息的反馈作用，增强教育的自我改进与完善功能。

---

① Yin Chong Chen. *School Effectiveness and School-based Management*：*A Mechanism for envelopment*. The Falmer Press, 1996.

3. 制定相关法律保障

要从法律上对政府和学校的权、责、利做出明确规定，强化学校经营的合法性，通过制定《学校法》、《学校经营法》等相关法律，明确学校独立的法人地位，规范学校的经营行为。法律的保障是学校品牌经营的制度基础。

四、学校品牌经营的多重约束与风险回避

(一)学校品牌经营的三重性质

1. 学校品牌经营的教育性

学校品牌经营是在教育目的和学校的培养目标指导下进行的，学校经营是为了提高实现教育目的的速度，它本身不能改变教育的性质，也不能以营利为目的。学校品牌经营的这一特点使其与企业的品牌经营相区别。教育性是学校品牌经营的前提条件之一。学校品牌经营的核心是课程类型与教育服务质量经营。

2. 学校品牌经营的产业性

学校品牌经营是学校品牌资源积累和提高，实现品牌升值的过程。学校品牌经营与企业品牌经营具有提供的特征，如面向市场，满足消费者需要，讲求效率等。优胜劣败是市场的本性，企业只有通过品牌增值才能扩大市场占有率，使自己处于不败之地，品牌是企业价值的源泉。企业品牌经营战略是人无我有，人有我优——取得比较优势；经营方式是合理配置资源，降低成本，提高效益；管理战略是全面质量管理制度，提高质量；企业的服务与营销是让顾客满意，最大限度满足并引导需求。学校品牌经营应该要向企业学习。为了生存，为了发展，必须学会策划，学会谋划——谋政策、谋人才、谋资源、谋市场的空间。利用品牌，拓展市场，提高教育服务质量，让消费

者满意，实现学校品牌的持续升值。产业性是学校品牌效率的源泉。

3. 学校品牌经营的伦理性

学校品牌经营涉及学校与政府、学校与市场、学校与学校、学校与教育消费者、学校与教育服务市场、学校领导与教师、教师与学生、学校与新闻传媒、学校与企业、学校与社区等多种关系。学校能否生产出满意的教育服务产品、学校形象宣传是否真实、学校收费是否合理、学校是否履行自己的社会责任和义务、学校是否实现自己的承诺、学校品牌评价是否真实等等，都涉及经营的规则、秩序和责任问题。伦理性是学校品牌打造和扩张的重要维度，是对经营行为的规范和约束。

(二)现代学校品牌经营的自我约束

学校品牌经营是在教育目的的指导下进行的，教育性是学校品牌经营与其他品牌经营的基本边界，因此，学校品牌经营首先受到教育规律的制约。同时，学校品牌经营还受到市场规律和教育管理规律制约。因此，在经营策略的应用过程中，必须要从自身学校的实际出发，并切实处理好以下几个方面的问题。

1. 学校品牌经营须建立在先进理念的基础上

分析和研究消费者的心理特征，抽象和确立学校的经营理念、价值观念，统一学校的经营行为，是学校实施学校品牌经营的基本前提。因为学校品牌经营需要学校全体员工共同参与，如果学校没有共同的经营理念、价值观念，就不可能有员工的共同行为，也就不可能有完美的学校品牌产生。

2. 学校品牌经营须建立在向消费者提供完美产品结构的基础上

无论学校选择单一品牌经营模式，还是选择多品牌组合经营模式，都要能够向广大消费者提供完美的产品结构，使之从这种完美之中去体验学校品牌所传递的核心价值理念，从而让学校品牌能在公众心目中留下永恒的记忆，为学校争得更多的消费者。

3. 学校品牌经营须建立在学校 SIS 策划基础上

一切名牌都有良好的 SIS，它是创立学校品牌的丰富多样的手段中不可或缺的一种手段和途径，是学校形象的体现，也是学校文化的展示。只有在重视学校视觉引力的同时，注重视觉形象的亲和力，才能符合当今社会的文化特征、时代特征和民族意识。一个学校品牌成功要靠集约化的宣传投入，同时又必须有富于特征化的形象策划。把策划和宣传有机地结合起来，使宣传自始至终围绕着学校品牌来进行。

4. 学校品牌经营须建立在扎实工作、持续奋斗的基础上

学校品牌经营决不是简单的宣传策划，它有赖于学校良好的内在素质培养，也就是说优秀的学校品牌形象最终是要靠用户所享受到的产品与服务质量来支撑的。这就表明，学校实施学校品牌经营战略，一不能做表面文章，要不断地提高学校的人才素质与学校的管理水平，建立和健全学校质量保证体系，强化客户管理，创建基于利益关系的学校品牌经营平台；二不能有短期行为，学校品牌经营不可能一蹴而就，必须要做长期经营的准备。

5. 学校品牌经营须以学校文化充实为根本

品牌，尤其是知名品牌，都具有知名度、美誉度、亲近度、忠诚度等评价和判断标准，即记住并识别该品牌的消费者数量、消费者对该品牌的认同率，购买者有意识地购买该产品和重复购买或向他人推荐该产品的持续程度。品牌的忠诚度越高，顾客重复购买的频率就越高，品牌的竞争力就越强，别的品牌就越难以与之相抗衡。"人类之父"泰勒认为，文化是一个复合的整体，其中包括知识、信仰、艺术、道德、法律、风俗以及社会成员而获得的其他方面的一部分。品牌展示着独特的文化魅

力，而文化则赋予品牌内涵，使品牌充满生机。

(三)学校品牌经营经济风险及其合理规避

1.学校品牌经营风险及其表现

学校品牌经营需要付出成本，承担各种风险。首先是政治风险。学校品牌经营是在教育市场化的理念指导下进行的，而人们对教育市场化的理解却存在差异。当政府官员反对教育产业化或将教育产业化片面理解为企业化时，学校品牌经营就会受到阻挠或滑入商品化、私营化的泥坑。其次是金融风险。学校品牌经营需要大量的融资，无论是教学条件的改善，还是实现品牌的产品创新，还是学校形象的改造与宣传，都需要大量资金投入。特别是学校与房地产、企业联姻时，随时面临学校经营不善或企业效益不佳时被抽回资金的危险。学校向银行的贷款也面临高额利息偿还的难题。最后是社会风险。任何品牌的打造都有一个过程，学校品牌的打造需要更长的时间。在品牌建立的过程中，首先要在全校统一思想，建立品牌愿景，但品牌是一种超前的理念，许多教职工会持怀疑或观望的态度；此外，要取得消费者的认可，成为公众心中信赖的学校，也需等待时日；其他具有一定竞争力的学校会采取更有效的措施抢占市场，一些薄弱学校还可能模仿学校品牌经营的方法。这些都会成为学校品牌建设的障碍。

2.学校品牌经营风险合理规避

要合理规避学校品牌的经营风险，就需要对学校品牌建设进行合理规划，对可能的风险进行预测；同时制订有效的预防措施，如争取得到政府主管部门的认可和支持，与合作单位签订严格的合同，进行必要的宣传和沟通，使公众理解和支持学校的改革行为；当各种风险出现时，要采取有效的措施化解矛盾。

20世纪20年代以来，国外教育领域为提高教育教学质量而在学校移植进企业界的一种颇为有效的管理思想——全面质量管理(Total Quality Management，TQM)思想。它强调在尊重人的价值的前提下，注重战略规划、全员参与、团队精神、协调工作等。这种思想由于在美国"学校重建"运动的广泛引入并获得波多里奇国家质量奖而受人关注。实践表明，在全面质量管理推广至学校领域后，学校的各项工作形成一种"以学生发展为目的"的服务链，有利于将教育作为"服务"产品的思想落到实处。因此，教育服务质量的管理可以引进全面质量管理原理和方法。目前，我国已有一些幼儿园、普通中小学、职业学校、高等学校、成人高等学校等各级各类(公立或民办)学校开始引进国内或国外认证机构的质量管理体系。然而，由于标准化管理的时空差异性、标准化本身缺乏弹性、标准与实际运用标准的矛盾性、标准执行过程的机械性，顾客需求不易被及时发现和满足，教育服务的团队精神、教育服务的生产者与提供者的联系较少涉及，无法体现产品特色、经营特色、服务特色和地域特色。学校在准备进行质量体系认证前，应进行更为全面的分析，考虑认证的利弊得失。[①]

(四)学校品牌经营的伦理约束

1. 市场经济条件下学校品牌经营的伦理责任[②]

学校品牌经营的伦理责任是指进行品牌经营的学校应当承担的后果和应尽的义务。具体表现在依法办学，在与兄弟学校、合作者、服务者和服务对象的交往中表现出对伦理义务的承诺(公正、诚信、遵循交往、尊重对方的人格和合理利益要求)等等品质。在教育生态环境中发挥理念先导、管理示范、扶持薄

---

①　赵中建. ISO 9000 质量体系认证适用于学校教育吗？——关于教育领域引进质量体系认证的思考[J]. 上海教育，2001(11)

②　高洪源. 战略性约束：市场环境下中小学名校的社会伦理责任[J]. 教育科学研究，2004(12)：22—25 页

弱学校、关心弱势群体的作用。

学校品牌经营的伦理责任首先是由我国社会发展的特殊现实决定的。2003 年，我国人均 GDP 达到 1090 美元，根据国际经验，人均 GDP 从 1000 美元到 3000 美元是一个社会发展的敏感时期。社会发展的不均衡容易引发各种矛盾冲突。教育问题已经成为社会关注的热点，学校品牌经营实质上是一种优质资源的竞争，如果这些学校不遵纪守法，为了经济利益而不择手段，就有可能引发新的社会矛盾，破坏和谐社会的建设。其次是由学校品牌经营的求利性决定的。学校品牌经营就是要使学校品牌增殖，如果增殖是建立在对优质资源的掠夺基础上，而不是通过品牌设计、品牌创造获得的，那就会导致学校之间的无序竞争，扩大教育差距。再次也与学校品牌的社会功能相关。学校品牌建设的目的是打造学校品牌，学校品牌一旦形成，就会发挥示范作用。如果品牌学校不是通过正常的竞争形成的，就会产生消极的示范作用，导致教育的恶性循环，影响教育的健康发展。最后，学校必须在宪法、法律和学校章程规定的范围内进行教育和管理活动，坚持正确的办学思想，履行《中华人民共和国教育法》所规定的各项义务，以及财务制度、管理规程确定的责任，否则，不履行合同、不遵守法规和章程，滥用经营自主权，就要承担由此产生的一切法律责任。

2. 学校品牌经营过程中的伦理缺失

之所以强调学校品牌经营的伦理自觉，就是因为目前在学校品牌经营过程中出现了许多非道德的行为。主要表现在：

第一，由于种种原因，利用学校转制，随意收取择校赞助费，而且越收越多，在各个阶层人们中间竖起了"金钱"的门槛，诱发了"相对剥夺"的社会现象，扩大了基础教育，特别是义务教育的不公平性。

第二，在品牌经营过程中，不择手段挖走其他学校的优秀教师和优质生源，当教师这个学校发展的"核心竞争力"缺失时，薄弱学校就基本被"落后"长期锁定,人为扩大了学校之间的距离。

第三,在公立学校品牌经营过程中,学校产权不明确,一旦冠以"改制"的名义,事实上的优势就是可以与"民办"看齐,可以收费,而真正在体制改革和机制创新方面的价值往往会因名义的盗用而被遮蔽。不仅导致国有资产流失,而且偏离了教育的理想。

第四,许多学校在品牌经营过程中,仍然把升学率作为唯一标准,围绕提高升学率,加班加点,炮制各种密卷,让其他学校效仿,加剧了升学的竞争,偏离了素质教育方向。

3. 学校品牌经营的伦理约束

对学校品牌经营的伦理约束就是用制度和规范、评价、舆论等建立品牌建设学校与其他学校、教育服务生产者、教育消费者之间的和谐生态关系。包括与其他学校平等、合作、共享的关系,与教育服务生产者的契约关系,与教育消费者的承诺关系。而要建立合理的责任伦理关系,必须综合各方面力量,建立外部和内部统一的约束机制。

(1)政府加强对学校品牌建设的宏观调控。如加强对学校品牌建设的指导、检查、评估,如把名校的伦理行为表现纳入学校发展的评估指标,作为衡量这些学校办学水平和成就的尺度;对乱收费进行有效治理,加大对薄弱学校的投入,缩小学校之间的差距。

(2)成立学校品牌管理组织和学校品牌评估中介机构,并向公众发布学校品牌经营信息。

(3)成立学校自治组织,加强学校之间的监督。

(4)学校加强自我约束,如学校应向政府、家长、学校教职工作出承诺,教师对学生承诺;建立校长、教师、学生自律守则;定期公布学校财务。

总之,学校品牌是可以经营的,精心设计、适当宣传、吸引需要更多的资本投入和智慧投入、适度扩张,这是市场经济条件下学校的必然选择。然而，学校品牌不仅仅是一个简单的动听的名词，它的打造，既不是靠广告的狂轰滥炸，也不是靠自吹自擂，更不是几个营销专家的"作秀"，一个学校品牌的打造必须植根于历史，在传承、创新本土文化中凸显自己先进教育理念，在教育实践中张扬自己的教育特色。

参考文献

一、中文著作类

1. [美]菲利普·科特勒，凯伦·F. A. 福克斯. 教育机构的战略营销. 庞隽，陈强译，第 2 版. 北京：企业管理出版社，2005.6 页

2. [美]菲利普·科特勒，营销管理 [M]. 梅汝和，梅清豪，周柱安译，第 10 版. 北京：中国人民大学出版社，2001

3. 国际品牌标准工程组织. 国际品牌标准化手册[S]. 北京：人民出版社，2005

4. P. 科特勒. 营销管理[M]. 梅汝和等译，上海：上海人民出版社，1990

5. 陈祝平. 服务市场营销[M]. 大连：东北财经大学出版社，2001

6. 年小山. 品牌学[M]. 北京：清华大学出版社，2003

7. 陈祝平. 服务市场营销[M]. 大连：东北财经大学出版社，2001

8. 汪纯孝，蔡浩然. 服务营销与服务质量管理[M]. 广州：中山大学出版社，1996

9. 曹礼和. 服务营销[M]. 武汉：湖北人民出版社，2000

10. 中国教育学会教育管理分会教育策划学术委员会. 教育策划概论与案例[C]. 北京：同心出版社，2005

11. 余明阳，朱纪达，吴玟. 大学品牌[M]. 广州：广东经济出版社，2004

12. 胡美山. 打造品牌 走向名校的必然选择[M]. 大连：

大连出版社，2005

13. 余鑫炎．品牌战略与决策[M]．大连：东北财经大学出版社，2001

14. 周朝琦，侯文龙．品牌经营[M]．北京：经济管理出版社，2002

15. 吴佐夫．品牌经营[M]．北京：中国华侨出版社，2002

16. 陈云岗．品牌管理[M]．北京：中国人民大学出版社，2004

17. 李光斗．品牌竞争力[M]．北京：中国人民大学出版社，2004

18. 许基南．品牌竞争力[M]．北京：经济管理出版社，2005

19. [美]莫泽．品牌路线图：打造具有凝聚力的品牌之五步曲[M]．于洪彦，赵春晓译，北京：商务印书馆，2005

20. 李政权．弱势品牌营销[M]．杭州：浙江人民出版社，2004

21. 赵琛．品牌学[M]．长沙：湖南美术出版社，2003

22. 李世丁．整合致胜：打造强势品牌的锐利武器[M]．广州：广东经济出版社，2001

23. [日]阿久津聪，[日]石田茂．文脉品牌 如何使你的品牌形象与众不同[M]．韩中和译，上海：上海人民出版社，2005

24. [英]布莱克特，[英]博德．品牌联合[M]．王力译，北京：中国铁道出版社，2005

25. [美]F. 约瑟夫·莱普勒，[美]林恩·M. 帕克．品牌整合战略 全面行动，以品牌推动公司发展[M]．苏德华译，成都：西南财经大学出版社，2003

26. [美]詹姆斯·A. 奈特．基于价值的经营：尝试一种新的管理理念[M]．郑迎旭等译，昆明：云南人民出版社，2002

27. [日]畠山芳雄．服务的品质[M]．包永花译，北京：东

方出版社，2004

28．［美］大卫·爱格．品牌资产管理［M］．丁恒，武齐译，呼和浩特：内蒙古大学出版社，1999

29．［美］西蒙．学校运营：从行政型与学习型组织视角分析［M］．徐玲等译，北京：中国轻工业出版社，2005

30．［美］菲利普·科特勒．营销学导论［M］．北京：华夏出版社，1998

31．彭新沙．名牌战略与经济结构调整［M］．长沙：湖南人民出版社，2004

32．黄静．品牌管理［M］．汉口：武汉大学出版社，2005

33．薛可．品牌扩张：延伸与创新［M］．北京：北京大学出版社，2004

34．黄合水．品牌建设精要［M］．厦门：厦门大学出版社，2004

35．李扣庆．顾客价值优势论［M］．北京：经济科学出版社，2004

36．刘宇．顾客满意度测评［M］．北京：社会科学文献出版社，2003

37．陆娟．现代企业品牌发展战略［M］．南京：南京大学出版社，2002

38．李业．品牌管理［M］．广州：广东高等教育出版社，2004

39．曾朝晖．企业家品牌运作经典实案［M］．北京：机械工业出版社，2005

40．曾朝晖．诊断 品牌诊断实案解密［M］．北京：机械工业出版社，2005

41．年小山．品牌时代［M］．北京：经济管理出版社，2005

42．周游．学校经营［M］．北京：中国经济出版社，2004

43．教育部财政司，国家统计局社会与科技统计司．中国

教育经费统计年鉴 2001[Z]．北京：中国统计出版社，2001

44．［芬兰］克里斯廷·格罗鲁斯．服务管理与营销：基于顾客关系的管理策略[M] 韩经轮等译，第2版．北京：电子工业出版社，2002

45．A.佩恩．服务营销[M]．北京：中信出版社和西蒙与舒斯特国际出版公司，1998

46．［英］杰夫惠迪，萨莉·鲍尔，大卫·哈尔平．教育中的放权与择校：学校、政府与市场[M]．马忠虎译，北京：教育科学出版社，2003

47．［美］迈克·莫泽．品牌路线图—打造具有凝聚力的品牌之五步曲［M］．于洪彦、赵小春译，北京：商务印书馆，2005

48．［日］今井贤等．内部组织的经济学[M]．金洪云译，北京：生活·读书·新知三联书店，2004

49．白仲尧．中国教育服务贸易方略[M]．北京：社会科学文献出版社，1998

50．靳希斌．教育资本：规范与运作[C]．成都：四川教育出版社，2003

51．朱永新．中国著名校长办学思想录[M]．江苏：江苏教育出版社，2000

52．张铁明．教育产业论[M]．广州：广东高等教育出版社，2002

53．朱永新．我的教育理想[M]．南京：南京师大出版社，2000

54．陈列著．市场经济与高等教育——一个世界性的课题[M]．北京：人民教育出版社，1998

55．崔相录．中小学多样化·特色化大趋势[M]．北京：教育科学出版社，1998

56．祝怀新．英国基础教育［M］．广州：广东教育出版

社，2003

57. 李业. 品牌管理[M]. 广州：广东高等教育出版社，2004

58. 樊勇明，杜莉. 公共经济学[M]. 上海：复旦大学出版社，2001

59. [美]韦勒，[美]韦勒·S. 学校人力资源领导——中学校长手册[M]. 北京：中国轻工业出版社，2005

60. [美]Garner，C. W. 学校财政：战略规划和管理[M]. 孙志军，金平，成刚译，北京：中国轻工业出版社，2005

61. [美]马丁·林兹乔姆，蒂姆·弗兰克·安德森. 互联网品牌策略[M]. 上海：科学技术文献出版社，2001

62. 何佳讯. 品牌形象策划[M]. 上海：复旦大学出版社，2000

63. [美]Hoy，W. K.，[美]Tarter，C. J. 学校决策者：解决实践问题的案例[M]. 廖申展译，北京：中国轻工业出版社，2005

64. [美]Zeithaml，V. A，[美]Bitner，M. J. 服务营销[M]. 张金成，白长虹译，北京：机械工业出版社，2001

65. [美]埃莉诺·奥斯特罗姆，拉里，苏珊·温. 制度激励与可持续发展[M]. 上海：上海三联出版社，2000

66. [美]迈克尔·麦金尼斯. 多中心体制与地方公共经济[C]. 上海：上海三联出版社，2000

67. [美]波普诺. 社会学[M]. 李强等译，(第10版)北京：中国人民大学出版社，1999

68. [英]莱恩. 公共部门：概念、模型与途径. 谭功荣等译，北京：经济科学出版社，2004

69. [美]登哈特. 新公共服务：服务，而不是掌舵[M]. 丁煌译，北京：中国人民大学出版社，2004

70. 马克思，恩格斯. 马克思恩格斯全集(26卷)第1分册

[M].北京：人民出版社，1979

71. 马克思，恩格斯．马克思恩格斯全集（26 卷）第 1 分册[M].北京：人民出版社，1979

72. 周彬．决策与执行：制度视角下的学校变革[M].北京：教育科学出版社，2005

73. 关东民，董西明．非营利组织管理[M].北京：中国人民大学出版社，2003

74. 曾满超．教育政策的经济分析[M].北京：人民教育出版社，2000

75. 孙霄兵．教育的公正与利益：中外教育经济政策研究[M].上海：华东师范大学出版社，2004

76. ［加］Levlin，B.教育改革——从启动到成果[M].项贤明，洪成文译，北京：教育科学出版社，2004

77. 汪丁丁．记住未来：经济学家的知识社会学[M].北京：社会科学文献出版社，2001

78. 朱国宏．经济社会学．上海：复旦大学出版社，1999

79. ［美］鲍尔．教育改革：批判和后结构主义的视角．侯定凯译，上海：华东师范大学出版社，2002

80. 卢现祥．西方新制度经济学[M].北京：中国发展出版社，2003

81. ［美］阿克．创建强势品牌[M].吕一林译，北京：中国劳动社会保障出版社，2004

82. 张伟江．教育服务产业研究：拓展与运营[M].北京：教育科学出版社，2005

83. ［美］艾克，［美］乔瑟米赛勒．品牌领导[M].曾晶译，北京：新华出版社，2001

84. 韩顺平．服务企业竞争力战略研究[M].南京：南京大学出版社，2004

85. 田大山．公共经济学[M].北京：团结出版社，2000

86. ［美］彼德・布劳(Peter M. Blau)，［美］马歇尔・梅耶(Marshall W. Meyer). 现代社会中的科层制［M］. 马戎等译，上海：学林出版社，2001

87. ［美］明赛尔. 人力资本研究［M］. 张凤林译，北京：中国经济出版社，2001

88. ［美］罗伯特・G. 欧文斯. 教育组织行为学［M］. 窦卫霖等译，上海：华东师范大学出版社，2001

89. 袁振国. 发展我国教育产业政策研究［M］. 上海：华东师范大学出版社，2002

90. ［冰岛］埃格特森. 经济行为与制度［M］. 吴经邦等译，北京：商务印书馆，2004

91. ［美］戴维・奥斯本(David Osborne)，［美］特德・盖布勒(Ted Gaebler). 企业精神如何改革着公营部门［M］. 上海：上海译文出版社，1996

92. 王小平. 服务业竞争力：一个理论以及对服务贸易与零售业的研究［M］. 北京：经济管理出版社，2003

93. 韦福祥. 服务质量评价与管理［M］. 北京：人民邮电出版社，2005

94. ［美］斯格特. 组织理论：理性，自然和开放系统［M］. 董洋等译，北京：华夏出版社，2002

95. ［瑞典］古斯塔夫松(Gustafsson，A.)，［瑞典］约翰逊(Johnson，M. D.). 服务竞争优势：制定创新型服务战略和计划［M］. 刘耀荣译，北京：中国劳动社会保障出版社，2004

96. ［英］加雷斯・D. 迈尔斯(Gareth D. Myles). 公共经济学［M］. 匡小平译，北京：中国人民大学出版社，2001

97. ［美］E. S. 萨瓦斯(E. S. Savas). 民营化与公私部门的伙伴关系. 周志忍等译，北京：中国人民大学出版社，2002

98. 世界银行. 2004 年世界发展报告：让服务惠及穷人［M］. 北京：中国财政经济出版社，2004

99. 权锡登. 营销管理创新研究[M]. 北京：经济管理出版社，2004

100. 邱斌等. 市场营销学 基于原理与经典案例[M]. 南京：南京大学出版社，2004

101. 张维迎. 竞争力与企业成长[M]. 北京：北京大学出版社，2005

102. [美]彼得·德鲁克. 管理的实践[M]. 齐若兰译，北京：机械工业出版社，2006

103. [美]史密斯，[美]瑞纳森. 产品开发新法则[M]. 吴海棠译，北京：清华大学出版社，2004

104. 魏杰. 产品背后的竞争[M]. 北京：中国发展出版社，2004

105. [美]曼瑟尔·奥尔森(Mancur Olson). 集体行动的逻辑[M]. 陈郁等译，上海：上海人民出版社，1995

106. 闵维方. 探索教育变革：经济学和管理改革的视角[M]. 北京：教育科学出版社，2005

107. [挪]波·达林(Per Dalin). 理论与战略：国际视野中的学校发展[M]. 范国睿主译，北京：教育科学出版社，2002

108. 毛世英. 企业服务哲学[M]. 北京：清华大学出版社，2004

109. 唐·倍根，唐纳德·R. 格莱叶. 学校与社区关系[M]. 周海涛主译，重庆：重庆大学出版社，2003

110. 劳凯声. 中国教育法制评论(第2辑)[C]. 北京：教育科学出版社，2003

111. [美]欧文斯. 教育组织行为学(第7版)[M]. 窦卫霖等译，上海：华东师范大学出版社，2001

112. [美]弗瑞德·C. 伦恩伯格(Fred C. Lunenburg)，[美]阿兰·C. 奥斯坦(Allan C. Ornstein). 教育管理学理论与实践[M]. 孙志军等译，北京：中国轻工业出版社，2003

113. 保罗·A. 萨缪尔森，威廉·D. 诺德豪斯．经济学[M].北京：机械工业出版社，1998

114. [以]丹·英博(Dan E. Inbar).教育政策基础[M].史明洁等译，北京：教育科学出版社，2003

115. [加]迈克尔·富兰．变革的力量：透视教育改革[M].中央教育科学研究所 加拿大多伦多国际学院组织翻译，北京：教育科学出版社，2004

116. [加]迈克尔·富兰．变革的力量：深度变革[M].中央教育科学研究所 加拿大多伦多国际学院组织翻译，北京：教育科学出版社，2004

117. [加]迈克尔·富兰．变革的力量：续集[M].中央教育科学研究所 加拿大多伦多国际学院组织翻译，北京：教育科学出版社，2004

118. 盛洪．现代制度经济学(上下卷)[M].北京：北京大学出版社，2003

119. 罗纳德·W. 瑞布．教育人力资源管理[M].褚宏启等译，重庆：重庆大学出版社，2003

120. [美]安塞尔·M. 夏普(Ansel M. Sharp).社会问题经济学(第 15 版)[M].郭庆旺译，北京：中国人民大学出版社，2003

121. 徐正福，吴华．现代学校制度探索——源于椒江实践的理性思考[M].北京：中央文献出版社，2003

122. [美]约翰·E. 丘伯、泰力·M. 默．政治、市场和学校[M].蒋衡等译，北京：教育科学出版社，2003

123. 教育部财政司、国家统计局社会与科技统计司．中国教育经费统计年鉴 2001[Z].北京：中国统计出版社，2001

二、中文报刊杂志类

1. 靳希斌，任建华．论学校经营[J].北京师范大学学报，

2002，（04）

2．靳希斌．论教育服务及其价值[J]．教育研究，2003，（01）

3．刘昆．创优质基础教育品牌[N]．光明日报，2001－2－21

4．阎德明．品牌·学校品牌·学校品牌管理[J]．学校品牌管理，2004，（02）

5．阎德明．论学校品牌的特性与校长的品牌意识[J]．当代教育科学，2005，（03）

6．沙培宁．聚焦优质教育："基础教育的使命——努力办好优质教育"学术研讨会综述[A]．中小学管理，2004，（03）

7．曹效阳．品牌建设——国有企业的新课题[J]，南方经济，1996，（05）

8．朱小蔓．学校品牌管理：一种道德模式[J]．教育发展研究，2005，（05）

9．朱小蔓．我对学校品牌管理的三个主张[N]．光明日报，2005－2－16

10．郑杰．为学校增值——校长的新追求[J]．江苏教育，2004，（06A）

11．姚杰．学校要有品牌意识[J]．四川教育，2003，（06）：15－16

12．刘仁富．运用策划艺术，打造学校品牌——教育策划悄然进入中小学校园[N]．中国教育报，2002－5－1②

13．曾晓洁．我国教育制度下的两种择校[J]．教育科学，1997，（03）

14．广少奎．论我国高中教育的发展现状及其对策[J]．教育理论与实践，2003，（09）

15．方建峰．颇具争议的公办学校改制：大胆的政策构想与明显的操作误差[J]．上海教育科研，2003，（01）

16. 李良寿．打造教育品牌 迎接入世挑战[J]．四川教育，2002，（02）

17. 李旭辉，刘仁富．学校，你的品牌有多重[J]．四川教育，2002，（02）

18. 吴颖民．自我超越，与时俱进——论优质教育品牌及其持续发展问题[J]．学校品牌管理，2004，（03）

19. 陈如平．管理创新与学校发展[N]．中国教育报，2003－12－23⑥

20. 叶连祺．中小学品牌管理意涵与模式分析[J]．（台湾）教育研究月刊，2003，（10）

21. 庞容瑞．教育品牌，价值视线的模糊[J]．江苏教育，2003，（2A）

22. 艾丰．品牌价值比较研究的理论探讨[N]．厂长经理日报，1997－02－27（11）

23. 黄国南．论教育品牌经营——学校管理的新境界[J]．当代教育论坛，2005，（11）

24. 王策、贾军、胡爱荣．高等教育的品牌效应[J]．经济论坛，2001，（03）

25. 黄焕山．论品牌运营[J]．经济评论，1996，（05）

26. 王红、李求真．从管理到经营：教育服务理论与中小学管理理念的转变[J]．北京教育，2003，（07/08）

27. 新桥．坚定实践教育服务新理念[N]．中国教育报，2003－04－27

28. 袁连生．论教育的产品属性、学校的市场化运作及教育市场化[J]．教育与经济，2003，（01）

29. 郑杰．教育服务是一项特殊的服务[J]．全球教育展望，2003，（01）

30. 王述英．服务劳动也是生产劳动．经济学家，2002，（01）

31. 厉以宁．关于教育产品的性质和对教育的经营[J]．教育发展研究，1999，(10)

32. 王善迈．社会主义市场经济条件下的教育资源配置方式[J]．教育与经济，1997，(3)

33. 郑秉文．公共物品、公共选择理论中的教育[J]．世界经济与政治，2002，(12)

34. 杜育红．论教育资源配置方式的选择[J]．教育与经济，1998，(01)

35. 范先佐．教育的低效率与教育产权分析[J]．华中师范大学学报，人文社科版，2002，(03)

36. 张铁明．论国有教育产权的运作及其特点[J]．教育评论，1998，(02)

37. 杨丽娟．关于教育产权若干问题的探讨[J]．教育与经济，2000，(01)

38. 魏法杰，覃伯平．服务生产理论及其对高校培养过程的描述框架[J]．北京航空航天大学学报，2003，(04)

39. 杨树才，吴萍．市场营销理论在高等教育服务中的应用[J]．昆明理工大学学报(社会科学版)，2003，(03)

40. 果洪迟．论现代经营中的服务[J]．北京商学院学报，1997，(01)

41. 丁小浩．居民家庭高等教育开支及其挤占效应研究[J]．北京大学教育评论，2003，(01)

42. 张世贤．略论品牌国际竞争力的提高[J]．南开管理评论，2000，(01)

43. 左仁淑．关系营销：服务营销的理论基础[J]．四川大学学报(哲学社会科学版)，2004，(4)

44. 邱杨．营销学科新领域：教育营销学[J]．学术交流，1997，(05)

45. 杨树才，吴萍．市场营销理论在高等教育服务中的应

用[J]．昆明理工大学学报（社会科学版），2003，（03）

46．徐芳．教育营销和教育营销战略[J]．广东职业技术师范学院学报，2001，（01）

47．向秀清．从重点中学到示范高中——也谈高中教育均衡化、优质化发展[J]．中国科技信息，2005 年第 15 期206－208

48．"湖大"商标险遭抢注 高校品牌亟待保护[N]．中国教育报，2004－05－24

49．中国驻芝加哥总领事馆教育组．美国公立、私立中小学的差异[J]．基础教育参考，2004，（10）

50．刘宝超．公办名校办"民校"的利弊剖析[J]．教育与职业，2003，（01）

51．林森，李朝辉．发达国家和地区优质学校发展的经验与启示[J]．东北师大学报（哲学社会科学版），2004，（3）

52．卧松编译．在世界上最好的学校里[N]．中国教师报，2005－11－2(16)

53．杨德广．树立教育服务产业观[J]．教育发展研究，2004，（03）

54．刘仁富．教育策划悄然进入中小学校园[N]．中国教育报，2002－5－1②

55．江南、翁迪凯．杭州：集团化共享名校资源[N]．人民日报，2005－7－18

56．于松岭．办学新格局：教育集团化发展[N]．中国教育报，2002－12－03

57．李英．论国际学校教育品牌的建构——以上海中学国际部的发展为研究个案[J]，上海教育科研，2005，（8）

58．黄晓玲．从教育策划看部分中小学的办学理念和办学目标——以对北京市部分中小学的调查为例[J]．基础教育研究，2005，（1）

59．陈丽．学校品牌塑造策划中容易出现的问题[J]．中小

学管理，2005，（05）

60．朱卫国．关于公办学校"转制"问题的思考[J]．教育发展研究，2004，（04）

61．李伦娥．衡阳市一中：充分挖掘品牌价值[N]．中国教育报，2002－01－02②

62．张光义．论高中名校品牌扩张战略[J]．当代教育科学，2003，（13）

63．杨德广．树立教育服务产业观[J]．教育发展研究，2004，（03）

64．赵树利．让每一位学生获得成功——上海崇明中学教育改革聚焦[J]．基础教育参考，2006，（05）

65．辛尔平、赵国忠、杨保霖．新理念涌起改革潮 薄弱校三载变名校——记乌拉特前旗第五中学[J]．内蒙古教育，2003，（10）

66．胡永昌．震泽中学打造天文特色品牌[N]．吴江日报，2005－6－7

67．徐仲安．名牌学校形成与发展对现代教育的启示——名牌学校个案研究报告[J]．荆州师范学院学报，社科版，2000，（01）

68．徐仲安．论教育品牌——名牌学校个案研究报告[J]．中学教育，2003，（09）

69．徐葆耕．名校应该有个性[J]．北京教育，2003，（10）

70．赖红英．广州鼓励"品牌扩张"加快普通高中发展[N]．中国教育报，2003－07－06①

71．尹后庆．21世纪历史名校的使命[J]．教育发展研究，2002，（11）

72．申屠永庆．学校文化创新——名校发展的推动力[J]．中小学管理，2004，（07）

73．谢翌、马云鹏．重建学校文化：优质学校建构的主要

任务[J]. 华东师范大学学报(教育科学版)，2005，(03)

74. 尉天纵. 南开昔日辉煌能否再现？——以一个实例论名校成因[J]. 社会科学论坛，2004，(08)

75. 王琳. 学校品牌扩展策划研究[J]. 教学与管理，2005，(01)

76. 何树声. 走内涵发展之路 造优质教育品牌[J]. 教育导刊，2003，(11 上)

77. 邱兴. 中小学需要无形资产管理[J]. 中小学管理，1999，(01)

78. 程晋宽. 美国中学校长的职责和角色[J]. 中小学管理，1998，(2)

79. 中国教育学会《中国名校长研究》课题组. 名校长思维特质解密[J]. 现代校长高参，2005(03—04)

80. 程晋宽. 美国最好的学校领导特征研究[J]. 中小学管理，1998，(4)

81. 瞿卫星. 江苏省首批"名校长"成功的内在因素研究[J]. 江苏教育学院学报：社科版，2002，(02)

82. 陈丽. 中小学学校发展定位策划探析[J]. 中小学管理，2004，(08)

83. 阎德明. CIS 与学校品牌形象策划[J]. 人民教育，2003，(23)

84. 北京市 21 世纪实验学校十年不舍的追求——让普通学生获得理想发展[N]. 中国教育报，2003—06—12

85. 吕卓超. 论教育服务产品的概念与特性[J]. 教育探索，2000，(08)

86. 邱兴. 中小学需要无形资产管理[J]. 中小学管理，1999，(01)

87. 黄兆龙. 公立学校要转换经营机制[J]. 中小学管理，2002，(01)

88. 国家教育发展研究中心专题组. 关于 WTO 教育服务贸易的背景资料[N]. 中国教育报，2002−5−11①

89. 盛冰. 政府采购：探索政府与学校的新视角[J]. 教育研究，2003，(03)

90. 张万朋. 试论政策性金融手段在教育融资中的作用[J]. 教育研究，2003，(03)

91. 赵中建. ISO 9000 质量体系认证适用于学校教育吗？——关于教育领域引进质量体系认证的思考[J]. 上海教育，2001，(11)

92. 高洪源. 战略性约束：市场环境下中小学名校的社会伦理责任[J]. 教育科学研究，2004，(12)

三、英文类

1. Aaker，D. A. (1991)，*Managing Brand Equity*. New York：The Free Press

2. Keller，K. L. (1998)，*Strategic Brand Management*：*Building*，*Measuring*，*and Managing Brand Equity*，New Jersey：Prentice Hall

3. Preedy，M.，Glatter，Ron and Levacic，R. (1997) *Educational Management*：*Strategy Quality And Resources*. Buckingham，Philadelphia：Open University Press，1997

4. Zeithaml，V. A.，Parasuraman，A.，Berry，L. L. *Delivering Quality Service*：*Balancing Customer Perceptions and Expectations*. New York：Free Press；London：Collier Macmillan，1990

5. Brown，Steven W.，Fisk，Raymond P.，Bitner，Mary Jo. (1993)，"The development and emergence of services marketing thought，" *International Journal of Service Industry Management*，Vol. 5，Iss. 1，pp. 21 − 48

6. James C. Collins and Jerry I. Porras, *Built to Last*. New York: Harper—Business, 1977

7. Yin Chong Chen. *School Effectiveness and School-based Management: A Mechanism for envelopment*. The Falmer Press, 1996

8. Caldwell, B. J. and Hayward, D. (1997) *The Future of schools*, *The Presentation at the Annual Conference of the BEMAS*, Cambridge University, September, 1997

9. The School as Brand: Marketing Northwestern Schwartz, *Judith D. Brandweek*; Nov 8, 1993; 34, 45; Academic Research Library pp. 28

10. Terry Burnes Edelmann, Dan Bauer. School Ambassadors Become Marketing Marvels. *Momentum* Sep/Oct 2005; 36, 3; Academic Research Library pp. 66

11. Karen Spring. Marketing Your School in the 21st Century, *Montessori Life*; Fall 2003; 15, 4; *ProQuest Education Journals* pp. 8

12. Eric Freedman. An elementary lesson in school marketing, Folio: *The Magazine for Magazine Management*; Sep. 15, 1997; 26, 12; *Academic Research Library* pp. 33

四、网页类

1. 张明辉. 知识经济时代的学校经营理念
[EB/OL]. Http//www. Ycu. edu. tw.

2. 上海借助品牌效应新建 6 所中学.
http：//www. shmec. gov. cn/web/news/show ＿ article. php? article ＿ id＝6899.

3. 卢志文. 公办名校转制：从管理到经营. [EB/OL]. http：// www. ep-china. net/content/president/c/ 20030922214918. htm.

4. 林志华、孟鸿伟. 当今世界教育热点追踪

［EB/OL］.［EB/OL］. http：//data. sedu. org. cn/thoery/th-stuff/1023687195. shtml.

5. 王华龙. 一所学校的品牌形象策划——透视棕北中学之"品牌经营"［EB/OL］. http：//www. fytc. net/ReadNews. asp? NewsID＝298.

6. 杨剑辉. 强化品牌建设创建优质名校 黄冈中学惠州学校落成

［EB/OL］. http：//gd. news. sina. com. cn/huizhou/2005 － 09－02/1655567. html.

7. 李莉. 扩张缓解教育资源紧缺 名牌中学走品牌扩张之路

［EB/OL］. http：//news. sina. com. cn/c/2005－12－13/10017695428s. shtml.

8. 杨有忠. 教育品牌化的困惑

［EB/OL］. http：//www. emkt. com. cn/article/118/11885. html.

附录 关于中小学品牌建设的问卷调查表

尊敬的校长：

我是北京师范大学教育经济与管理专业博士生，正在进行博士论文《中小学品牌经营研究》的撰写，内容涉及中小学品牌的现状调查，贵校就是我在全国抽样调查的对象。恳请您在百忙中抽出 10 分钟时间，填写问卷（选择题直接划√），并尽快发给我。谢谢您的支持与合作。

田汉族
2006 年 1 月 18 日

1. 学校名称是（　　　　　　　　）
2. 您的学校属于
A. 普中　B. 职中　C. 小学　D. 九年一贯　E. 其他
3. 您担任学校校长的年限是
A. 3—5　B. 5—8　C. 8—10　D. 10—15　E. 15 以上
4. 您的学历是
A. 专科　B. 本科　C. 硕士　D. 博士　E. 其他
5. 您所在学校办学历史（　　　）年，目前在校学生数（　　　）人。
6. 贵校所在的地理位置是
A. 大城市　　B. 中等城市　　C. 县城　　D. 城乡结合部
E. 乡镇
7. 贵校的办学性质是
A. 公办　B. 民办　C. 国有民办　D. 私立　E. 外资
8. 您所在学校的社会地位是

A. 国际化学校　B. 全国示范学校　C. 省属示范（重点）学校　D. 区县示范学校　E. 一般学校

9. 您是否在致力于学校品牌建设？

A. 是　　　　　B. 否

10. 您认为哪类学校可以发展成为品牌学校？

A. 示范学校（重点中学）　B. 薄弱学校　C. 新建学校

D. 前面三类都可以

11. 您认为学校品牌体现为：

A. 高升学率　B. 独特学校形象　C. 优秀学校文化

D. 优质教育服务　E. 不断增值　F. 与政府、社区、学生及其家长的良好关系

12. 您评价自己的品牌意识

A. 很强　B. 较强　C. 一般　D. 没有

13. 按重要的程度，您认为影响中小学学校品牌发展的主要因素有：

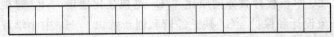

A. 学校形象设计与维护　B. 学校发展定位　C. 校长的办学思想和经营能力　D. 师生关系　E. 学校管理水平　F. 教师的素质、服务态度和能力　G. 学校公关和宣传　H. 学校文化　I. 地理位置　J. 政府的支持　K. 教育体制环境　L. 学校科研

14. 您在学校品牌建设中，有意识运用的策略有

A. 品牌定位（学校改名、个性化办学目标、市场调查）

B. 品牌设计（请专业人员设计校名、校徽、校歌、校旗、校色、校景）

C. 品牌延伸（优势学科的数量扩大、由单一学段延伸到中小学的其他学段）

D. 品牌扩张（校区扩大、异地办分校、兼并其他学校）

　　E. 品牌保护(有专门的应急事件处理组织、申请学校专利、依法维权)

　　F. 品牌管理(品牌承诺、有专门的学校质量管理组织、学校品牌资产开发计划)

　　G. 品牌宣传(广告投入、公益活动、制造新闻)

15. 您认为品牌战略对中小学发展作用的程度

　　A. 很大　B. 大　C. 较大　D. 一般　E. 无

16. 从学生和家长的观点来看,您选择品牌学校的理由是

　　A. 极高的知名度　B. 极好的信誉　C. 校风好　D. 质量稳定　E. 办学条件优越

17. 您认为我国中小学品牌建设薄弱的原因,依重要程度排列有:

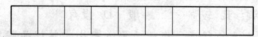

　　A. 政府教育投入不足　B. 政府干预过多　C. 学校定位不当　D. 学校教育服务同质化　E. 忽视文化建设　F. 忽视学校形象设计和保护　G. 缺乏经营和创新意识　H. 中小学评价体制僵化　I. 学校公关宣传意识差

18. 贵校创立品牌的战略是

　　A. 学校品牌定位　B. 学校命名　C. 教育服务的类型和质量　D. 广告和公关　E. 学校品牌输入　F. 学校文化

19. 贵校品牌扩张的战略是

　　A. 规模化扩张　B. 延伸化扩张　C. 国际化扩张　D. 教育服务差异化

20. 贵校的校风是

21. 您的办学理念是

22. 您对本研究的建议

收回的有效问卷的地域分布

	湖南	广东	四川	浙江	福建	北京	江苏	上海	湖北	内蒙	重庆	山西	广西	江西	总计
中学数	84	9	7	2		3	2	1	1	2	1	15	1	1	129
小学数		14		4	2	2						12			34

后　记

　　学校发展是一个永恒的研究课题，不同时代具有不同的特点。进入市场经济社会后，学校发展的环境发生了翻天覆地的变化，而且这种变化还在不断进行之中，学校发展的要素与市场具有千丝万缕的联系。学校不再是一个文化的孤岛或单一的政治堡垒。学校与社会的各方面都有着密切的联系，其中教育服务是学校与社会联系的纽带。不断满足社会的教育服务需求成为学校发展之本。只有不断适应这种变化，学校才能主动生存和可持续发展。

　　学校品牌是适应市场经济变化条件下的学校发展战略、模式和策略。这是一种适应复杂环境的生态发展模式。它不仅局限在学校范围内资源配置、组织变革和教育教学创新，而是将学校发展的视野扩展到所有同类学校甚至是整个社会环境。学校的发展资源来自社会各个方面，同时学校也在实现自己的服务功能中与其他学校保持动态平衡。不管承认不承认，学校发展的实践已经表明：学校组织必须在开放中才能保持活力；学校组织之间只有从竞争走向合作，才能走向共赢；学校只有通过不断创新服务，才能回归教育的本质，全面实现教育的功能。这就是现代学校品牌发展之道。

　　人们对"品牌"一词并不陌生，每个人都有自己喜欢的品牌，品牌已成为我们这个时代优质产品的代名词。但对大多数人而言，一提到教育品牌或学校品牌就有一种谈虎色变的感觉。主要原因可能是教育和学校的特殊性质和功能，使人们产生品牌是经济领域的事情，讲品牌就是教育产业化、学校市场化、人才商品化。这只不过是对教育品牌的一种误解。现代教育理论都已证明，大多数类型的教育不是纯公共产品，基础教育也不例外。民办或私立中小学的大量存在及其发展也表明了这一点。更何况教育需要大量的投入，市场经济条件下教育服务的生产要素价格不断在变化，优质教育的需求在义务教育普及和高等教育大众化后成为主导型教育需求，教育不是无成本、无需经营的事业。既然如此，学校组织就必然具有经济性质，其自利性的本性在自主权的扩展中会发挥得淋漓尽致。与其遮遮掩掩，不如公开承认并加以规范和引导。学校品牌的基本主张就是讲学校组织的教育性、经济性、伦理性、社会性等有机结合。因此，我认为学校品牌是一种科学的概念，具有观念创新、理论创新价值，对教育实践的发展具有真正的引导作用。

当然，也有少数人从单一的经济学理解，赞成"学校品牌"提法，正如将教育产业等同于物质生产产业一样。其实质就是主张教育完全市场化。显然，这种观点我们是反对的。

以上认识是在长期的校长培训过程中逐渐产生的，系统形成是在 2002 年至 2006 年在北京师范大学访学和读博士期间。是靳希斌教授带我走进了教育经济学的学术殿堂，他以敏锐的学术视角较早地发现了这一重大的现实课题，并将它作为我的博士论文选题。本书是在我的博士论文的基础上修订而成的。感谢中央教育科学研究所师资培训中心毕诚博士推荐我在北京、浙江、江苏、辽宁、四川、贵州、安徽、湖南等省的校长培训班作关于学校品牌的报告，从校长的反馈中我坚定了研究的方向。在写作过程中，参考了国内外品牌研究和教育品牌研究的最新成果，在此一并致谢。最后需要特别感谢首都师范大学教育科学学院孟繁华院长对本书的关心和支持，以及首都师范大学出版社对本书出版给予的多方帮助。

学校品牌都是具有个性的，其共性的认识只有在具体的实践中才会化为有效的实践。本书还只是初步研究，其中许多课题还需要深化。我期待着与有远见的校长的合作，在我国教育的花园里，将到处盛开着品牌之花。

田汉族

2008 年 8 月于北京